행복한 부부도
A/S가 필요하다

| 연문희 저 |

Happy Couples Also Need an A/S

학지사

결혼은 선택사항이라고 말하는 이들이 적지 않다. 우리나라 청소년의 반 정도가 결혼은 할 수도 있고 안 할 수도 있다고 말한다. 그러나 인종, 종교, 이념 및 문화에 관계없이 전 세계 인류 중에서 대다수 사람이 종사하는 한 가지 일이 있는데 그것은 결혼생활이다. 남녀가 사랑하여 가정을 이루고 자녀를 낳아서 소속감, 안정감 및 친밀감을 누리며 대를 이어 가는 일에 인류의 가장 많은 사람이 공통적으로 관여한다.

반짝이는 별들의 이야기나 / 모래사장 속삭임을 들어보면

세상 인류가 무려 70억 명 / 그중 나 하나는 티끌이다.

점 하나로 연결해 세어 보라 / 이어진 점은 영겁의 선이며

영원 갈망의 생명줄이 되고 / 그 점 하나 없어지면 암흑의 세상

상상 속 가장 높은 정상에 올라 / 나 같은 사람 나오라 호통쳐 봐도

발 아래 천지만물이 고요하니 / 남다른 나 하나는 영원한 생명의 씨

(연문희, 2020)

인간은 영원을 염원하는 생명의 씨가 아닌가? 동물은 짝짓기를 통하여 종족을 이어 가고, 나무와 꽃은 씨나 열매 혹은 뿌

리로 영원을 지향한다. 남녀의 결혼은 영원을 동경하는 생명 원리에 순응하는 과정이다. 성경에 보면 창조주는 인간으로 하여금 결혼을 통하여 생육하고 번성하기를 기대하였다. "하나님이 자기 형상 곧 하나님의 형상대로 사람을 창조하시되 남자와 여자를 창조하시고 …… 생육하고 번성하여 땅에 충만하라"(창세기 1: 27-28)고 되어 있다.

미국의 정신과 의사인 스캇 펙(Scott Peck, 1978)은 『아직도 가야 할 길(The Road Less Traveled)』에서 '인생은 고달프다'로 첫 줄을 시작한다. 불교의 가르침처럼 "인생은 고행이다."라고 고백하면서 "이것은 가장 위대한 진리 중의 진리"라고 주장하였다. 그는 이 진리를 진정으로 깨닫고 받아들이면 인간은 힘든 고행을 초월할 수 있다고 강조한다. 인생이 고달픈 여행인 것을 이해하고 그것을 수용하고 나면 인생은 더 이상 고달프지 않다는 것이다. 인생이 장밋빛 정원 속을 산책하는 것으로 기대한다면 좌절과 실망을 겪게 되지만 고행이라는 것을 진심으로 수용하고 그것에 대비하고 자신을 단련시킨 사람들에게는 더 이상 문제가 되지 않는다. 아름답고 향기로운 장미 속에 가시가 있어 찔릴 수 있듯이 결혼생활도 어렵다는 것을 수용하고 나면 더 이상 문제될 것이 없다. 오히려 사랑하는 남녀의 기쁨과 정상경험 그리고 새 생명 탄생의 환희와 영원한 생명에 대한 동경은 결혼생활을 통하여 체험하고 실현할 수 있는 인간의 사명이다.

그러나 결혼생활에 관한 비합리적인 신념이나 기대를 가지고 출발하는 부부 앞에는 누구에게나 놀랄 일들이 적지 않다.

많은 사람이 편안하고 안락한 환상적인 결혼생활을 기대하는 까닭에 부부는 좌절하고 실망한다. 결혼제도 때문에 우리가 실패하거나 비참해지는 것이 아니라 어린 시절의 원가족관계에서 상처받은 내면아이의 탓이거나 준비되지 않은 남편과 아내의 인간 됨됨이가 문제이다.

부부관계가 돈독해야 가정이 행복하고 그들의 자녀들이 건전하게 성장하고 발달한다. 화목한 가정에서 자란 자녀들은 다시 행복한 남편과 아내가 될 자질이 준비된다. 그것이 가정의 순환적 기능 중의 하나이다. 남편과 아내, 아버지와 어머니는 건강하고 행복한 가정의 설계자로 그 책임과 특권이 중차대하다. 지난 45년 동안의 결혼생활의 체험과 '결혼 및 부부상담' 강의를 하면서 저자는 그 중요성을 뼈저리게 느끼게 되었다.

우리는 성장 · 발달하면서 부모나 영화 혹은 문학작품 속에서 동일시한 멋진 남편과 아내의 역할을 자신의 결혼생활에서 의식적 또는 무의식적으로 재현하려고 한다. 아니면 청소년 시절에 "난 저렇게 살지는 않을 거야!"라고 손을 불끈 쥐고 다짐하면서 실망한 어른들의 모습을 외면하는 경우도 없지 않다. 그래서 결혼 후에 자기 부모와 닮은 부부생활을 하는 자녀도 많지만, 부모와는 다른 남편 혹은 아내의 역할을 추구하려고 애쓰는 이도 생긴다.

분명한 것은 부모의 신뢰, 사랑, 이해, 배려, 격려 속에서 어린 시절 의존적인 사랑의 욕구를 충족하며 성장했는지, 형제자매 및 친구들과 상호작용하면서 행복한 청소년 시절을 보냈는지 여부가 중요하다. 그런 우호적인 환경에서 자기 자신과 타인에 대한 신뢰를 쌓고 자존감과 긍지를 가지고 살아온 사람이라야 원만한 인간관계 형성에 익숙하다. 부부관계는 인간관계 중에서 가장 많은 시간과 열정의 투자를 요구하고 용기와 지혜를 필요로 한다. 부부 사이의 친밀감의 욕구 충족은 그래서 당사자의 만족감과 행복감이 최고조에 이르게 한다.

인본주의 심리학자인 매슬로(Maslow)에 의하면 결혼생활에서 자기가 의지할 사람을 찾는 사랑이 있다. 타인이 자신의 욕구를 충족시켜 주기 때문에 그를 사랑한다면 그것은 조건부 사랑이고 이기적인 욕구에서 비롯된 '결핍사랑'이다. 아무리 마셔도 여전히 목말라하는 사람은 배우자의 사랑에도 불구하고 안타깝게도 여전히 사랑받을 생각만 하게 된다. 반면에, 혼자서 스스로 살아갈 수도 있지만 더불어 사랑하며 나누고 베푸는 것이 한층 더 즐겁고 행복한 삶이고, 그것이 자기를 실현하는 길임을 깨닫고 살아가는 사람들도 있다. 그들은 '성장사랑'을 하며 행복을 나눌 수 있는 사람들이다.

인간 개개인의 자주 독립과 자율성을 높이 찬양하고, 저마다의 선택과 책임을 강조하는 프리츠 펄스(Fritz Perls) 등이 즐겨 암송했던 시가 있다.

나는 나의 일을 하고 당신은 당신의 일을 한다. / 나는 이 세상에 당신의 기대대로 살려고 태어난 것이 아니다. / 당신은 이 세상에 나의 기대대로 살려고 태어난 것이 아니다. / 나는 나이고 당신은 당신이다. / 그러나 만약에 우리가 서로 만날 수 있다면 그건 아름다운 일이다.

자신의 욕구 충족을 위해서 배우자를 소유하려고 하거나 이기적인 자기만족을 위해서 상대방을 수단으로 사용하려고 하면 배우자는 온 천하 하고도 바꿀 수 없는 존엄한 존재에서 하찮은 소비재로 변하게 된다. 결국 그런 부부관계는 영혼이 신음하는 사람을 만들어 내고, 결혼생활은 고달픈 삶으로 변질된다. 그래서 결혼상담 전문가들은 지속 가능하고 행복한 부부관계를 유지하는 데 필요한 핵심 요소는 '남편과 아내의 인성/인간 됨됨이'라고 말한다.

코로나19 사태로 온 가족이 함께하는 시간이 늘어나고 가족이 새삼스럽게 눈에 보이는 시대이다. 직장과 가정생활의 균형을 이루는 삶인 '워라밸'에 관심을 가지는 이들이 늘고 있다. '워라밸'을 실천하려면 구호로만 되는 것이 아니라 부부가 함께 시간과 정성을 바쳐야 한다. 가족관계가 소원해지기 쉬운 현대사회에서 부부가 더 행복해지기 위하여 남편과 아내가 나서야 할 때이다. 부부관계가 원만하고 행복하면 자녀들이 건강하고 긍정적인 인간으로 성장한다.

부모나 교육자나 상담전문가는 자기 자신을 매개체로 해서 상대방의 성장발달을 돕는 사람이기 때문에 자기 자신의 인간 됨됨이가 사명완수에 결정적인 역할을 한다. 어린 시절에 부모나 양육자로부터 받은 상처를 내면에 지닌 채 우리가 어른이 되면 상처받은 내면아이가 자녀, 제자, 내담자 혹은 부부관계를 비롯한 인간관계에 은연중에 부정적인 영향을 주게 된다.

지난 반세기 동안 물질적인 성취를 위해 온 국민이 총력을 다하여 줄달음질하여 오는 사이에 우리 사회는 알게 모르게 가화만사성의 중요성을 간과해 왔다. 행복하던 부부가 어느 사이에 형식적 대화만 하고 정서적 교류가 차단된 것을 감지하면서 허전해한다. "우리 부부는 사랑하고 있어요. 그러나 관계는 텅 빈 것처럼 느껴지는데 왜 그런지 모르겠어요. 어떤 더 깊은 연결이 필요한 것 같아요."라는 호소에 경청해야 한다.

우리 모두의 마음속, 생명의 한가운데에는 긴장, 아픔, 채워질 수 없는 깊은 공허가 있다. 물질적으로 모든 것을 소유한 사람들이나 없는 것이 없어 보이는 사람들조차 고요한 시간에는 자신의 공허, 불안, 불만을 느낀다. 아니면 그 공허와 불안을 잊어버리기 위해 밤낮으로 일에만 전념하는 일벌레가 되거나 게임, 술, 마약, 쾌락 등에 중독되는 길을 선택한다. 그래서 많은 사람이 개인적으로 고통스러운 경험, 즉 사랑하는 이의 사망, 결혼 붕괴, 사업 실패, 조기은퇴 등이 충격으로 다가와 삶의 의미를 재음미하게 될 때나 비로소 실존적 공허를 깨닫게 된다.

우리는 저마다 자아정체감이 형성되어 자신의 삶에 정진하듯이 부부도 효율적인 대화를 통해 '참만남'을 경험해야 한다. 참만남의 대화를 통해서 왜, 무엇을, 어떻게 함께 구현할 때 멋있게 살다가는 행복한 부부가 될 것인가에 대한 대답을 깨달을 수 있다. 단 한 번밖에 살 수 없는 삶에서 남편과 아내는 공유할 수 있는 최종 목표로 어떤 가치나 의미를 추구하며 구현하고 있는지를 확인해 볼 때가 되었다. 그것은 초월적 존재와의 관계에서 자신의 사명을 발견하려는 노력이나 다름없는 과업이다.

이 책은 '결혼 및 부부상담' 이론이나 개념을 소개하기보다는 결혼생활의 실제에 치중하려고 노력하였다. 내담자들과 저자의 결혼생활을 통하여 터득한 실제 경험이 녹아 들어가 있어서 독자들이 쉽게 읽고 자기 계발에 도움을 얻을 수 있도록 고안하였다. 주요 내용은 결혼생활에서 남편과 아내에게 제일 중요한 것, 결혼생활과 부부관계에 대한 비합리적 신념, 부부 사이의 효율적인 대화방법, 서로 상대방만 탓하지 말고 갈등을 해결하는 방법, 부부생활의 걸림돌인 자신의 내면아이 이해와 체험하기 그리고 부부관계 A/S 방법의 하나로 참만남의 대화를 연습할 수 있도록 대화자료 등을 구성하였다.

최근에 온 가족이 함께 생활하는 시간이 늘어나자 원만하고 행복한 가정의 필요성과 가족관계의 중요성을 새삼 깨달은 이들이 증가하고 있다. 행복하고 의미 있는 부부관계의 중요성을 인식하고 남편과 아내로서의 자기 계발과 부부관계를 개선하는 데 이 책이 도움이 되기를 기대한다. 부부가 서로 사랑하는 가정인 '눈에 보이는 낙원'으로 전진하려는 남편과 아내에게 실용적인 애프터서비스(A/S) 도구가 될 것으로 믿는다.

원고를 읽고 조언해 준 두 며느리 김윤지와 심아람 그리고 아내 덕택에 더 나은 책을 독자들 앞에 내놓게 된 것이 감사한 일이다. 책이 완성되기까지 새 생명을 기다리듯 인내와 사랑으로 지켜봐 주고, 한평생 내조하느라 흰머리가 생긴 사랑하는 아내 조희숙에게 특별히 고마운 마음을 전한다. 이 책을 기꺼이 출판해 준 학지사 김진환 사장님과 정성껏 교정해 준 편집부에게도 고마운 마음을 전한다.

저자 연문희

차례

◉ 머리말 _ 3

01 **남편과 아내의 인성이 우선이다**　13

1. 눈에 보이는 낙원 / 15

2. 사랑과 그 속성 / 27

3. 긍정적인 생활태도 / 47

02 **결혼생활에 대한 이해가 필요하다**　63

1. 개인과 남녀의 차이 / 65

2. 결혼생활에 대한 비합리적 신념 / 78

3. 부부관계의 변천과정 / 100

03 부부 사이의 대화가 관건이다   117

　　1. 부부관계와 대화의 질 / 119

　　2. 언어적·비언어적인 의사소통 / 136

　　3. 갈등을 해결하는 대화기법 / 150

　　4. 효율적인 대화와 파괴적인 대화 / 171

04 부부생활의 걸림돌을 알아내자   201

　　1. 부부관계 개선방안 / 203

　　2. 낮은 자존감과 부부관계 / 217

　　3. 상처받은 내면아이 / 235

05 부부관계의 A/S가 필요하다   259

　　1. 내면아이 만나기 / 261

　　2. 부부 사이의 참만남 / 277

　　3. 참만남의 대화 실습 / 291

◉ 참고문헌 _ 307

◉ 찾아보기 _ 313

남편과 아내의 인성이 우선이다

1. 눈에 보이는 낙원

2. 사랑과 그 속성

3. 긍정적인 생활태도

행복한 부부도 A/S가 필요하다

1. 눈에 보이는 낙원

동서양을 막론하고 전 세계 인구의 가장 많은 사람이 공통적으로 종사하는 일이 있는데 그건 바로 결혼생활이라는 말이 있다. 결혼하지 않고 홀로 살면서 '혼밥' 먹는 이들이 늘어난다고 하지만 여전히 전 세계 인류의 대다수가 공통적으로 참여하는 활동은 남녀가 짝을 이루어 살아가는 결혼생활과 가정생활이다.

오랜 세월 인간이 추구하고 있는 낙원은 이상세계(理想世界)나 사후세계에 속한다고 믿어진다. 문학작품 속에 그려진 영원한 사랑, 평화, 행복, 정의, 조화, 평등, 풍요로운 낙원은 눈에 보이지 않는 마음속에 존재한다고 믿는 이들도 있다. 그런데 마틴 루터(Martin Luther)는 "사랑하는 부부가 사는 가정은 눈에 보이는 낙원"이라고 하였다. 부부가 서로 존중하고 이해하며 협력하고 사랑한다면 그 가정이 바로 이 땅 위의 낙원이라는 말이다.

가정은 일터에서 돌아온 식구들의 안식처요 행복과 사랑의 보금자리요 새로운 날을 시작하는 데 필요한 에너지의 충전소이다. 부부가 서로 사랑한다면 낙원은 먼 곳에 있지 아니하고 바로 곁에 눈에 보이는 우리 집이 낙원일 수 있다. 문제는 부부가 신뢰하고 이해하며 용서하고 협력하며 서로 사랑하여 저마다 자기 가정을 이 땅 위에서 낙원으로 만들어 가고 있느냐에 달려 있다.

어린 시절 농촌 흙벽돌로 지은 집에서도 벽에는 '가화만사성(家和萬事成)'이라고 쓰인 누렇게 색깔이 바랜 족자가 걸려 있었다. 낫 놓고 기역 자도 모르는 산촌의 아낙네들도 '가화만사성'이라는 말은 자주 사용하였다. 가족 간에 크고 작은 갈등이나 어려움이 있을 때마다 "가정이 화목하면 모든 일이 잘 풀린다."라는 말을 하면서 이해, 용서, 화해, 인내, 순종 등을 강조하였다. 부모와 자녀가 사랑으로 뭉쳐 있고 기쁨과 설움도 같이 하면 한 칸의 초가도 천국이다. 동서양을 막론하고 대부분의 사람들이 가고 싶어서 염원하는 이 땅 위의 낙원은 바로 사랑하는 부부가 사는 가정이다. 먼저 가정이 화목해야 만사가 잘 풀려서 행복한 삶을 누릴 수 있게 된다는 말이다. 원만한 부부관계와 가족관계는 행복하고 건강한 삶으로 인도하는 지름길이고 눈에 보이는 낙원으로 직통하는 길임을 알 수 있다.

우리는 일류 고등학교나 대학에 입학하여 좋은 직장에 취직하면 물질적인 가치를 구현하며 행복하게 살 수 있을 것으로 믿고 점수 올리기 작전에 심혈을 기울인다. 그러나 세계행복보고서(World Happiness Report, 2020)에 의하면 우리나라 국민의 삶의 만족도는 156개국 중 54위이다. 1인당 국민총생산(GDP)은 세계 27개국 자리에 가 있으나 우리 국민의 삶의 만족도와 정서경험을 종합한 행복지수는 OECD(경제협력개발기구)

에 속한 36개국 중에서 30등이다. 갤럽조사에서는 직업, 인간 관계, 재정상태, 건강상태, 지역사회 생활만족도 등을 평가한 결과 우리나라는 148개국 중에서 행복지수가 97등이니 우리 국민의 행복지수는 상대적으로 낮은 편에 속한다.

잘산다는 것은 경제적으로 여유가 있다는 말로 통해 왔는데 국민총생산을 비교해 보면 한국 전쟁의 민족상잔이 끝난 이후 반세기 동안에 우리는 수백 배 부자가 되었다. 그렇다면 물질적으로는 풍요로워졌는데 무엇이 우리로 하여금 보다 더 행복하다는 느낌을 갖지 못하게 하는 것인가?

- 돈이 부족해서 의식주 해결이 어려운가?
- 부부관계가 만족스럽지 못한가?
- 가족관계에 갈등이 심한가?
- 직장생활에 만족하지 못하는가?
- 절친한 친구나 동료가 없어 외로운가?
- 건강이 나빠서 고통을 겪으며 지내는가?
- 장래 희망이 없어서 사는 재미가 없나?
- 삶의 의미가 없어 공허하고 무기력한가?

사람마다 이런저런 이유들 때문에 현재의 삶이 만족스럽지 못하고 행복하지 못하다고 느낄 수 있다. 행복감은 객관적인 조건으로 결정되는 것이기보다는 주관적인 믿음의 산물이다. 연봉 수십억 원을 벌면서도 행복하지 못하다고 느낄 사람이 있고, 그의 백분의 일을 벌면서도 자족하는 사람이 있을 수 있다. 국민총생산이 우리나라보다 훨씬 낮은 방글라데시나 네팔의 행복지수가 우리보다 높은 것은 그런 연유에서 이해할 수 있다.

2020년 봄부터 확산된 코로나 바이러스 때문에 전 세계경제가 앞을 내다보기가 어렵고 우리나라의 경제도 위기를 겪고 있지만 세계 20대 강국에 속할 만큼 경제적으로 크게 성장발달을 한 것은 사실이다. 우리는 일제 강점기나 한국 전쟁 직후에 끼니를 때울 수가 없어 보릿고개를 걱정하는 시절이 있었고, 의식주 해결에 급급하던 가난한 민족이었는데 상대적으로 짧은 기간 안에 경제적인 부흥을 이루었다. 그럼에도 불구하고 우리의 행복지수는 OECD 국가 중에서 하위권에 속한다는 사실에 주목해야 한다.

하버드 대학교 성인발달연구소 소장인 로버트 월딩거(Robert Waldinger, 2015)는 1938년부터 2013년까지 75년 동안 관찰한 "행복한 삶의 요인(What Makes a Good life)"의 연구 결과를 발표하였다. 내용은 '어떤 요소가 인간을 행복하고 건강하게 오래 살게 하는가?'에 관한 것이었다. 연구 대상은 하버드 대학교 학생과 그 지역사회에 살고 있는 가난한 집안의 청년들이었다. 건강검진, 면접, 설문조사 등을 통하여 2년마다 확인해 오기를 75년 동안 지속해 온 보기 드문 연구 결과이다.

미국의 젊은이들에게 행복하고 건강한 삶을 위해서 무엇에다 가장 많은 시간과 정성을 쏟겠느냐고 물으면 80% 이상이 부자가 되기 위해 노력하겠다고 대답한다. 그다음은 명성을 얻고 유명해지기 위해 노력하겠다고 대답한다. 우리나라의 젊은이들도 물질적인 성취를 중요시 여기며 우선적으로 추구하는 것이 보수가 좋은 직장이 아닐까?

그런데 인간의 한평생을 한눈에 조명해 보면서 연구한 로버트 월딩거의 결론은 가족관계, 지역 공동체에서의 인간관계, 친구나 동료관계가 좋은 사람일수록 행복하고 건강하게 오래 산다는 것이었다. 건강하고 행복한 삶을 결정하는 가장 중요한 요소는 친밀한 인간관계가 답이라고 강조한다.

로버트 월딩거의 연구 보고는 마음의 평화, 자율성, 정의, 친밀한 인간관계, 초월적인 가치 등 내재적 가치(內在的 價値)를 중시하는 사람들이 외재적 가치(外在的 價値), 즉 명성, 출세, 권력, 돈, 인기를 중요시하는 사람들보다 더 행복하고 심리적으로 더 건강하다는 카셀 등(Kasser et al., 2014)의 연구 결과와도 일맥상통한다. 이것은 우리나라 선비들이 오래전부터 실천하던 생활철학에 가깝다고 할 수 있다. 청렴결백하게 사는 것을 옳은 것으로 여기고 인생을 즐기며 산다는 청빈낙도(淸貧樂道) 혹은 편안한 마음으로 분수를 알고 넘치는 욕심을 내지 않으며 자신의 처지에 맞게 만족하며 살아간다는 안분지족(安分知足)은 모두 내재적 가치를 중시하는 생활철학이다. 최근에 와서 비로소 서양의 학자들이 실증적 연구를 통하여 조선시대 우리 선비들의 생활철학을 '행복하고 심리적으로 건강한 삶'의 특징으로 확인했다는 데 그 의의가 있다 하겠다.

로버트 월딩거는 물질적인 풍요가 행복의 원천이 된다고 믿거나 외재적 가치가 행복을 보장한다고 믿는 미국의 현대인들에게 뜻밖에도 행복하고 건강한 삶을 오래 살게 하는 요인은 좋은 인간관계임을 보여 주었다. 그렇다면 우리의 인간관계는 몇 점이나 되겠는지 각자 간단히 평가해 볼 필요가 있다. 지난 한 달 동안 다음과 같은 인간관계에서 당신이 만족하는 정도는 10점 만점에 몇 점이나 되는가?

0 —— 1 —— 2 —— 3 —— 4 — 5 — 6 —— 7 — 8 —— 9 —— 10
아주 불만   보통   아주 만족

- 아버지와의 관계 (　　) 　 • 어머니와의 관계 (　　)
- 부부관계 (　　) 　 • 자녀와의 관계 (　　)
- 친구관계 (　　) 　 • 친인척관계 (　　)
- 직장에서의 인간관계 (　　)

　현재의 점수에 만족하는지를 생각해 보고, 어떤 인간관계를 어떻게 개선하도록 노력할 것인지를 생각해 볼 필요가 있다. 행복하고 건강한 삶을 예측할 수 있는 가장 중요한 요소가 부부관계를 비롯한 인간관계이므로 그 점수를 더 향상시키려면 어떻게 해야 될 것인지를 자성해 보자는 것이다. 만약 지난 한 달 동안 살아온 그대로 앞으로 1년 혹은 10년, 30년, 40년을 더 살게 된다면 당신이 생을 마감하는 시점의 인생만족도는 몇 점이나 되겠는가?

　가정의 화목을 보장하려면 우선 부부관계가 행복해야 한다. 부부관계가 갈등이 심하거나 어쩔 수 없어 별거나 이혼하는 경우에는 본인들이 겪어야 하는 고민, 고통도 크겠지만 어쩔 수 없이 그 자녀들에게 정서적 심리적 상처를 남길 수밖에 없다.

태어나서 성장한 가정의 부모와 자신과의 관계, 즉 원가족 삼인군의 관계가 역기능적이었다면 누구나 어려서 받은 심리적 상처를 안고 한평생 살아가게 된다. 화목하지 못한 가정에서 경험한 어린 시절의 불안, 분노, 외로움, 적개심, 죄책감, 수치심, 열등의식 등은 낮은 자존감과 불안한 정서의 뿌리가 되고, 그것을 해결하지 못한 채로 성장하면 나중에 원만한 부부관계나 다른 인간관계에 지속적인 장애요인이 된다(Bourne, 2005; Bradshaw, 1990; Horney, 1945).

행복지수가 낮은 것은 사회경제적 양극화와 불평등에 그 원인이 있다고 분석하는 사회과학자들도 있다. 같은 지역사회에 살면서 주민들 사이의 불평등은 위화감을 느끼게 하여 불만의 요소가 될 수 있다. 그러나 상담심리학자의 입장에서 는 행복한 삶은 오히려 좋은 인간관계 형성 능력에 달려 있다는 연구 결과(정동섭, 1998; Markman et al., 1994; Parrott, 1995; Waldinger, 2015)에 주목한다. 전 세계 여러 나라와 비교할 때 상대적으로 낮은 우리의 행복지수의 뿌리는 결혼 및 부부관계의 불만, 직장 등에서 인간관계의 스트레스, 가족관계의 갈등 등 인간관계가 중요한 요소 중에 하나일 것이라고 믿는다.

부부생활의 만족도는 결혼 초기에 부부가 얼마나 사랑했느냐에 달려 있지 않고 부부가 서로의 차이점을 어떻게 다루고 적응하느냐 하는 갈등해결 능력에 달려 있다고 주장한다(Gottman & Gottman, 2006; Markman et al., 1994; Parrott, 1995). 젊은 날에는 배우자의 외모, 재산, 능력 등에 관심을 가지면서 얼마나 열정적인 사랑을 하는가에 큰 비중을 둔다. 그러나 부부상담 전문가들은 외모나 재산보다 친밀한 대인관계를 형성할 수 있는 성격이나 인간 됨됨이가 행복한 결혼생활을 보장하는 더 중요한 요인이라고 주장한다.

부부생활이 만족스럽지 못하면 부모의 갈등과 스트레스를 함께 공유하는 자녀들도 더불어 행복하지 못하고, 그들은 성장하면서 겪은 불안, 분노, 두려움, 죄책감, 수치심, 외로움, 갈등 등 부정적인 정서의 영향으로 나중에 친구관계 및 부부관계 등 인간관계에서 갈등을 보일 가능성이 높아진다.

우리 국민의 행복지수가 상대적으로 낮은 것은 '가화만사성'을 잊어버리고, 급변하는 사회에서 건전한 가족관계 형성에 필요한 인성과 가치관 교육을 소홀히 해 왔기 때문이라고 판단된다. 눈에 보이는 낙원에서 사는 길은 이제는 물질주의적 성취와 성공에 있지 않고 건전한 인성을 바탕으로 하는 원만한 결혼 및 부부생활에 달려 있다고 본다. '워라밸'(직장과 가정생활의 균형)이라는 용어가 회자되고 있는 것은 성취지향적인 직장생활에 진력해 온 국민들이 물질적으로는 잘사는 나라가 되었지만, 그동안 가정생활을 소홀히 하여 행복지수가 낮은 것을 알아차리기 시작한 증거라고 본다. 이제는 행복한 가정생활과 사생활의 중요성을 깨닫고 일에만 치중해 온 사람들이 일과 가정생활의 균형을 잡아야 할 필요성을 느낀다는 말이다.

'가화만사성'은 농경사회의 전통적인 결혼생활이나 현대사회의 신세대 결혼생활에서도 저마다의 간절한 희망사항이고 생활신조로 삼을 만한 격언이다. 가정은 사랑하는 부부가 중심이 되어 형성하는 작은 공동체로서 안전하고 편안한 사회의 기본 단위이다. 가정은 가족들의 육체적 심리적 필요가 충족되어 구성원들에게 안정감이나 소속감을 제공하는 낙원이다. 부모의 사랑과 지혜로 자녀들의 건전한 성격이 형성되고 개성과 적성을 키워 자기실현의 태세를 갖추어 주는 안전기지가 우리의 가정이다. 가정은 일상생활에서 지치고 피곤한 가족들이 마음 놓고 편히 쉬고 새 힘을 얻어 자신의 잠재능력을 구현할 준비가 되는 홈그라운드이다.

그럼에도 불구하고 아름답고 행복한 가정을 이루는 일은 그리 간단한 일이 아니다. 육체적으로나 심리적으로 단련되지 않으면 행복하고 단란한 가정을 이루기가 어렵다. 부부관계와 부모−자녀관계가 원만하고 행복한 가정을 이룩하는 것은 '눈에 보이는 낙원'을 건설하는 중대한 일임이 분명하다.

전통적인 결혼생활에서 아내의 역할은 자녀 양육, 내조, 가족 돌봄이 중요한 임무였다. 남편은 가족을 보호하고 부양하는 경제적인 책임을 주로 담당하였다. 아내는 한평생 가정에서 헌신하는 것이 주 임무였다. 자녀를 낳으면 아내의 관심과 에너지는 자녀 양육에 더 집중되고 남편과는 거리가 생기는 것이 상례였다. 시부모를 섬기고 자녀 양육에 몰두하다가 중년을 맞이하는 여성에게는 남편의 이해와 협조가 매우 중요한 요소가 된다. 만일 자녀 양육과 가정 살림에 남편이 무관심하면 중년 이후 아내는 가정생활에서 겪는 갈등과 불만이 누적되어 삶의 만족도가 떨어질 수밖에 없다. 이런 경우 부부지간에는 정서적 교류가 미약하거나 차단되기 쉽다. 자녀들은 성장하여 어머니의 도움과 보살핌을 덜 필요로 하고 자주 독립하려고 하거나 부모의 지도에 간섭한다고 짜증을 낼 수도 있다. 여성들은 이 시기에 삶의 의미나 존재가치를 느낄 수 없어서 공허해질 수 있다. 소수는 사회활동을 다시 모색하거나 평생교육을 통하여 자기실현을 추구하기도 하지만 대부분의 아내는 남편의 성공과 자녀들에게서 대리만족을 얻으려는 것이 흔한 일이다.

신세대들의 결혼생활은 남편과 아내가 자녀 양육, 가족 돌봄의 역할을 공유할 것을 기대한다. 맞벌이의 경우 가사 분담이 전제가 되고, 저마다 자기가 선택한 일을 통해 경제적 만족과 자기실현을 희망한다. 그런데 핵가족의 아내는 맞벌이를 하다 보니 어린 자녀를 제대로 돌보지 못하는 데서 자책감을 가지기 쉽고 갈등과 불안을 경험하게 된다. 남편과 가사 분담이 적절하게 이루어지지 않으면 부부간에 갈등을 자주 경험하게 되고 부부관계가 소원해질 수 있다. 부부 사이의 가사 분담이 제대로 안 되는 경우 여성은 가정과 직장의 업무 때문에 30대에 과부하가 걸려서 어렵게 얻은 직장을 사직하거나 심리적으로 육체적으로도 매우 힘든 과정을 거친다. 신세대 여성은 이 어려움을 극복하고 40대 중반에 이르러서야 겨우 직장생활에 만족을 얻기 시작한다(김애순, 2002). 그래서 신세대 기혼 여성들 중에는 가정과 직장 업무로 시달리게 되어 자녀 출산이나 양육을 기피하는 현상이 나타나고 있다.

농경사회의 가정은 경제, 교육, 종교, 의료, 놀이, 종족보존, 성생활의 근원지였다. 먹거리, 옷, 집 등 필수품은 가정에서 스스로 해결해야 할 일이였고, 교육과 종교는 부모가 밥상머리에서 시작하고 일상생활에서 어른들이 삶을 통하여 본을 보여서 실시하였다. 의료는 집집마다 가정상비약을 준비해 놓고 민속적인 방법으로 해결하였다. 그리고 가정 중심으로 종족보존이나 성생활이 이루어졌다.

그런데 현대사회의 가정에서 부부는 자녀 양육, 부부간의 동료의식, 경험의 공유, 사회화과정, 의견의 교류, 정서적 욕구의 충족을 상호 기대한다. 전통적인 가정과 비교해 보면 오늘날 가정은 경제, 교육, 의료, 종교 등의 기능이 크게 약화되었다. 생활필수품을 생산하는 경제는 가정으로부터 공장, 기업체 등 직장으로 빠져나갔고, 교육은 유치원이나 학교 혹은 학원가로, 의료는 병원으로, 종교는 가정을 떠나 교회, 사찰 등으로 그 임무가 이전되었다. 가정의 전통적인 기능이 약화되면서 결혼은 선택사항이라고 믿는 우리 청소년이 절반에 가깝다. 결혼 적령기라고 하던 20~30대는 싱글로 지내면서 '혼밥'을 먹으며 외로움과 사랑이 고픈 마음을 달래려 하고, 결혼이 아닌 다른 수단으로 친밀감의 욕구나 성욕을 충족시키려는 현상이 나타나고 있다. 홀로 살며 자기를 실현하고 싶다는 젊은 이들에게 이런 질문을 던지고 싶다.

- 어린 시절에 아버지 같은 남편, 어머니 같은 아내와 결혼하고 싶은 환상이 있었나요?
- 아버지와 어머니가 서로 신뢰하고 존중하며 이해하고 협력하며 행복하게 사셨나요?

1. 눈에 보이는 낙원

• 당신은 자라는 과정에 아버지와 어머니를 믿고 따르며 좋아하고 존중하며 살아왔나요?

'아니요'라는 답이 선뜻선뜻 나온다면 당신이 '나 홀로 자기실현을 꿈꾸는' 그 심정을 이해할 만하다. 성장하면서 아버지와 어머니와의 관계에 크게 실망하고 마음 아파했거나 큰 상처를 입은 자녀들은 결혼이나 가정생활에 높은 가치를 두기가 어려울 수 있다. 어떤 이들은 학업이나 일에 열중하다가 결혼 기회를 놓쳤다고 하소연하며 혼자서 자기실현을 위해 매진하겠다고 한다. 그러니 자유 속에서 소외감을 느끼고, 친밀감의 욕구를 억압하고 일에 몰두하면서 영원을 갈망하는 생명력의 간절한 호소를 모르는 체하며 살아갈 수밖에 없다.

하늘에 있는 낙원이나 극락세계에 도달하기 위해 사람에 따라서는 수행을 계속해야 하지만 부부가 서로 사랑하는 '눈에 보이는 낙원'에 접근하는 것이 우선적인 과업이다. 해가 서산에 질 때 피곤한 몸과 마음으로 돌아갈 단란한 가정이 없다면, 먼 여행에서 지쳐서 돌아온 나그네가 돌아갈 가정이 없다면 그 심정은 과연 어떠할까? 부부가 서로 사랑하는 가정, 화목한 가정을 이루기 위해 남편과 아내는 나서야 한다. 저마다 돌아가고 싶은 가정, 나그네가 돌아가고픈 그 행복하고 아늑한 가정을 만들기 위해 부부관계 A/S를 시작해야 한다.

2. 사랑과 그 속성

1) 사랑

고대 그리스어에 '사랑'을 의미하는 단어가 여러 개 있는데 그중에 일부를 소개하면 다음과 같다. 첫째, 아가페(agapē)는 거룩하고 무조건적인 사랑을 의미한다. 인류 구원을 위해 예수님이 자신을 희생해 가며 행한 무조건적 사랑이다. 건강한 어머니의 모성애도 아가페 사랑에 근접한 사랑이라고 본다. 둘째, 필리아(philia)는 동료나 친구 사이의 우정, 사랑 및 형제자매 사이의 형제애를 의미한다. 셋째, 에로스(eros)는 강렬한 성적 욕구를 바탕으로 한 이성 간의 사랑이다. 넷째, 스토르게 (storge)는 가족 간의 사랑을 의미하는데, 특별히 부모의 자식 사랑, 즉 '내리사랑'과 자녀들의 부모사랑 즉 '올리사랑' 그리고 가족 간의 사랑을 포괄한다.

현대인들의 부부사랑은 성적 욕구를 바탕으로 한 사랑이고, 동반자 혹은 동료로서의 사랑과 우정의 성격이 포함되어 있다고 하겠다. 친밀한 관계를 맺고 싶은 욕구, 성욕 충족의 욕구, 소속감의 욕구, 가정을 이루어 자녀를 양육하고 싶은 욕구, 대를 이어 생명을 연장하고 싶은 개인 및 사회적 소망 등이 결혼 생활을 결심하게 만든다. 정신분석학자들의 주장에 따르면 부부간의 사랑에는 어려서 아버지와 어머니를 보고 마음속에 심어 둔 이상적인 남자/여자상을 사랑하고 싶은 소망도 무의식적으로 작용한다고 본다.

결혼을 앞둔 남녀는 성장하면서 자기 부모를 동일시하거나 사랑하며 형성한 이상적인 남자 혹은 여자를 무의식적으로 사랑하게 되고 결혼 대상으로 선택하려고 한다. 부모를 너무 많이 닮은 데이트 대상은 무의식적으로 근친상간의 두려움을 느껴서 결혼 대상에서 제외하게 되고, 너무 닮지 않은 데이트 대상은 매력이 생기지 않아서 결혼 대상이 되기가 어렵다는 설이 있다. 부모와의 관계에서 크게 실망하고 갈등과 적대 감정을 많이 느끼며 성장한 자녀는 부모와는 전혀 다른 사람을 결혼 대상으로 찾으려는 숨은 동기를 드러내기도 한다.

남녀가 만나 결혼을 결심하는 과정과 결혼생활을 유지하는 과정에서 가장 중요한 요소는 사랑이라고 할 수 있다. 국가별 문화별로 차이가 있지만 사랑 없이는 결혼하지 않겠다는 청년들이 대다수를 차지한다. 사랑은 결혼의 전제조건이라는 말이다. 특히 서구의 개인주의가 팽배하고 국민총생산이 비교적 높은 나라, 즉 영국, 미국, 호주, 브라질 등에서는 사랑 없이는 결혼하지 않겠다는 젊은이들이 80% 이상이니(Levine et al., 1995) 대부분이라고 할 수 있다. 개인주의적이고 경제적으로 자립할 수 있는 국가에서 남녀 간 사랑의 중요성이 두드러지는데 그런 국가일수록 부부의 이혼율도 높은 편이라는 점에 주목할 필요가 있다. 쉽게 말하면 사랑을 앞세우는 연애결혼이 주위 사람들의 주선이나 중매결혼보다 이혼할 가능성이 더 높다는 것이다.

그리고 집단주의 문화에 속하는 나라, 즉 인도, 파키스탄, 필리핀 등에서는 결혼의 전제조건으로 사랑을 중시하는 정도가 상대적으로 낮은 편이다. 결혼을 결심하기에 앞서서 사랑 이외에 고려해야 할 다른 조건들이 있다는 의미이다. 아시아의 가족 중심 집단주의 문화에서는 상대방의 경제적 수준과 대가족관계 등도 중요한 결혼 조건으로 포함시키는 경향이 있음을 알 수 있다(Goodwin, 1999; Levine et al., 1995).

　다음 표를 보면 결혼조건으로 사랑의 중요성이 얼마나 큰 비중을 차지하는지 국가마다 차이가 있음을 알 수 있다.

◆ 한 남성/여성이 당신이 바라는 필요한 모든 조건을 다 갖추고 있으나, 만약에 당신이 사랑에 빠져 있지는 않다면 그와 결혼하겠는가?

결혼조건으로서 사랑의 중요도

국가별	반응(%)		
	예(결혼해요)	미결정(글쎄요)	아니요(결혼 안 해요)
호주	4.8	15.2	80.0
브라질	4.3	10.0	85.7
영국	7.3	9.1	83.6
홍콩	5.8	16.7	77.6
인도	40	26.9	24.0
일본	2.3	35.7	62.0
멕시코	10.2	9.3	80.5
파키스탄	50.4	10.4	39.1
필리핀	11.4	25.0	63.6
태국	18.8	47.5	33.8
미국	3.5	10.6	85.9

출처: Levine et al. (1995)

2. 사랑과 그 속성

이 설문 조사에 아쉽게도 우리나라는 연구 대상에 포함되어 있지 않은데 가까운 일본의 통계를 참고해 보면 '사랑에 빠져 있지 않다면 난 결혼 안 하겠어요.'가 62%이고, '글쎄요.'라고 머리를 갸우뚱하는 사람이 35.7%이고, '사랑에 빠져 있지 않아도 다른 조건이 맞으면 결혼하겠어요.'는 2.3%에 불과하다. 다른 조건이 다 맞아도 사랑에 빠져 있지 않으면 결혼할 수 없다는 견해가 서구 문화보다는 훨씬 낮은 편이고, 결혼을 결정하지 못했다는 견해가 태국 다음으로 많은 편이다. 문화에 따라 결혼의 전제조건으로 사랑의 중요성이 차이가 있음을 알 수 있다.

스턴버그(Sternberg, 1999) 예일 대학교 심리학과 교수가 연구한 사랑의 속성은 다음과 같은 세 가지 요소로 구성되어 있다. 사랑은 삼각형처럼 세 변으로 구성되어 있는데, 각 변은 친밀감, 열정, 헌신과 책임감의 세 가지 요소를 상징한다.

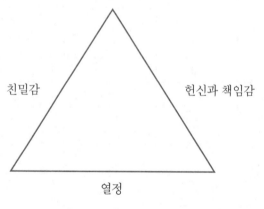

[그림 1-1] 사랑의 3요소

- 친밀감은 두 사람이 서로를 잘 알아서 느껴지는 편안한 마음, 오래 사귀어 가까운 친구처럼 친밀하게 느껴지는 감정 상태이다.
- 열정은 남자 혹은 여자로서의 성적인 매력을 바탕으로 연애감정을 불러일으키는 열렬한 마음 상태로 동기를 유발하는 측면에 속한다.
- 헌신과 책임감은 상대방의 행복과 복지를 책임지려고 헌신하는 인지적인 결심에서 나온다.

이 세 가지 요소를 이해하고 증진하는 것이 부부관계를 개선하는 한 가지 방안이 될 수 있다. 연령에 따라서 세 가지 요소의 중요성은 다를 수 있겠으나 우리 부부는 사랑의 3요소 중에 어느 것을 더 향상시킬 필요성을 느끼는지 점검해 보는 것도 부부관계 A/S를 위해 필요한 사항이다.

(1) 친밀감 형성하기

남편과 아내 혹은 사귀는 남녀가 서로를 잘 알고 친밀감을 향상시키기 위해서는 다음과 같은 활동을 할 수 있다.

시간과 공간을 더 많이 공유하자

현대인은 분주하다. 일 중심 사회로 변하면서 저마다 직장생활과 가정생활을 병행하다 보니 부부가 마주 앉아서 대화하거나 함께 활동할 시간이 부족하다. 부부가 한자리에 함께하는 시간도 많이 줄어들었다. 어떤 경우에는 주말 부부, 월말 부부처럼 시간과 공간을 공유하지 못하는 이들도 적지 않다. 또 직장이나 학업 때문에 수개월 혹은 수년씩 떨어져 지내는 사람들도 있다. 이런 경우 '눈에 보이지 않으면 마음에서도 멀어진다.'는 격언을 기억할 필요가 있다. 따라서 기회가 있는 대로 노력해서 함께하는 시간을 갖는 것이 친밀감 형성에 도움이 된다. 통신 기자재를 통하여 이메일 주고받기, 문자보내기, 전화하기나 상호방문 등을 통하여 만나는 시간을 더 많이 가질수록 친밀감 형성에 도움이 될 수 있다.

성장과정의 경험을 소개하자

초 · 중 · 고등학교 혹은 대학 시절의 자기의 삶을 소상하게 공유하는 것이 바람직하다. 친구관계, 학교생활, 부모님과의 관계 등을 되돌아보면서 자기를 노출하는 것이 친밀감 형성에 도움이 된다. 산책하면서 오늘은 남편의 어린 시절, 내일은 아내의 성장과정을 서로 소개하는 것이 상대방을 더 많이 알고 이해하고 편안해지는 지름길이다. 낮은 자존감을 가진 사람일수록 자기를 가리고 숨기려고 한다. 자기노출을 두려워하면 친밀한 관계 형성이 힘들고 갈등이나 오해가 생길 가능성이 높아진다. 용기를 내서 자기 자신을 노출할수록 서로 친밀감을 높일 가능성이 있다. 진실한 자신을 있는 그대로 보여 주었을 때 상대방이 수용하고 이해하고 가까이 다가서지 않는다면 서로 사랑하기 어려운 사람이다. 그렇다면 부부가 되어도 참만남이 이루어지지 않아서 서로 신뢰하고 이해하고 협력하는 데 한계가 있게 된다.

원가족 삼인군을 탐색하자

태어나서 성장한 가정에서 부모님과 자신의 관계는 어떠했는지 탐색해 보는 것도 자기 자신과 부부관계를 이해하는 데 도움이 된다. 엄격한 어른들을 무서워하면서 성장한 사람은 나중에 학교나 직장에서 선생님이나 직장의 상관들과의 관계가 어색하거나 불편할 수 있다. 딸은 학대하던 아버지에 대한 적개심이 현재 남편과의 관계에 영향을 줄 수 있고, 어머니의 과잉보호를 받고 자란 남편은 현재 아내에게 너무 의존적이어서 좌절감을 겪을 수 있다. 배우자의 어렸을 때의 경험을 알고 이해하면 부부관계 개선에 도움이 된다.

매일 경험한 일을 대화를 통해 공유하자

결혼 전에 대화를 많이 나누던 시절처럼 그날그날 경험한 것을 가능한 한 진솔하게 대화하는 것이 중요하다. 성취지향적인 현대사회는 일 중심적이어서 분주한 나머지 부부 사이에도 사적인 대화가 부족하기 쉽다. 직장에서 있었던 일이나 가정에서 경험한 것을 대화로 공유하면 공감대를 넓힐 수 있는 터전이 된다. 용기를 내서 경험을 공유하면 할수록 이해가 되고 더 가까워지며 협력을 잘할 수 있다. 낯선 사람은 나와 공유한 경험이 없는 사람이고, 친한 사람은 대체로 나와 공유한 경험이 많은 사람이다. 부부는 결혼 이후에도 계속해서 경험을 진솔하게 공유하는 대화를 해야 행복한 결혼을 유지하거나 서먹해진 관계에 다시 생기를 불어넣을 수 있다. 남편과 아내가 '나와 너'에 관하여 대화하는 시간이 하루에 겨우 2분이라는 통계는 우리나라 부부의 낮은 친밀도를 보여 주는 숫자이다. "아이들 뒷바라지하느라 오늘도 당신 힘들었지?" "당신, 오늘 따라 피곤해 보여요. 귓가에는 벌써 새치가 나오네요." 등이 '나와 너'에 대한 대화이다. 정치, 경제, 사회, 문화 혹은 자녀들 등에 관한 이야기도 필요하지만 부부가 서로에 대하여 진실한 생각과 감정을 나누는 시간을 늘려야 한다.

(2) 열정 유지하기

사귀던 시절이나 결혼 초기의 열정(passion)을 유지하기 위하여 부부는 다음과 같은 사항에 관심을 가지고 일상생활을 계획하면 열정을 유지하거나 시들해진 관계를 복원하는 데 도움이 된다.

남녀의 성의 차이를 이해하자

남성의 성욕은 공격적이고 충동적인 편이다. 여성은 상대적으로 수동적이고 순응하는 편이다. 성관계는 생리적이고 심리적인 욕구를 충족하고 사랑을 확인하는 아름다운 관계이지만 남성은 육욕의 충족을 먼저 생각하는 경향이 있다. 친절하고 자상하고 존중하는 마음으로 정서적인 사랑의 분위기를 조성할 줄 알아야 피차가 더 만족스러운 성생활을 유지할 수 있다. 상대에 대한 자상한 배려가 부족하면 성생활 자체가 상대방에게 상처를 주고 친밀한 부부관계 형성에 지장을 줄 수 있다. 남성들 중에는 성관계가 항상 만족스러워야 한다는 비합리적인 믿음을 가지고 있어서 강박관념에서 오는 예기불안이 생겨서 오히려 부부만족도를 떨어트리는 이들도 있다.

남자/여자로서 자신의 외모를 가꾸자
결혼 후에도 아름다움을 유지하기 위한 노력이 필요하다. 생동감 있는 삶을 위해 운동하기를 일상화하는 것도 중요하다. 피곤하고 아픈 데가 있으면 열정적인 사랑이 사라지기 쉽다. 현대사회에서 일에 쫓기고 자녀 양육에 시달리다 보면 스트레스가 누적될 수 있다. 바쁜 일상생활에서 오는 긴장과 불안을 해소하는 방안을 저마다 개발하고 자기 관리에 소홀하지 않도록 노력하여야 한다. 심신의 건강을 유지하며 여전히 남자 혹은 여자로서의 매력을 잃지 않도록 자신을 돌보는 것이 중요하다.

즐거운 경험을 계획하자
영화 관람, 외식하기, 여행하기, 취미생활 등은 생활에 활기를 넣어 주고 즐겁고 의미 있는 시간이 될 수 있다. 부부가 즐거운 마음으로 함께하고 싶은 활동 목록을 만들어 놓고 기회가 있을 때마다 실천하면 부부관계는 돈독해진다. 어린 자녀가 있는 경우에는 한 달에 한두 번 원가족 어른들의 협조나 동년배 이웃친구 가정과 약속하여 자녀들을 맡아 돌봐 주는 품앗이를 하는 것도 지혜로운 방법이다. 양가의 자녀들은 친구와 사귀며 노는 즐거움이 있고, 부부는 오랜만에 그들만의 즐거운 시간을 가질 수 있어서 행복할 수 있다.

의미 있는 신체적 접촉을 실천하자

손잡고 걸어가기, 어깨나 허리 감싸기, 포옹하기 등 신체적 접촉을 때와 장소에 맞게 하는 것은 사랑을 전달하는 방법이다. 사람마다 부부간에 편안함을 느끼는 최적 거리에 차이가 있을 수 있다. 그러나 대체로 심리적인 거리는 육체적인 거리와 비례하는 까닭에 몸이 부딪히고 접촉할 기회가 생기는 것은 열정적인 사랑을 활성화하고 유지하게 한다. 어렸을 때 부모와 신체적 접촉이 부족했던 배우자는 처음에는 손을 잡거나 팔짱을 끼는 것도 어색할 수 있으므로 기회를 만들어서 점진적으로 연습할 필요가 있다. 몸이 멀리 떨어져 있으면 마음도 멀어질 가능성이 있기 때문이다.

배우자의 장점을 알아주고 존중하자

상대방을 존중하는 말과 행동은 사랑을 유지하는 좋은 방법이다. 상대방을 이해하고 수용하는 자세는 사랑을 실천하는 방안이다. 상대방의 마음을 알고 이해하며 존중하고 아껴 주는 부부라야 성생활도 만족스럽게 할 수 있다. 가정살림에서 의사결정이나 주도권을 어느 한 배우자가 독차지하여 남편과 아내 사이에서 불균형을 이루면 자존감이나 존재가치를 느끼지 못하는 배우자가 성관계에 무관심해질 수 있다. 배우자에 대한 불만을 수동적으로 공격하기 위해 의식적 또는 무의식적으로 성생활을 회피하는 경우도 있다. 서로 장점을 인정해 주고 존중하며 이해하고 배려하는 부부 사이라야 건강한 성관계를 즐길 수 있다.

사랑의 세 가지 요소 중에서 많은 부부가 가장 중요시하는 열정이 제일 먼저 사그라지는 것으로 알려져 있다. 스캇 펙 (1978)은『아직도 가야 할 길』에서 이렇게 말한다. "누구와 사랑에 빠지든 그 관계가 어느 정도 지속되면 우리는 반드시 [열정적인] 사랑에서 빠져나오게 되어 있다."

열정적인 사랑에 빠져 있을 때 왕성하게 분비되던 호르몬인 옥시토신(oxytocin)이 2~3년 지나면 점진적으로 분비가 줄어들고 그 효능을 상실하게 되기 때문이다. 그럼에도 불구하고 오륙십 대 부부들이 이삼십 대 부부들처럼 낭만적인 열정을 갈망하는 것은 비현실적인 기대여서 좌절과 불만을 낳을 수 있다. 좌절과 불만의 원인을 자기 자신이나 배우자 탓으로 돌리는 경우가 있을 텐데 그것은 잘못된 기대에서 비롯된 문제임을 분명히 받아들여야 한다. 젊은이들의 사랑은 아름다운 불꽃놀이와도 같다. 밤하늘에 화려하고 찬란한 불꽃은 10초를 넘기지 못하고 곧 사라진다. 그래서 반복해서 쏘아 올려야 한다. 그와는 대조적으로 미국의 목사이며 사회개혁운동가였던 헨리 워드 비처(Henry Word Beecher, 1813~1887)에 의하면 나이든 어른들의 단련된 사랑은 조개탄 불같이 깊은 데까지 타고 들어가서 본인들은 물론 자녀와 이웃들에게까지 따뜻함이 오래오래 지속된다고 하였다.

(3) 책임지고 헌신하기

사랑의 세 번째 요소인 책임감과 헌신(commitment)은 사랑하는 배우자의 행복과 안위를 위해서 최선을 다하겠다는 결심이고 의지의 표현이다. 자신이 선택한 배우자의 복지를 위해 자기가 책임을 지고 헌신하겠다는 각오와 결심인 인지적인 결단이다. 자유로운 분위기에서 선택하고 자신이 선택한 것에 대하여 스스로 책임질 줄 아는 사람은 성숙한 인간의 특성을 지녔다.

6,000건의 결혼과 3,000건의 이혼을 비교 연구한 결과에 의하면 부부관계는 끝나지 않고 계속되어야 한다는 각오가 결혼생활의 중요한 차이를 가져온다고 한다(Parrott, 1995). 사랑하여 결혼한 배우자에 대한 책임감과 헌신의 중요성이 행복한 결혼생활의 필수 요인 중 하나임을 알 수 있다.

사람마다 진정한 사랑에 대한 인식이 다를 수도 있겠지만 다음의 "진정한 사랑"이라는 글에서 사랑의 숭고한 책임감과 헌신의 아름다움을 간접적으로 경험할 수 있다.

진정한 사랑(True Love)

분주한 날 아침 10시 경에 80대 노인 한 분이 엄지손가락의 실밥을 빼기 위해서 정형외과 진료실로 들어왔다. 그 노인은 오전 중에 가야 할 곳이 있으니 서둘러 치료해 달라고 의사에게 간청하였다. 다음은 그 의사가 전하는 이야기이다.

시계를 연방 들여다보는 노인의 표정을 보니 나는 그 어른을 우선적으로 도와주어야겠다고 판단하였다. 다른 환자가 오려면 아직 시간이 좀 남아 있었기 때문에 그 노인의 엄지손가락 상처를 들여다보았다. 엄지손가락의 상처는 잘 아물고 있었다. 그래서 간호사에게 봉합실을 빼기 위해 도구를 가져오도록 했다.

나는 상처를 치료하면서 서두르시는 것을 보니 오늘 다른 의사와 중요한 약속이라도 있느냐고 그 노인에게 물어보았다. 그 노인은 "아니요."라고 대답하였다. 단지 양로원에 있는 자기 아내와 점심을 함께 먹기 위해 서둘러 가야 한다고 말하는 것이었다. 부인의 건강상태를 물어보았더니 몇 년째 치매에 걸려서 양로원에 누워 있다고 그 노인은 말해 주었다. 나는 대화를 하다가 노인이 조금이라도 늦게 도착하면 부인이 짜증을 내느냐고 물어보았다. 그랬더니 그 노인의 대답은 아내가 자기를 알아보지 못하는 지가 5년째 되었다는 것이었다. 나는 놀라서 그 노인에게 다시 물어보았다.

"부인이 당신이 누구인지도 몰라보는데 점심을 함께 먹으려고 양로원에 찾아 간다는 말입니까?"

그 노인은 내 손등을 다정하게 두드리면서 말했다. "아내는 나를 몰라보지만 나는 그가 누구인지 알거든요."라고 말하면서 노인은 진료실을 나섰다. 떠나가는 그 노인을 보면서 나는 코끝이 찡하며 목이 메는 것을 경험했고 온몸으로 전율을 느꼈다.

나는 마음속으로 이렇게 중얼거렸다. "내가 한평생 원하는 사랑은 저런 것이었어. 진정한 사랑은 육체적이거나 낭만적인 것만은 아니야. 진정한 사랑은 지금 있는 그대로 모든 것을 수용하고. 앞으로 닥쳐올 것까지도 수용하고 책임지는 것이야. 처해 있는 상황에 불평하거나 체념하지 않고 그런 상황에서도 신실하고 충성스럽게 책임지고 헌신하는 삶의 자세가 참으로 멋있어 보이네."

나는 병원장이 되어 성공했다고 중·고등학교 동창회에 나갈 때마다 친구들이 부러워하는 대상이다. 남다른 의술로 환자들을 치료해 줄 수 있는 의사이고 돈 잘 버는 의사인 것은 확실한데. 그 노인의 말을 듣고 마음이 찡한 이유는 무엇일까? 남편이 찾아와도 알아보지도 못하고 치매에 걸려 양로원에 누워 있는 아내와 점심을 함께하려고 서둘러 가는 그 노인의 헌신적인 아내 사랑이 감동을 주었기 때문이리라.

조건부의 사랑이 판치는 세상이다. "공부를 더 잘하면 사랑할 텐데, 얼굴이 더 예쁘면 사랑할 텐데, 돈을 더 잘 벌면 사랑할 텐데, 나를 더 사랑해 준다면 사랑할 텐데……"를 반복하는 현대인에게 이 노인이 보여 주는 사랑의 태도는 참으로 신선한 충격이다.

(출처: "True Love" 작가 미상, 저자 편역)

2) 사랑의 속성

(1) 사랑의 스타일

스턴버그(1999) 교수에 의하면 이성관계의 유형은 남남관계, 호감형, 홀딱 반한 사랑, 공허한 사랑, 낭만적 사랑, 어리석은 사랑, 온전한 사랑 등이 있다.

서로 모르는 사이에는 친밀감, 열정, 책임감과 헌신이 없는 것이 당연하다. 두 사람 사이에 친밀감이 생기면 호감을 느끼기 마련이다. 그런데 열정이나 책임감과 헌신이 없다면 이성 간의 사랑이라고 할 수는 없다.

홀딱 반한 사랑에는 열정은 있으나 친밀감이나 책임감과 헌신이 부족한 것이 특징이다. 통상 잠 못 이루게 하는 일방적인 사랑, 짝사랑도 여기에 속한다.

공허한 사랑은 친밀감이나 열정은 없으나 배우자에 대한 책임감감과 헌신은 존재한다. 중매에 의한 결혼이나 상대방에 대한 동정에서 결혼한 경우에 가능한 유형이다. 노년에 이르러 부부관계가 책임감과 헌신을 중심으로 이어지는 경우가 자주 있다.

낭만적 사랑은 친밀감이나 열정은 있으나 배우자를 위한 책임감이나 헌신은 부족하다. 젊은이들 사이에 친밀감과 열정으로 깊은 사랑에 빠지고 싶은 꿈을 꾸는 이들이 많은데, 결혼생활에 대한 책임은 진지하게 고려하지 않는 경우가 자주 있어 비현실적이라고 할 수 있다.

학교나 단체활동 등에서 청소년 시절을 함께 보내며 서로 잘 알고 친밀한 관계가 형성되었으나 이성 간의 열정적인 사랑에 빠지지는 않은 채 장래를 약속하고 결혼하는 이들도 있다. 좋은 이성친구와 결혼해서 상대방의 행복을 위해 책임감을 가지고 헌신하려는 한 쌍은 동료로서의 사랑을 한다고 할 수 있다.

인간적으로 서로를 잘 몰라서 친밀감은 없으나 열정과 책임감이 강한 사랑은 머지않아 어리석은 사랑임을 깨닫게 될 것이다. 다른 두 가지 요소에 비해서 지속기간이 짧은 열정이 사라지고 나면 서로 다른 두 사람의 개성이 충돌하여 실망과 좌절을 경험하게 될 것이다.

사랑의 세 가지 요소, 즉 친밀감, 열정, 책임감과 헌신 모두 고루 갖춘 사랑은 온전한 사랑이라고 한다. 흔히 이성 간에는 친구로 사귀는 과정을 거쳐서 먼저 친밀감과 호감이 생기고, 이성 간의 열정이 불을 붙여서 둘이 하나 되고 싶은 마음이 강해진다. 결혼에 따르는 책임과 의무, 즉 헌신하겠다는 의지가 발현되면 온전한 사랑에 이른다고 할 수 있다.

이성 앞에서 자신을 드러내기를 두려워하여 가면을 쓰고 연기를 하며 사귀는 사람들이나 우연한 기회에 짧은 시간의 만남에서 사랑에 빠지는 이들이 있다. 자기노출을 회피하면서 서로를 깊이 알려고 노력도 하지 않는 이성관계는 서로 잘 모르는 채 결혼하게 될 것이다. 그런 한 쌍은 적응기간에 갈등과 실망을 경험하게 될 가능성이 매우 높다. 결혼식은 할 수 있을지 몰라도 원만하고 행복한 결혼생활을 지속할 수 있을런지 염려가 된다. 최근에는 사랑과 결혼에 따르는 책임을 감당하지 못하거나 헌신할 마음의 준비가 안 된 사람들, 결혼의 외적 조건만을 강조하면서 비현실적이고 비합리적인 신념을 가지고 결혼생활을 시작하는 이들이 결혼 초기에 심각한 어려움을 겪거나 이혼하는 경우가 종종 있다.

행복한 결혼생활을 위해서는 두 사람이 만나서 사귀는 과정에 겉모습에 반하는 것 이상으로 참만남이 이루어지도록 노력하고, 성과 성생활에 대한 바른 이해가 필요하며, 결혼에 따르는 책임과 헌신을 다할 각오가 되어 있는 남편과 아내의 사람됨됨이가 중요한 요소이다.

(2) 사랑과 핵심가치

마크맨 등(Markman, Stanley, & Blumberg, 1994)에 의하면 잠시 만났다 헤어지는 관계가 아니라 결혼과 같은 장기간의 사랑하는 관계는 다음과 같은 네 가지 핵심가치를 중시한다. 여러 가지 종교에서도 이 네 가지 핵심가치는 윤리, 행동강령 및 교리 등에 반영되어 있다. 그 가치들은 책임감(헌신), 존경, 친밀감, 용서이다. 결혼생활에서도 부부가 이와 같은 가치를 이해하고 공유하며 생활화한다면 서로의 삶에 활력을 넣어 주게 될 것이다.

첫째, 책임감과 헌신은 두 사람의 관계를 유지하는 데 필수적인 요인이다. 서로 관심을 가지고 상대방의 복지와 안녕에 책임을 느끼고 헌신하는 것은 돈독한 관계를 지속시키는 데 꼭 필요한 요소이다. 받을 생각만 하는 이기적이고 의존적인 성격이 아니라 주고 베풀려는 마음과 자세가 있어야 한다. 스턴버그가 주장한 사랑의 3요소 중에도 책임감과 헌신이 포함되어 있음을 알 수 있다.

둘째, 존경은 상대방을 수용하고 존중하는 자세로서 친밀한 관계를 강조하는 종교단체나 기관 등에서 소중히 여기는 가치이다. 부부는 서로 차이가 있지만 경멸하거나 거부하지 않고 신뢰하고 수용하며 이해하는 태도로 상호작용하는 것이 중요하다. 모든 인간이 존경받기를 원하는데 서로를 존경할 때 신뢰감이 생기고 소속감과 존재가치를 확인하여 살아가는 기쁨을 경험하게 된다.

셋째, 친밀감이나 절친함은 서구 사회의 부부생활의 전제 조건이지만 사실 친밀감의 욕구는 어느 사회 누구에게나 있다. 언어적 또는 비언어적으로 절친한 관계를 유지하는 능력이 부부생활을 지속 가능하게 하고 행복한 삶을 살아가게 하는 방편이다. 스턴버그가 주장한 사랑의 3요소 중에도 친밀감이 포함되어 있다.

넷째, 용서는 장기간의 건강한 인간관계를 유지하는 데 필요한 요소이다. 누구나 온전하지 못한, 저마다의 장점과 단점이 있고, 실수할 수 있는 인간임을 감안할 때 우리는 서로 이해와 용서의 가치를 인정하고 소중히 여겨야 행복한 부부관계를 발전시켜 나갈 수 있다.

부부가 이 네 가지 핵심가치를 얼마나 실천하느냐에 따라서 결혼생활의 성공과 실패로 나뉠 수 있다.

(3) 가장 큰 이혼 사유

행복한 결혼의 전제조건으로 매력적인 외모, 경제적 능력, 학벌, 인간됨, 집안의 사회경제적 지위 등을 눈여겨보는 이들이 대부분일 것이다. 구체적으로는 키나 몸무게 등에 주목하는 이들도 없지 않다. 그런데 부부상담 전문가들에 의하면 지속적이고 행복한 부부관계를 유지하는 데 가장 중요한 요소는 인간됨이나 성격, 성품이라고 말한다. 사귀는 과정이나 결혼 초기까지도 상대방의 인간됨을 제대로 파악하기는 그리 쉽지 않다. 그래서 겉으로 보이는 외모와 첫인상이 이성관계에서 중요한 역할을 할 수 밖에 없고, 경제적 능력, 학벌 등은 좀 더 쉽게 짐작할 수 있는 편이어서 결혼을 염두에 두고 만나는 커플들이 우선적으로 관심을 보이게 마련이다.

그런데 이혼하는 사유를 살펴보면 '성격의 차이'가 가장 큰 비중을 차지하고 있다. 결혼생활 중에 경험하게 되는 '성격의 차이와 스트레스'를 해결할 능력이 부족하여 결혼생활이 파탄에 이르게 된다는 징표일 것이다. 그러니까 원만하고 화목한

결혼생활을 지속할 수 있게 하는 요소는 얼마나 매력적이어서
서로 열정적으로 사랑했느냐 보다는 적응능력에 해당하는 두
사람의 인간됨, 즉 성격이라는 말이다.

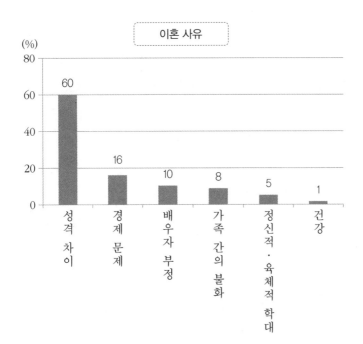

성격에 해당하는 영어 퍼스낼리티(personality)는 페르소나
(persona)라고 하는 라틴어에서 온 말이다. 페르소나는 가면무
도극에서 사용하는 탈이나 가면을 의미한다. 우리가 사람들을
만날 때는 흔히 참자기를 드러내지 않고 자기가 처해 있는 상
황에 적절한 가면을 쓰고 다닌다. 같은 사람이지만 장례식장
에서의 얼굴 표정과 결혼식장에서의 얼굴 표정은 상당히 차이
가 있게 마련이다. 성격은 환경에 적응하고 살아남기 위한 저

마다의 수단이라고 할 수 있다.

　우리는 행복한 가정을 이루기 위해서 자기가 좋아하는 성격, 자기와 잘 어울리는 성격, 사회로부터 인정받는 성격의 소유자를 찾으려 한다. 그런데 가면을 쓰고 말하고 행동하는 사람의 인간됨을 제대로 파악하기는 안타깝게도 어려운 일이고 시간이 걸리는 과정이다. "사람의 탈을 쓰고 어쩌면 저런 짓을 했을까!" 하는 탄식의 소리는 인간의 가면을 쓰고 있으나 사람으로서는 할 수 없는 끔찍한 행동을 했다는 말이다. 인간이 겉 다르고 속 달라서 성격을 제대로 알아보기란 그만큼 어렵다는 의미도 된다.

　사람의 성품은 원가족관계 속에서 중요한 성격이 형성됨으로써 어린 시절에 부모와의 관계, 출생순서나 형제자매와의 관계 그리고 아버지와 어머니의 부부관계가 어떠했는지를 알면 미루어 짐작할 수 있다. 집안에서의 의사결정과정, 정서적 교류, 경제활동, 자녀양육과정에서 아버지와 어머니의 역할은 어떠했는지 알 수 있다면 장래 배우자가 될 사람의 성격과 집안에서의 행동패턴을 예측하거나 이해하는 데 큰 도움이 될 수 있다. 문제는 사람에 따라서는 그런 이야기는 쉽게 안 하려고 하기 때문에 한 인간의 성격을 알아보기란 쉽지 않다. 따라서 사람의 됨됨이를 알아보기가 어렵다는 점은 결혼상대를 찾는 이들에게 큰 과제가 아닐 수 없고, 결혼생활을 힘들게 하는 한 가지 요소가 되기도 한다.

　그래서 평소에 얼마나 진실한 사람인가, 과장하거나 거짓말을 자주 하지는 않는지를 관찰할 필요가 있다. 말과 행동이 항상 일치하는 사람은 온전한 사람인데 완전한 사람은 있을 수 없다고 보고 가능한 한 진실한 사람을 만날 수 있어야 한다. 자신의 장점이나 약점을 있는 그대로 이야기할 수 있는 사람은 정서적으로 안정감이 있고 자존감이 있는 사람이다. 자기 자신을 있는 그대로 수용할 수 있는 사람은 타인도 수용할 가능성이 높다. 그런 사람을 만나면 누구나 믿음이 간다.

결혼생활의 스트레스 때문에 상담실에 와서 배우자에 관하여 이야기를 하다가 "내 눈에 콩깍지가 쓰였던가! 사귈 때는 그런 인간인 것을 전혀 몰랐다."고 탄식하는 이들도 있다. 기업체, 공공기관 혹은 학교 등지에서 면접시험을 치는 것도 인성적인 면에서 해당 공동체에서 인간관계를 잘할 수 있는 성격이나 인품인가를 판단하려는 노력의 일환이다. 결혼생활에서는 물론 다른 공동체에서도 그만큼 인간 됨됨이를 중요시한다는 증거이다. 이혼 사유를 보더라도 '실패하는 것은 결혼제도가 아니라 사람의 됨됨이, 즉 성격'이라는 것을 다시 명심하게 된다.

3. 긍정적인 생활태도

부모가 자녀들에게 줄 수 있는 가장 좋은 선물은 장난감이나 예쁜 가방이 아니라, 부부가 자녀들에게 생에 대한 긍정적인 태도를 일상생활에서 보여 주는 것이다. 자녀들이 부모로부터 신뢰, 이해, 사랑받고 있다고 느끼며 성장하면 자기존중감이 높아지고 삶에 대하여 긍정적인 태도를 형성하게 된다. 자기존중감이나 긍정적인 자기개념은 한평생 살아가는 데 매우 중요한 밑천이 된다.

사람들은 원가족에서 자신이 경험한 것과 같은 관계만을 반복하려는 성향이 있다. 사람이 가지고 있는 가장 강렬한 경험은 어려서 겪은 자신의 원가족과의 관계이다. 결혼에서도 우리는 거의 대부분 자신의 부모가 지니고 있던 장점과 단점들을 가장 많이 가지고 있는 배우자를 선택하는 경향이 있다(오제은, 2006, p. 134). 따라서 부모가 어떤 생활태도와 습관을 가지고 살아가느냐가 자녀들에게 큰 영향을 미칠 수밖에 없다.

자기존중감이나 긍정적인 자기개념을 가진 사람들은 '나는 잘할 수 있다, 존재가치가 있다, 결혼하면 행복하게 살 수 있다' 등 긍정적인 믿음을 가지기 쉽다. 성장과정에 부모나 친인척들이 행복하게 사는 것을 보는 사람들은 그들을 동일시하면서 성장한다. 혹시 아버지와 어머니의 관계가 원만하지 못한 가정에서 성장한 사람도 "우리 부모님처럼 살지는 않을 테야." 라고 다짐하거나 문학작품이나 영화 주인공들의 결혼이나 부부생활을 모방 학습하여 "나도 저렇게 살고 싶다. 행복하게 살아야지."라는 긍정적인 태도를 간접적으로 학습할 수도 있다.

토머스 해리스(Thomas Harris, 1968)는 인간은 어렸을 때의 경험을 바탕으로 자신의 생활태도를 형성하게 되는데 다음과 같이 네 가지로 분류한다. 부부관계는 배우자가 성장과정에 형성한 생활태도에 따라 크게 영향을 받게 된다.

① 자기부정(I am not O.K.) 타인긍정(You are O.K.)

② 자기긍정(I am O.K.) 타인부정(You are not O.K.)

③ 자기부정(I am not O.K.) 타인부정(You are not O.K.)

④ 자기긍정(I am O.K.) 타인긍정(You are O.K.)

1) 자기부정-타인긍정의 자세

한 인간의 출생부터 2~3세까지의 경험은 말로 표현할 줄도
모르고 기억하거나 회상할 수도 없지만 무의식 속에 저장되어
있다고 믿는다. 역동 심리학자들과 해리스(1968)에 의하면 첫
번째 생활태도는 인생 초기의 경험을 바탕으로 어른들의 반응
과 양육태도 및 환경에 비추어서 '자기는 부족하다, 모자란다,
무기력하다'는 느낌을 가지게 된다. 주변의 어른들에 비추어
서 어린 시절에 우리는 '난 작고 부족하고 모자라고 나쁘다', 남
들은 '힘이 세고 유능하고 선하다'라는 태도를 무의식 속에 저
장하게 되기도 한다.

이와 같이 자기를 부정하고 타인을 긍정하는 자기부정-타
인긍정의 생활자세는 부부관계에서도 문제를 야기한다. 열등
감 속에서 배우자나 이웃들과 경쟁하고 시기 질투하는 성격이
될 수도 있다. 자기부정의 생활자세는 정서적으로 불안하고
자기 자신을 비하하거나 학대하여 심한 경우 자살할 수도 있는
부정적인 태도이다. 이와 같은 열등감은 사람에 따라 정도의
차이가 있기는 하지만 인간이면 누구나 다 가지고 있고, 그것
을 극복하려고 우월감을 획득하려는 동기가 유발되어 한평생

살아간다는 것이 아들러(Adler, 1946)의 주장이기도 하다.

2) 자기긍정-타인부정의 자세

두 번째 생활태도인 자기긍정-타인부정은 어른들이 어린 자기를 제대로 양육하지 못하거나 잘못하는 것을 경험하면서 '나는 오히려 괜찮은 선량한 존재인데, 남들은 부족하고 불량한 존재'라고 판단하는 데서 형성된 것이다. 자기를 긍정하고 타인을 부정하는 자세는 남들을 불신하거나 무시하고 자기만 유능하고 옳다고 생각하는 권위주의적인 태도를 형성한다. 남들을 하찮게 생각하고 함부로 대하기 쉽고 이기적인 삶을 살게 되어 극심한 경우에는 타인을 학대하는 부정적인 생활자세를 가지게 된다. 우리 주변에 '갑질'하는 사람들의 성격특성과 유사하여 남들을 착취하는 성향이 있고 부부관계나 그 외 인간관계에서 남들로부터 신뢰받거나 환영받기 어렵다.

3) 자기부정-타인부정의 자세

세 번째 생활태도는 자기도 부정하고 타인도 부정하는 염세적인 성격의 소유자들이 보이는 것이다. 어려운 환경에서 부모님의 사랑이나 돌봄이 부족했거나 심리적 육체적으로 학대받고 자란 사람들은 자기 자신도 별 볼일 없고 믿을 수 없으며 있으나 마나 한 존재이지만, 남들도 '인간쓰레기' 같은 존재라고 부정적으로 지각하고 살아간다. 이와 같은 생활태도는 심

한 상황에서는 자살이나 타살도 마구 할 수 있는 '막가파 인생'
이 될 수 있다. 삶이 허무하고, 믿을 만한 세상이 아니고, 살아
야 할 희망이나 의미가 없다고 생각하기 때문에 허무주의, 염
세주의자가 되기 쉽다. 험악한 범죄자들의 생활자세가 자기부
정-타인부정에 속하는 경우가 있다.

이상의 세 가지 생활태도는 인생 초기에 어린아이가 경험한
대인관계와 느낀 감정을 바탕으로 무의식 속에 저장된 것으로
생활태도 형성에 영향을 준다. 만약 있는 그대로 수용하고 존
중해 주고 공감해 주는 사람을 만나 치료적 경험을 하면 다행
이지만 그렇지 못하면 한평생 부정적인 태도가 그대로 유지되
어 말투나 대인관계에 영향을 줄 수 있다.

4) 자기긍정-타인긍정의 자세

네 번째 생활태도는 생각과 신념에 기초한 의식적인 결단의
결과이므로 처음 세 가지 생활태도와는 질적으로 차이가 있다
(Harris, 1968). 운이 좋은 어린아이는 우호적인 환경에서 신뢰
하는 사람들의 진정성 있는 인정과 칭찬을 경험하게 되어 자신
의 존재가치를 느끼게 된다. 그 자신도 점진적으로 주위 사람
들의 신뢰와 사랑을 바탕으로 타인을 긍정하게 된다. 이런 경
험을 통하여 어린 시절의 부족함과 부적절함의 느낌을 점차 극
복하게 되고, 자기 자신과 다른 사람들에 대한 많은 정보를 가
지고 철학과 종교에 힘입어서 자기긍정-타인긍정의 생활태도

를 터득할 수 있게 된다. 완벽해서가 아니라 자기 자신도 존재가치가 있는, 필요한 존재로 긍정할 뿐만 아니라 타인도 긍정하는 건강한 생활자세를 형성한다는 것이다.

행복한 결혼생활을 하려면 자기긍정-타인긍정의 자세를 가지고 살아야 한다. 자기 자신은 물론 배우자를 신뢰하고 존중하며 인간의 존재가치를 기본적으로 믿는 생활자세이라야 친밀한 부부관계, 서로 사랑하고 헌신할 수 있는 부부관계를 만들어 갈 수 있다.

행복한 사람들은 긍정적인 생활 습관을 가지고 있다. 어려운 상황에 봉착할 때에도 긍정적인 태도를 유지한다. 버클리 대학교의 켈트너(Keltner)와 하커(Harker) 교수는 141명이 찍은 대학교 졸업 앨범 사진에서 여학생들의 미소를 대상으로 연구하였다. 단 세 명을 제외한 모든 학생이 "웃으세요!"라는 말에 졸업사진 속에서 미소를 보였다. 진실로 마음에서 우러나오는 미소를 지은 사람과 사진을 찍기 위해서 인위적인 미소를 지은 사람을 전문가들이 구분하여 두 집단을 연구 대상으로 삼았다. 그들이 27세, 47세, 52세가 되었을 때 결혼생활과 삶의 만족도를 조사하였더니 놀랍게도 진정한 미소를 지은 이들은 30년 동안 대체로 행복하게 살고 있었다. 말하자면 긍정적인 감정을 보여 준 사람들은 그렇지 않은 집단에 비해서 더 행복한 결혼생활을 하고 있었음을 보여 주었다(곽명단, 2004; 김인자, 2006).

또 다른 연구에서는 178명의 종신 서원을 했던 수녀들에게 한평생 자신의 삶을 회고해 보는 짧은 글을 쓰게 하였다. 연구 결과에 의하면 같은 환경의 의식주생활과 진료 여건에서 공동

생활을 한 수녀들인데도 불구하고 수명과 건강 문제에서는 개인 차이가 있었다. 자신이 그동안 가장 활기가 넘치는 수녀원에서 지냈다고 스스로 긍정적으로 보고한 수녀들은 90%가 85세까지 산 반면에, 가장 무미건조한 곳에서 지냈다고 보고한 수녀들은 겨우 34%가 85세까지 살았다. 이 두 집단의 차이는 수녀들이 쓴 글에 나타난 그들의 행복감과 긍정적인 자세가 건강과 장수를 결정한 요인이라고 결론을 내게 하였다(곽명단, 2004; 김인자, 2006).

인간은 궁극적으로 선택의 자유가 있다. 자기결정권을 행사할 수 있을 때 자존감이 높아진다. 실존주의 심리치료사인 빅토르 프랑클(Vikctor Frankl)의 말처럼 "그들은 내가 가지고 있는 모든 것을 송두리째 빼앗아 갔다. 그러나 아직도 나의 태도를 선택할 수 있는 힘은 나에게 남아 있었다." 제2차 세계 대전 때 히틀러의 만행으로 유태인이기 때문에 수용소에 갇힌 몸이 되었던 프랑클은 가족과 자산, 사회적 명성 등 모든 것을 빼앗 겼지만 추운 시베리아 벌판의 감옥에서도 인간은 자신의 태도를 선택할 자유가 있음을 경험하였다. 그는 가치와 의미를 찾는 긍정적이고 낙관적인 태도를 가지고 사는 사람은 열악한 환경 속에서도 살아남을 수 있고 살아갈 수 있는 힘이 있었음을 자신의 체험을 통해서 보여 주었다.

사람들은 어려움을 당할 때나 불만이 생기면 다른 사물에게 탓을 돌리는 경우가 자주 있다. 남편/아내, 사회의 불평등이나 몰인정한 인간사회 혹은 어려운 환경 탓으로 자기불만의 원인을 돌릴 때가 있다. 그러나 성숙한 사람들일수록 어려운 환경

속에서도 자신이 책임감을 가지고 해결하거나 긍정적인 태도를 견지한다. 스스로 자기 자신을 중히 여기고 자중자애할 수 있는 사람이 된다는 것이다. 진정으로 자중자애하는 사람은 자신과 타인을 수용하고 사랑하기가 쉽다.

현실치료를 주창한 윌리엄 글래서(William Glasser, 2001)도 선택이론을 제시하면서 본인이 선택하기에 따라서 행복과 불행이 갈라진다는 것이다. "우울해요."라고 말하는 내담자에게 글래서는 "우울하기로 선택하였군요."라고 반응한다. 내담자가 "우울하기로 선택한 게 아니라 그냥 우울한 사람이에요."라고 주장하면, "당신은 친구에게 연락하거나 나가서 사람들을 만날 수도 있는데 나가지 않고 집에만 머물러 있지 않느냐?"고 반박한다. "친구가 없어요."라고 대답하면, "친구를 새로 사귈 수도 있는데 당신은 친구를 사귀지 않기로 선택했군요."라고 응수한다. "당신이 다리와 몸을 움직이지 않고 집에만 머물러 있기로 선택한 것 아니냐?"고 반문한다. "나는 불행해요."라고 말하는 내담자에게 "불행하게 살기로 결심했군요."라고 응수한다. 행복 혹은 불행이 자신이 선택하고 결심하기에 달려 있다는 말이다. "난 어머니를 닮아서 불행하게 살 거야." "그러면 그렇지. 나 같은 사람이 어떻게 좋은 배우자를 만나서 행복하게 살겠어?" 이런 식으로 "나는 잘 안 될 거야. 난 되는 일이 없는 사람이야."라고 부정적으로 생각하면 자기가 예언하는 대로 불행한 삶을 살게 된다는 '예언 충족 이론'을 심리학자들은 입증하고 있다. 긍정적인 태도와 행복한 삶을 살겠다고 마음먹어야 그렇게 이루어진다는 것이다.

다른 사람과 결혼한다면, 더 좋은 직업을 가진 사람과 결혼한다면 혹은 더 많은 돈을 버는 사람과 결혼한다면 자기가 행복할 수 있으리라고 생각하는 이들이 자주 있다. 그러나 캘리포니아 주립대학교의 알렌 파르두치(Allen Parducci) 교수의 연구에 의하면 돈, 성공, 건강, 아름다움, 지능, 권력 등은 주관적인 행복감과 상관관계가 적고, 많은 사람이 행복의 조건으로 믿고 있는 물질이나 세속적인 가치가 개인이 느끼는 행복감과는 거리가 있다는 연구 결과를 발표하였다. 부정적인 사고를 하면 어디에서 누구와 살아도 만족하지 못하고 불행해지기 쉽다. 그러니 '기쁜 소식이 있다. 당신의 태도만 바꾼다면 나쁜 소식이 기쁜 소식으로 바뀔 수 있다는 것'(곽명단, 2004; Schuller, 1982)은 긍정심리학의 연구에서도 증명하고 있는 사실이다.

성장과정의 경험으로 '나는 부족해, 못났어, 무능해'와 같은 자기 연민, 낮은 자존감 혹은 부정적인 자기개념을 가진 사람들은 행복한 부부생활을 하기가 더 어렵다. 자기 자신을 싫어하거나 미워하고 자신을 불신하는 성향이 높은 사람일수록 타인을 불신하고 미워하는 성향이 있다. 결과적으로 다른 사람과 돈독한 관계를 맺기 어렵고 배우자와의 친밀한 관계 맺기도 순탄하지 못해서 행복한 결혼생활을 기대하기는 그만큼 더 어려워진다. 부부싸움은 갈등이 생길 때마다 배우자에게 탓을 돌리고, 자기 자신의 내적 갈등이나 불안을 이해하지 못하는 데 큰 원인이 있다.

불평불만이 많은 사람은 자기를 있는 그대로 수용하지 못한다. 장점은 장점대로 약점은 약점대로 시인하고 인정하고 살면서 긍정적인 사고를 하는 연습이 필요하다. 자기를 진정으로 사랑하지 못하고 자부심이 부족한 사람은 십중팔구 자기가 처한 환경이나 만나는 사람들이 늘 마음에 안 들어서 회피하거나 헐뜯고 비난하기 쉽다. 그래서 부부관계 등 인간관계가 편할 수가 없다. 진정으로 자기를 수용하고 사랑하는 사람이 되어야 다른 사람들과의 관계도 좋아지고 행복할 수 있다.

네덜란드의 신학자이며 대학 교수인 아드리안 반 캄(Adrian Van Kaam, 1978)은 『예수를 찾아서(Looking for Jesus)』에서 이렇게 주장한다.

> "하나님은 보기 위해서는 우리의 눈을 빌려 쓰신다. 말하기 위해서는 우리의 입을, 듣기 위해서는 우리의 귀를, 생각하기 위해서는 우리의 지성을, 사랑하기 위해서는 우리의 감성을, 걷기 위해서는 우리의 다리를, 행동하기 위해서는 우리의 손을 빌려 쓰신다."

그런데 우리 자신을 비하하고 학대하며 미워하고 불신한다면 과연 어떻게 되겠는가? 창조주 절대자도 인간의 팔다리와 지성과 감성을 필요로 할 정도인데 우리는 자신이 얼마나 중요한 존재인가를 모르고 산다는 것이 아닌가? 창조주가 우리를 소중한 수단으로 활용할 만큼 귀하고 소중한 사명을 가진 존재인데 우리가 우리를 무시하고 불신한다면 얼마나 안타까운 일인가? 우리가 자중자애하지 못하면 성숙하고 건강한 인간으로 성장하기 어렵다. 오늘도 우리 자신을 사랑하기를 배우자. 자신이 갖고 있는 강점과 미덕을 깨닫고 발견하여 활용하면 남다른 존재가치를 느끼며 살맛 나고 행복한 하루가 될수 있다. 하찮아 보이는 우리 한 사람 한 사람이 얼마나 소중하고 귀한 존재인가를 깨달아 가며 쓴 시 한 편을 적어 본다.

> 반짝이는 별들의 이야기나 / 모래사장 속삭임을 들어보면 /
> 세상 인류가 무려 70억 명 / 그중 나 하나는 티끌이다.
> 점 하나로 연결해 세어 보라 / 이어진 점은 영겁의 선이며 /
> 영원 갈망의 생명줄이 되고 / 그 점 하나 없어지면 암흑의 세상 / …… /
> 남다른 나 하나는 영원한 생명의 씨
>
> 「영원한 생명의 씨」, 연문희, 2020)

밤하늘의 별이나 해변가의 모래알처럼 많은 인총 중에 나 하나, 칠십 억 중에 나 하나는 영(零)으로 수렴한다. 소수점 이하두 자리에서 반올림하면 영이다. 작은 티끌처럼 별 볼 일 없는존재이다. 있으나 마나 한 하찮은 존재로 여겨질 수 있다. 그러나 부피, 넓이, 높이도 없는 그 점들이 모여서 선으로 이어지는 것이 인류 역사이고 생명의 영원성이라고 생각한다. 남다른 나 하나가 없어지면 그 선은 영원히 두 동강이 난다. 암흑의세상이나 다름없다. 아하, 그런 까닭에 우리 하나하나는 존재가치가 있는 결정적인 하나의 점이다.

진정으로 자기를 사랑하는 사람은 겸손하고 자기 자신을 신뢰하며 정직하고 성실하며 자부심이 있고 오만하지 않으며 잘난 척하지 않는다. 이미 마음속에서 자기 자신을 믿고 사랑하는 까닭에 자기 자랑을 하고 다닐 필요성을 느끼지 않는다. 자기존재가치와 자기존중감을 느끼고 아는 까닭에 자기를 진정으로 사랑하는 사람들이 모이면 서로 사랑하는 일이 물 흐르듯 자연스럽다. 받기 위해서 혹은 받았기 때문에 사랑하는 결핍사랑이나 조건부 사랑이 아니라 베풀고 주는 기쁨에서 사랑을 하기 때문이다. 따라서 자기 사랑하는 마음과 긍정적인 생활태도는 원만하고 행복한 결혼생활을 예측할 수 있는 요인이 된다.

비합리적 사고, 부정적인 사고가 심한 사람은 상담전문가의 도움을 받아 상처받은 내면아이를 치유하거나 긍정적으로 사고하는 훈련을 받을 필요가 있다. 삶의 도전에 대하여 부모 탓, 남편/아내 탓만 하지 말고 스스로 책임을 지고 행복하게 살기로 결심하고 지속적으로 노력하여야 더 나은 결혼생활을 할 수 있다.

우리는 어떤 가치관과 믿음을 가지고 결혼생활을 시작했는지 스스로 점검해 볼 필요도 있다. 실증적 연구 결과에 따르면 내재적 가치 즉 마음의 평화, 자율성, 사랑, 삶의 의미와 가치, 절친한 인간관계, 초월자와의 관계 등을 중요시하는 인생관을 가지고 있으면 상대적으로 더 건강하고 행복하다. 반면에, 외재적 가치 즉 물질, 성공, 명성, 권력, 인기 등에 더 큰 가치를 두고 중요시하면 심리적으로 건전하고 행복하기가 한층 더 어렵다(Kasser et al., 2014). 외재적 가치를 강조하는 사람은 남들과 비교하면서 주위 사람들의 눈에 자기가 어떻게 보일까를 기준으로 경쟁을 일삼고, 경쟁이 치열해지면 상대방을 적대시하며, 공격적인 삶을 살게 된다. 더불어 살아가는 삶의 중요성을 인식하지 못하고 한평생을 이기거나 지는 게임으로 생각하고 경쟁적으로 살기 때문에 긴장과 불안을 자주 경험하게 된다. 대인관계에서도 신뢰와 협력, 사랑과 배려보다는 경쟁적, 적대적, 공격적, 파괴적인 생활태도를 견지하게 된다. 안타깝게도 이런 생활태도가 학교나 직장 혹은 기업체에서 우리의 생활규범으로 자리 잡고 있지 않은가?

가정과 학교에서 우리는 경쟁에 이기는 방법을 가르친다. 점수경쟁에서 이겨야 한다는 것을 강조한다. 자기 자신과 경쟁의 대상이 되는 사람들은 처음에는 친구이다가 점진적으로 경쟁에서 이겨야 할 경쟁대상자로 바뀐다. 통상 치열한 경쟁의 적수에게는 우리는 공격을 하거나 도망하게 된다. 대학 축구팀끼리 친목을 위해서 시작한 경기이지만 맞수끼리 만나면 파울이 심해지는 것을 볼 수 있다. 경쟁사가 망하면 우리는 성공한다는 믿음을 가지고 기획하고 전략을 짜는 세상이 아닌가?

부부는 한 팀이어서 상생하는 삶을 살아야 하는데 부부간에도 상생하는 태도보다는 자존심 경쟁을 하면서 한 배우자는 이기고 다른 배우자는 질 수밖에 없는 제로섬(zero sum) 게임을 자주 한다. 남편이 이기고 쾌재를 부르면 아내가 자존심이 상하여 속상하고 기가 죽는다. 아내가 이기고 의기양양하면 남편이 실망하고 좌절감을 느끼며 사기가 떨어진다. 이것이 바로 제로섬 게임이다. 그런 부부는 상생하는 기쁨과 보람을 경험할 기회가 적을 것이다.

부부 사이에 신뢰하거나 존중하는 마음과 서로 협력하고 배려하는 마음이 사라지면 남편 혹은 아내로서의 자존심이 상처를 받는다. 자존심 싸움은 성생활의 불만으로 귀착될 수도 있다. 여성에 비해서 성욕충족에 안달하는 남성을 알아차린 아내는 마음속으로 '저 남자는 원하는 게 그것뿐이다.'라고 판단하고 몸과 마음이 냉랭한 여자가 되어 버린다. 남편이 간절히 바라고 원하는 성관계가 실패로 돌아가게 하는 아내의 의식적이고 무의식적인 공격방법은 성적으로 냉담하고 무관심한 여자로 변하는 것이다. 반대로 아내에 대한 불만을 수동적으로 공격하기 위해 남편이 무의식적으로 선택하는 것은 조루나 발기부전으로 아내가 성적 만족을 경험하지 못하게 할 수 있다. 상처받은 남편이 아내를 소리없이 공격하는 방법의 하나이다. 아내와 남편이 모두 성생활에서 상대방이 원하는 바를 교묘하게 이루지 못하도록 수동적으로 공격을 하는 셈이다. 물론 조루나 발기부전 혹은 여성의 불감증 등이 심리 정서적인 원인뿐만 아니라 전문의의 의학적인 치료를 받아야 하는 경우도 있다.

심리적으로 건강한 사람은 어디에 있든지 간에 세 가지 핵심요소, 즉 자율성, 자기 적절성, 친밀한 관계에 가치를 두고 추구하는 것이 특징이다. 타율적이기보다는 자율적인 인간이고, 의존적이기보다는 자주 독립적인 인간으로 살아가려고 한다. 자기가 선택하여 종사하는 일에서 자기가 적절한 인성과 능력을 가지고 있음을 경험하면서 살아간다. '이 자리가 내 자리야. 나에게 딱 맞는 자리야.'라는 믿음으로 살아간다. 그리고 동료나 주위 사람들과 서로 신뢰하고 존중하며 이해하는 가까운 인간관계를 중요시하고 친밀한 관계 맺기를 소중히 생각한다.

그런데 외재적 가치를 강조하며 사는 이들은 좌절을 경험하고 스트레스와 긴장과 불안을 삼키면서 살게 된다. 명성이나 인기를 끌려면 남들의 평가에 급급하고 눈치를 살펴야 하니 소신껏 자주적으로 행동하기가 어렵다. 자신의 경험을 토대로 자기 적절성이나 존재가치를 스스로 믿는 것이 아니라 남들의 평가나 인기에 따라 자기존중감이 결정된다고 믿는다. 따라서 자기 자신의 삶을 사는 것이 아니라 타인들의 기대나 요구에 맞추어 행동하는 타인지향적인 삶을 살게 된다. 남들의 평가에 따라 명성과 인기가 결정되기 때문에 성공하기 위해서는 자율적인 삶을 포기하고 남들을 의식하며 따라가게 된다. 그리고 동료들을 경쟁 대상으로 지각하게 되어 서로 신뢰, 존중, 이해, 협력하는 따뜻한 인간관계 형성이 어려워진다. 결국 불신을 바탕으로 경쟁과 투쟁을 생존방식으로 삼게 되니 생활 중에 쌓이는 스트레스로 인생이 버겁고 힘들다. 그들에게는 부부관계나 대인관계에서 친밀한 관계 형성은 허상이나 가면으로 보일 뿐이다. 따라서 결혼을 앞두고 혼수 준비나 외모 관리도 중요하지만 자기긍정과 타인긍정의 삶의 자세를 터득하는 인간적인 성장이 우리 모두의 우선적 과제라고 할 수 있다.

결혼생활에 대한 이해가 필요하다

1. 개인과 남녀의 차이

2. 결혼생활에 대한 비합리적 신념

3. 부부관계의 변천과정

행복한 부부도 A/S가 필요하다

1. 개인과 남녀의 차이

같은 사물도 사람에 따라
달리 보일 수 있습니다.
사람마다 서로 다를 뿐
누구도 틀린 것은 아닙니다.

나와 다르다고 해서
이웃을 경계하거나 나무란다면
우리는 서로 사랑할 수 없습니다.

나와 다른 점을
수용하고 이해하고 존중하는 자세는
아름다운 인간관계의 비결입니다.

(연문희, 2012)

1) 개인의 차이

사람은 저마다 남다르다. 저마다 지각하고 인식하는 현실은 남과 다를 수 있다. 따라서 다른 사람을 이해한다는 것은 결코 쉬운 일이 아니다. 남들로부터 자기가 이해받을 수 있다는 것도 큰 행운이다. 이해하고 이해받을 수 있을 때 우리는 골방의 외톨이 신세에서 벗어나 가정과 지역사회에서 소속감이 생기고 안도감 속에서 생동감을 느끼며 살아갈 수 있다.

인간중심상담/내담자중심상담을 주창한 칼 로저스(Rogers, 1965)가 가정한 인간은 다음과 같은 존재로 건전한 부부관계 형성에 도움이 되는 가설이다. "인간은 끊임없이 변하는 주관적인 경험세계 속에 홀로 존재한다."는 것이다.

첫째, 주목할 것은 인간의 경험은 변한다는 점이다. 아침에 찌뿌듯하던 팔다리가 식사를 마치고 출근하는 사이에 가벼워

질 수도 있다. 상쾌한 기분으로 출근하다가 버스나 전철에서 서두르는 사람의 발에 밟히고 나면 기분이 언짢아질 수도 있다. 전혀 모르던 사람이 이웃으로 이사 와서 몇 달 만에 가까운 친구로 변할 수도 있다. 사랑하던 사람과 결혼해서 살다가 말다툼을 자주하게 되고 사사건건이 어긋나고 거칠게 싸우다가 별거를 생각하는 이들도 있다. 이런 식으로 우리의 경험은 물 흐르듯이 흘러가고 변한다는 것을 알 수 있다.

둘째, 자기와 똑같은 경험을 하는 사람은 자기 혼자뿐이라는 것이다. 오감을 통해서 들어오는 정보를 조직하고 해석하여 사물을 인식하게 되는데 그 과정에서 우리는 저마다 남다를 수 있다. 자기와 똑같은 주관적인 경험세계를 가지고 있는 사람은 엄밀히 말하자면 자기 혼자뿐이다.

점심시간에 먹은 설렁탕에 대한 반응도 사람에 따라 다양할

수 있다. '짜다, 싱겁다, 딱 맞다, 맛있다' 등으로 서로 다르게 반응할 수 있다. 밤하늘의 달을 쳐다보며 사람마다 "와! 아름답다." "어쩐지 쓸쓸해 보인다." "서글프다." "외롭다." "떠나간 그 사람이 그립다." 등 표현하는 감정이 미세하게 다를 수 있다. 이런 경우 감정이나 생각이 같거나 유사하면 두 사람 사이는 편안하고 가깝게 느껴지게 마련이다. 그런데 자신감이 부족한 사람일수록 서로 다른 반응을 보이면 어쩐지 모르게 거리감을 느끼거나 은연중에 불편해질 수도 있다.

다음 도형은 무엇으로 보일까?

사람에 따라서 위의 그림이 덧셈 기호, 교차로, 구급차 혹은 교회의 십자가로 보일 수도 있다. 학생들에게는 덧셈 기호로, 교통경찰에게는 도시의 교차로로, 간호사에게는 구급차 표시로, 목사에게는 십자가로 보일 가능성이 높다. 저마다의 과거 경험, 관심사나 필요에 따라서 사물을 보는 눈이 다를 수 있다. 일상생활에서 사람마다 사물에 대한 지각에 차이가 있을 수 있음을 보여 주는 예이다.

지각(知覺)은 인식(認識)이라고 표기하기도 한다. 인간이 감각기관, 즉 시각, 청각, 촉각, 미각, 후각을 통하여 들어오는 자극을 과거의 경험과 현재 처해 있는 상황, 그리고 자기 자신의 필요와 욕구 혹은 목적에 따라 의미 있는 방향으로 조직하고 해석하는 기능을 '지각'이라고 한다. 지각에 의해서 우리는 저마다 복잡한 사물을 파악하고 이해하고 의미를 부여하게 된다. 그런데 같은 사물을 보고서 사람마다 다르게 지각할 수 있다. 지각의 다름이 개인의 차이를 낳고 인간관계를 복잡하게 만들기도 한다.

　다음은 아파트 1층에 살고 있는 부부가 어느 날 밤 11시경에 경험한 일이다. 잠자리에 누워서 막 잠이 들려고 하는데 베란다 쪽 유리창으로 불빛이 '휙~' 지나간다.

아내: (깜짝 놀랐으나 작은 목소리로) 여보, 누가 왔나 봐!! 베란다 창에 전등불이 번쩍했어. 도둑인가 봐, 어서 나가 봐!

남편: (귀찮다는 듯이) 도둑은 무슨 도둑이야? 어서 잠이나 자!

아내: (남편의 팔을 세게 꼬집으면서) 어서 나가 봐, 누가 베란다 창문에 전등을 비추면서 문을 열려고 하는가 봐!!

남편: 아이고 아파! 왜 꼬집어! (잠자리에서 마지못해 일어난다.)

아내: 어서 나가 확인해 보라니까, 어서!!

남편: (베란다에 나가서 창문까지 열어 보며 확인을 한다.) 도둑은 무슨 도둑이야. 아무 일도 없어! 밤늦게 주차장에 주차하려는 차가 한 바퀴 돌면서 헤드라이트가 번쩍 우리 집 베란다 창문을 비추고 지나간 거겠지. 당신이 불안하니까 도둑이라고 생각한 거야. 아무것도 없어!

'전등불이 번쩍 비치는 순간 도둑이 문을 열고 들어올 것'으로 지각한 아내에게는 그것이 참이고 현실이다. 그러니까 순간적으로 긴장한 목소리로 남편에게 신호를 보냈을 것이다. 지금-여기에서 "내가 지각한 것이 나에게는 참이고 현실이다."라는 말은 현상학자들의 관점이다. 자기가 처한 상황에서 사물을 지각하는 과정은 사람마다 주관적이어서 독특하고 남다를 수 있다. 같은 사물도 보는 사람에 따라 달리 보일 수 있다는 말이다. 그래서 인간은 저마다 독특하고 제각각일 수 있음을 인정하고 존중해야 된다. 같은 사물을 보고서도 서로 다르게 지각하는 것은 저마다 차이가 있을 수 있음을 보여 준다.

　이때 자기와 다르게 지각했다고 상대방을 틀렸다고 나무라는 것은 다른 사람의 주관적인 경험세계를 이해하거나 존중하지 못하는 태도이다. 대인관계에서 지각의 차이 때문에 상대방을 평가하고 다투게 되는 것은 '서로 다를 수 있다'는 사실을 인정하지 못하고 어느 한쪽이 틀렸다고 판단하기 때문에 생기는 분란이다. 사람들은 흔히 자기가 본 것만 옳고 바르다고 믿고 상대방은 틀렸거나 그르다고 판단하는 성향이 있다. '내로남불'의 편견도 그런 성향에서 생기는 것이다. 자기긍정-타인부정의 생활태도는 건전한 인간관계를 방해한다. 그러나 상대방의 입장에서 느끼고 생각해 보며 이해하려는 자세는 친밀한 인간관계를 맺을 수 있는 비결 중의 하나이다. 부부 사이에서도 역지사지하는 습관을 길러야 서로 이해하고 존중하며 협력할 수 있다.

　[그림 2-1]에서 어떤 사람은 하얀 도형에 초점을 맞추고 '청평저울', '환상적인 잔' 혹은 '촛대' 같다고 말할 수 있다. 그런가

[그림 2-1] 보는 사람마다 다를 수 있다

하면 까만 부분에 초점을 맞추면 두 사람의 얼굴이 코가 닿을 듯 말듯 가까이 마주 보고 있다고 말하는 이도 있다. 이때 상대방이 자기의 지각과 다르다고 해서 그 사람을 '이상한 사람', '어리석은 사람' 혹은 '모자라는 사람'이라고 평가한다면 큰 오류를 범하게 된다. 사실은 보는 사람의 관점에 따라 서로 달랐을 뿐 둘 다 맞다는 것을 시인할 수 있어야 한다.

[그림 2-2]에서도 어떤 사람은 숄을 쓰고 있는 '젊은 여성의 옆모습'으로 보기도 하고, 다른 사람은 동화책에 나올 법한 '마귀할멈'으로 보기도 한다. 개인의 차이를 인정할 수밖에 없는 한 가지 증거라 하겠다. 부부가 서로 사랑하고 돈독한 관계를 유지할지라도 이런 그림을 서로 다르게 지각할 수가 있다. 문제는 상대방의 견해나 판단을 틀렸다고 비판하지 말고, 상대방은 자신과 다를 수 있다는 것을 인정해야 좋은 친구나 부부

[그림 2-2] 사람마다 보는 눈이 서로 다르다

[그림 2-3]

[그림 2-4]

관계를 유지할 수 있다.

[그림 2-3]은 대부분의 사람이 모자를 쓰고 있는 어린이로 지각한다. 그러나 [그림 2-4]는 무엇으로 보일까? 이 그림은 모자를 쓰고 있는 성인으로 보인다. 코미디언 같기도 하고 서커스에 나올 법한 인물 같기도 하다. 그런데 놀라운 것은 같은 그림인데 서로 마주 보고 앉아서 보았을 때 나타나는 현상이다. '모자를 쓴 어린이'의 그림을 맞은편에 앉아서 보면 '모자를 쓴 성인'으로 보인다. 같은 그림을 180도 돌려놓은 그림이다. 부부가 식탁에 마주 앉아서 대화를 하고 있을 때 두 사람 앞에 이 그림을 갖다 놓았다면 남편과 아내는 객관적으로는 한 장의 동일한 그림인데도 불구하고 전혀 다른 그림을 보게 된다. 한 배우자는 모자를 쓴 아동으로, 다른 배우자는 모자를 쓴 어른으로 지각할 것이다.

이때 평가하거나 판단하기를 좋아하는 사람은 배우자를 보고 '이상한 사람, 엉터리 같은 사람'이라고 반응하거나, "눈이 삐졌나?" "아니, 당신 정신 나간 거 아냐?"라고 말할 수 있을 것이다. 우리는 보는 사람의 관점에 따라서 전혀 다른 현실 속에 존재할 수 있음을 시인해야 한다.

어느 날 강연회에 참석하고 나오면서 '오랜만에 참으로 좋은 강연 들었다.'고 생각하고 계단을 내려오는데 뒤에 오던 사람들이 "지루해서 난 졸았어! 무슨 강연을 그렇게 해!"라고 부정적으로 평가하였다. 이렇게 같은 강연을 듣고서도 사람마다 다르게 반응할 수 있음을 이해해야 한다. 사람마다 다를 수 있다. 나이, 성별이나 개인의 필요와 욕구, 목적과 가치관, 과거의 경험에 따라 같은 사물도 저마다 다르게 지각할 수 있다. 누구도 상대방을 틀렸다고 함부로 평가하지 않아야 한다. 부부 관계에서 우리는 판단하거나 평가하기에 앞서서 남편은 아내의 입장에서 아내는 남편의 관점에서 이해하려고 힘쓰고 역지사지하는 습관을 길러야 더불어 아름답게 살아갈 수 있다.

2) 남녀의 차이

여성해방운동에 앞장서서 책과 논문으로 괄목할 만한 업적을 남긴 줄리아 우드(Julia Wood, 1995)는 "남자와 여자가 서로 다르다는 것은 엄연한 사실이다. 남성은 성취에, 여성은 관계 형성에 초점을 맞춘다."라고 남녀의 차이를 부각시켰다. 남자는 실용적이고 장래의 목표에 초점을 맞추어 노력하고 목표가 달성되어야 성취감에 기뻐한다. 반면에, 여자는 감정과 현재의 활동에 초점을 둔다. 여자는 뚜렷한 목표의식 없이도 낭만적인 작은 일을 하면서 즐기는 편이다.

남자들이 모인 곳에서는 여성에 대해 이구동성으로 이렇게 주장한다.

- 여자는 말이 많다.
- 여자는 너무 감정적이다.
- 여자는 그들의 힘을 보이기를 두려워한다.
- 여자는 가계수입의 압박감을 못 느끼며 돈을 쓴다.

반대로 여성들이 모인 장소에서 남성에 대한 평을 들어보면 다음과 같이 정리된다.

- 남자는 민감하지 못하다.
- 남자는 가사에 무관심하다.
- 남자는 자신의 약점을 부인한다.
- 남자는 여자의 말에 귀 기울이지 않는다.

생물학적인 차이와 사회 문화적인 영향으로 남편과 아내는 생각, 감정 및 행동에서 서로 차이가 있을 수 있음을 인정해야 한다. 남성들은 배우자로부터 성적 만족, 활력소가 되어 주는 동반자, 매력적인 배우자, 내조, 존경받기 등을 우선적으로 기대한다. 그러나 여성들은 남편에게서 애정, 대화, 정직과 포용, 재정적 지원, 가정에 충실하기를 중요한 덕목으로 선택한다(김기령 외, 2004).

사람마다 남다른 특성을 가지고 있지만 성별에 따라서 다른 특성을 보이는 것도 부인하기 어렵다. 이렇게 개인의 차이와 성별의 차이를 수용하고 이해하면서 서로 보완하고 협력할 수 있어야 우리는 보다 더 행복한 직장생활이나 가정생활을 꾸려 갈 수 있다. 자기 자신의 관점에서 상대방을 부정적으로 평가하거나 자기 기준대로 행동하기를 상대방에게 요구하는 성격을 가진 배우자는 부부갈등의 원인이 된다.

원만하지 못한 결혼생활의 특징 중 하나는 의사소통에서 나타난다. 부정적인 평가나 판단하는 말을 주고받다 보면 서로 상처를 주게 된다. 부부간에 말수가 줄어들고 진실한 생각이나 감정을 표현하기를 망설이거나 포기하면 심리적 거리가 멀어지고 있다는 증거이다. 또 부부지간에 입을 열었다 하면 언성이 높아지거나 싸우게 된다면 두 사람 관계에 풀어야 할 문제가 있다는 뜻이다.

'부부는 같아야 한다'고 평소에 믿는 사람은 서로 다른 것을 발견할 때마다 서운해지고 서먹해지거나 불편해진다. 사랑하는 사람은 늘 같아야 한다는 비합리적인 믿음과 기대 때문이다. 자부심이나 긍지가 부족하고 정서적으로 불안한 사람일수록 남들과 같아야 비로소 안도감이 생긴다. 자기 자신을 신뢰하고 긍지와 자부심이 있는 사람은 자주 독립적일 수 있다. 성숙하고 자주 독립적인 인간은 남들에게 의지할 필요가 적고, 남들이 자기와 같아지기를 요구할 필요성을 덜 느낀다. 저마다소신껏 자기의 삶을 사는 것이 인간의 일차적인 책무이고 특권이다. 문제는 견해나 감정 표현에서 자신과 다른 사람을 용납하거나 이해하지 못하고 싫어하거나 미워하거나 나무란다면인간관계가 어려워져서 외롭게 살 수밖에 없다.

사귀는 동안에 두 사람이 서로 통하고 같은 점을 발견하고경험하면 둘 사이에 친밀감과 매력이 형성된다. 관심을 가지고 사귀는 사람들이 서로 통하거나 같은 점을 찾으려고 은연중에 노력하는 동기는 바로 그런 이유 때문이다.

"고향이 ○○도에요? 나도 그런데…… 우린 동향이군요!"
"냉면 좋아하세요? 어머나, 나도 냉면을 제일 좋아해요!"

"나도 ○○대학교 졸업했어요. 몇 학번이세요? 이럴 수가! 알고 보니 우리는 동문이네요!"

"주말이면 영화 보는 게 취미세요? 저도 영화 보러 자주 가요. 지난주에도 친구랑 다녀왔거든요."

이와 같이 유사점을 찾는 것은 두 사람이 공통점을 가지고 있으면 더 잘 통하고 편하며 매력이 형성되기 때문이다. 그러나 우리는 서로 같고 유사한 것만큼이나 서로 다르고 독특한 존재임을 깨닫는 날이 올 것을 기대하고 대비하여야 한다. 남다른 데가 있는 저마다의 정체감을 확립하고 한평생 그것을 구현하려는 것이 사람들의 숨은 소원이고 성숙해 가는 사람들의 특징 중 하나이니 어느 부부에게나 필히 그런 날이 올 수밖에 없다.

> "남과 다른 날 싫어했었네. / 나와 다른 널 미워했었어. /
> 남다른 자신을 믿을 수 있고, / 나와 다른 상대를 수용할 수 있으면 /
> 철드는 것"
>
> (연문희, 2020)

부부지간에 좋은 관계를 유지하려면 인간적으로 성숙하고 철이 들어야 한다. 외모나 혼수 등을 의식하며 신경 쓰던 단계를 지나서 서로 다른 두 사람이 신뢰, 수용, 존중, 이해, 용서할 수 있도록 인간적으로 성장해야 한다. 이제는 부부가 저마다 정서적으로 안정감이 있는 사람, 자기존중감이 높은 사람인가를 자문해 보며 인간적인 성숙을 꾀해야 한다. 자존감이 높은 사람은 자기 자신을 있는 그대로 수용할 수 있고 자기를 수용하는 만큼 상대방을 수용할 수 있다. 자기개념이 부정적이고 자존감이 낮은 사람은 불안한 까닭에 저마다 남다른 독특한 인간인 것을 시인하기도 힘들고 서로를 수용하고 존중하기도 어렵다.

저마다 남다른 가정문화에서 성장하였고, 남자와 여자로 태어나서 차이가 있으며, 개별화 과정을 거치면서 저마다 독특한 사고와 행동양식을 체득한 까닭에 우리는 유사한데가 있으면서도 다르다는 것을 분명히 인식해야 한다. 인간은 완벽한 존재가 아니라 때에 따라 실수하고 부족한 점이 있는 사람인 것을 시인할 수 있어야 한다. 저마다 독특하고 남다른 인간이어서 서로 이해하고 용서하고 협력하며 살아가는 존재라는 것을 깨달아야 자기 자신을 실현하는 방향으로 가는 행복한 남편과 아내가 될 수 있다.

생각이나 감정 혹은 생활습관이 자기 자신과 다르다고 해서 배우자를 불신하거나 비난하거나 미워한다면 머지않아 자기 자신도 불신받고 비난당하고 미움의 대상이 될 것을 각오해야 한다. 기본적으로 부부는 서로 다른 데가 있을 뿐이지 틀린 것이 아니라는 사실을 늘 명심하고 대화를 통하여 이해하고 포용할 수 있어야 행복한 부부생활에 접근하게 된다. 사람마다 지각의 차이를 인정하고 이해하려고 노력하는 사람으로 성장해야 한다. 그래서 행복하고 만족스러운 결혼생활을 예측할 수 있는 가장 믿을 만한 요소는 남편과 아내의 인간 됨됨이라는 결론에 이르게 되는 것이다.

2. 결혼생활에 대한 비합리적 신념

사람마다 결혼이나 부부생활에 대한 저마다의 생각과 믿음이 있다. 성장하면서 부모의 상호작용을 관찰하거나 부모의 훈시나 조언을 통해서도 결혼생활에 대한 믿음이 형성된다. 우리는 동화책이나 영화에서 사랑하는 두 사람 사이에 벌어지는 일들을 보면서 동일시하고 모방하기도 한다. 따라서 부부는 서로 다른 가정문화에서 자랐고 과거의 경험이 서로 다른 까닭에 결혼과 부부생활에 대한 기대가 저마다 다를 수 있다. 사랑하여 결혼한 부부일지라도 자기 자신과 배우자의 믿음과 기대를 제대로 이해하지 못하면 크고 작은 충돌이나 갈등이 생길 수 있다. 한마디로 결혼생활에 대한 비합리적인 신념이나 기대 때문에 부부관계에 마찰이 생길 수 있다는 말이다. 여기서 비합리적 신념이라 함은 현실에 합당하지도 타당하지도 않고 실제로 일어날 수도 없는 환상적인 신념을 말한다. 오랫동안 사람들이 믿어 왔지만 객관적인 근거가 없는 믿음을 의미하는 것이다.

부부관계에 대한 비합리적 신념은 부부 사이에 역기능적인 의사소통을 야기할 뿐만 아니라 부부가 겪는 문제의 근본적인 원인이 될 가능성이 매우 크다. 따라서 갈등을 경험하는 부부들은 그들이 겪고 있는 표면적인 문제에 집착할 것이 아니라 서로의 갈등을 야기할 수 있는 기저의 비합리적 신념과 비현실적 기대 등을 확인할 필요가 있다(연규진, 2006).

결혼 및 부부관계에 대하여 여러분은 어떤 기대나 신념을 가지고 있는지 다음에 나오는 간단한 설문에 답해 보자. 부부가 따로 답을 표시한 후에 대화할 시간을 갖는다면 서로를 이해하고 갈등을 예방할 수 있는 유익한 시간이 될 수 있다.

다음은 우리가 흔히 가지고 있는 결혼생활에 대한 신념이나 기대이다. 당신 견해와 일치하면 ○, 틀리면 ×로 (   ) 안에 표시해 본다.

(   ) 1. 천생연분인 사람과 만나 사랑하면 그다음부터 결혼생활은 행복하다.

(   ) 2. 행복하게 사는 부부 사이에는 의견의 불일치나 갈등이 없다.

(   ) 3. 부부간의 사랑은 세월이 지나도 변하지 않는다.

(   ) 4. 부부간에 서로 다른 점이나 개인의 차이는 무시해야 살 수 있다.

(   ) 5. 부부간의 심리적 거리와 육체적 거리는 상관이 없다.

(   ) 6. 부부는 항상 똑같아야 행복하다.

(   ) 7. 부부 사이의 행복은 완벽한 성관계에 달려 있다.

(   ) 8. 결혼하면 배우자가 나를 온전하게 만들어 줄 것이다.

(   ) 9. 내가 사랑하는 사람은 완벽한 남자/여자라야 한다. 만약 행복하지 않다면 배우자를 잘못 만난 탓이다.

(   ) 10. 부부는 말하지 않아도 서로 원하는 것을 다 알아서 해 주어야 한다.

혹시 독자들 중에 놀라는 분들이 있을지 모르지만 가족상담 전문가들은 이상의 10문항에 대하여 모두 '틀렸다'(×)고 판정한다. 다시 말하면, 앞의 10문항은 결혼과 관련된 비합리적 신념이거나 현실적으로 타당하지 못한 기대라는 말이다.

당신은 결혼에 얽힌 신화들을 솔직하게 직면한 적이 있는가? 당신이 믿는 신화들이 얼마나 비현실적이고 환상에 가까운지 곰곰이 생각해 본 적이 있는가?

젊은 날에 홀딱 반한 이성과의 사랑이 영원하게 지속될 것으로 믿는 것도 비현실적인 믿음이다. 부부가 함께 살다 보면 세월과 더불어 사랑은 그 속성이 달라진다. 결혼 초기의 사랑과 자녀를 양육하는 30~40대의 사랑이 다르고, 노년에 이르면 사랑의 속성이 또 달라진다. 따라서 "우리의 낭만적인 사랑은 영원하리라."는 기대는 젊은 시절 저마다의 꿈이고 희망사항일 뿐 비현실적이다.

스턴버그(1999)의 연구에 의하면 결혼 초기에는 부부의 만족도가 가장 높다가 자녀 양육 기간인 중년까지 만족도가 떨어지다가 자녀들이 성장하고 나서 부부의 결혼만족도는 또다시 상승한다고 되어 있다. 결혼만족도의 곡선은 영어의 U(유)자형이 된다는 설명이다.

신화에 근거한 비현실적인 기대로 "사랑은 나를 온전하게 만들어 줄 것이다."라는 믿음을 예로 들 수 있다. 우리는 결혼을 통해서 서로 성장하는 데 도움이 될 수는 있으나 상대방을 온전하게 만들어 줄 수는 없다. 어느 인간도 다른 사람을 온전하게 만들어 줄 수는 없기 때문이다. 이런 기대는 자기 자신이 부족하다는 믿음에서 나온 열등감의 부작용이라고 볼 수 있다. 부부들 중에는 자신의 기대가 이루어지지 않는 것에 대하여 실망하고 좌절하며 상대방을 원망하고 탓하기 쉽다. 이런 경우 배우자에게 탓을 돌리며 원망하는 것은 사실은 원망하는 사람의 불찰이다. "내 배우자는 나를 온전하게 만들어 줄 것이다."라는 기대는 자신의 비현실적인 믿음에서 나온 것이다. 따라서 그런 기대를 하는 것은 자신의 잘못이다.

우리 주위에 잘못된 신념을 가지고 결혼생활을 시작하는 젊은이들이 적지 않다. 서로 사랑하는 까닭에 많은 하객의 축하 속에 "성대한 결혼식이 끝나면 우리는 아무 문제없이 한평생 행복하게 살게 될 것이다." "나의 배우자는 나와 딱 맞는 짝꿍이다."와 같은 믿음은 단지 희망사항일 수 있다. 열정적인 사랑에 빠졌더라도 결혼생활을 시작하면 가정문화의 차이, 성격의 차이, 남녀의 차이, 가치관 및 생활태도의 차이점들이 드러날 것임을 미처 모르고 하는 말이다. 자기가 사랑에 빠진 상대방이 어려서부터 마음속에 그려 온 남자상이나 여자상과 일치해 보여서 우리는 서로 "나와 똑같다!" "딱 맞는 짝꿍!"이라고 외치지만 그것은 선택적 지각에 의한 주관적인 판단이다. 강력한 성충동과 결혼 적령기에 받는 사회적인 압력, 그리고 외로움을 달래고 친밀한 인간관계를 맺고 싶은 욕구가 함께 작용하여 우리의 지각에 영향을 준 결과 '나에게 꼭 맞는 짝'으로 지각하게 되어 결혼을 결심하는 것이다.

81

사랑하여 결혼한 부부들에게 실망과 좌절을 가져오는, 많은 사람이 흔히 가지고 있는 비합리적 신념과 기대를 정리해 보면

2. 결혼생활에 대한 비합리적 신념

다음과 같다. 물론 사람에 따라 신념이나 기대의 강도에 차이가 있을 것이다.

우리 부부는 결혼생활에서 똑같은 것을 기대할 것이다

- 남편/아내가 아침마다 먼저 일어나 깨워 줄 것이다. 아직 확인해 보지 않았지만, 배우자와 자기가 생각이 똑같을 것으로 기대한다.
- 여행 가방은 남자/여자가 챙기는 것이다. 원가족 부모님이 하시는 것을 보고 자랐으므로 남편은 남편대로 아내는 아내대로 배우자가 자기 부모가 하는 대로 가방을 챙길 것으로 기대한다.
- 어린아이의 기저귀는 아내가 바꾸어 줘야 한다. 남편은 가정 경제를 책임지고 직장생활을 하고 아내가 가정생활에 전념하던 시절에는 당연히 아내가 아이의 기저귀를 바꾸어 주는 것으로 학습하였을 것이다. 그러나 홀벌이가 아니고 맞벌이하는 현대사회에서는 자녀 양육에서도 부부가 가사 분담을 해야 합리적이라는 것이 중론이다.

결혼을 하면서 많은 배우자는 성격, 식성, 취미생활, 가치관, 생활태도 등에서 둘이 똑같기를 기대한다. 좋아하는 것, 중요하게 생각하는 것, 간절히 바라는 것 등에서 상대방과 자기가 똑같을 것으로 기대한다는 것이다. 사귀는 동안에 종종 차이점을 발견하지만 서로 사랑하는 마음이나 결혼하고 싶은 욕구가 강해서 그 차이점을 은연중에 무시하고 원하는 것을 선택적으로 지각하는 인간의 성향 때문에 그런 일이 벌어진다.

특히 자신감이나 자존감이 떨어지는 사람일수록 상대방이 자기와 같아지기를 요구하거나 자기 자신을 억압하고 상대방에 흡수되어 하나가 되려고 한다. 불안을 극복하고 안도감을 확보하기 위한 편법이지만 배우자 한쪽이 자신의 솔직한 생각과 감정을 억압하고 상대방이 원하는 대로 순응하는 것은 자기 자신을 포기하는 것이나 다름없다. 자신의 생각이나 감정은 중요하지 않으니 억압하고 상대방에 동의하고 따라가는 순종적인 생활태도를 유지하는 경우이다.

반대로 상대방의 의견이나 감정은 무시해 버리고 자신의 뜻대로 행동하기를 기대하는 경우도 있으나 바람직하지 못한 것이다. 상대방의 남다른 권리나 존재가치를 무시하는 처사이기 때문이다. 어느 쪽도 건강하고 성숙한 사람들과는 거리가 먼 삶의 자세이다. 상대방이 자기와 같아지기를 기대하거나 자기 자신을 억압하고 상대방과 하나가 되어 살다 보면 인간관계에서 저마다의 자유로운 심리적 공간을 침해당하기 때문에 둘의 관계는 갈등과 스트레스를 야기하고 피차 자존감에 손상을 입게 되며 결국 건전하지 못한 삶을 살게 된다.

가정마다 자세히 살펴보면 서로 다른 불문율 혹은 규칙을 가지고 있다. 자기가 성장한 가정의 규칙이 엄격할수록 그는 결혼생활에서 부적응 행동을 하기 쉽다. 상대방이 자기와 똑같을 것을 기대하고 강요한다면 상대방을 하나의 독립된 인간으로 있는 그대로 신뢰하거나 존중하지 못하는 생활태도라 할 수 있다. 따라서 그런 사람은 상대방의 반발과 반항에 부딪치고 좌절과 실망을 겪을 수밖에 없다.

결혼을 하면 모든 것이 더 좋아질 것이다

사랑하는 사람을 만나면 우리는 자신감과 희망이 샘솟는다. 그래서 미래에 대하여 낙관적이 되기 쉽다. 저마다 결혼 후에 모든 것이 더 좋아질 것으로 꿈을 꾼다. 그러나 동전의 양면이 있듯이 결혼생활을 통해 좋아지는 것도 있지만 어려운 일도 생길 수 있다는 사실을 수용해야 실망과 좌절의 고통이 적어진다.

- 정든 가족과 부모 곁을 떠나야 한다. 잘 아는 사람과 익숙한 공간이라야 우리는 편안하다. 그런데 그 익숙하고 편안한 가족과 집을 떠나는 것은 일단 긴장과 스트레스를 야기할 수 있다.
- 아무 걱정 없이 부모님의 보호를 받던 삶을 떠나야 한다. 늘 돌봄을 받던 가정에서 부모 곁을 떠나야 하니 이제 자주 독립을 해야 한다. 아내는 더 이상 내 '어머니'가 아니고, 남편은 내 '아버지'가 아니어서 원가족 부모님의 보호에서 벗어난 삶을 살아야 한다.
- 배우자에 대한 이상적인 이미지가 현실이 아님을 깨닫게 된다. 결혼생활을 시작해 보면 사랑에 빠졌을 때 마음속에 그리던 이상적인 '그 멋진 남성'이나 '사랑스러운 그 여성'이 아닌, 완전하지 못한 남자이고 여자인 것을 깨닫고 놀라게 된다.

- 환상적이고 낭만적인 사랑의 감정이 때가 되면 점점 사라진다. 사랑에 빠져 있는 동안에 분비되던 옥시토신 호르몬의 효능이 2~3년을 정점으로 점점 사라진다. 사랑의 세 가지 요소 중에 열정적인 사랑의 감정은 제일 먼저 누그러지게 되어 있다. 낭만적인 사랑이 영원히 계속되리라는 기대가 어긋나서 실망할 수 있다.
- 혼자 살다 둘이 되면 자율성을 제한받는다. 결혼생활은 이인삼각 게임처럼 남편과 아내가 한쪽 다리를 줄로 묶고 함께 걷는 셈이다. 외롭지만 제멋대로 살던 자기중심적인 삶에서 함께 호흡을 맞춰야 하는 결혼생활의 초기는 적응 능력이 부족한 사람에게는 불편하게 느껴질 수도 있다.

결혼을 하면 나의 약점이나 부족함이 없어질 것이다

가난한 사람은 결혼을 통해서 부자가 될 것을 기대하고, 열등의식에 빠져 있던 사람은 자신감을 얻게 될 것을 바라며, 자신의 인간적인 약점을 배우자가 다 채워 주기를 희망한다. 고독했던 사람은 사랑하는 사람과 함께 소속감을 느끼게 되고, 사랑에 주린 사람은 차고 넘치도록 사랑받게 될 것을 기대한다.

건전한 결혼생활은 성장과정의 큰 상처나 회생 불능의 비극을 극복할 수 있게 한다고 주장하는 이들도 있다. 결혼은 서로의 부족과 성장과정의 상처를 치유해 주는 '치료로서의 결혼'을 주장하는 학자들이 있다. 물론 진정한 사랑은 사람의 성장발달을 촉진하므로 어느 정도까지 가능한 일이다. 그러나 어린 시절에 부모의 학대와 구박으로 상처가 큰 사람들은 의존적인 사랑의 욕구가 너무 강해서 누구도 그 욕구를 다 충족시켜 주기가 현실적으로 어려운 경우가 있다. 그래서 배우자가 결국 지쳐 버리게 할 수도 있다.

영화나 문학작품 속의 결혼은 사랑이 모든 문제를 해결해 주는 만병통치가 될 것으로 착각하게 만든다. 부부가 많은 시간과 정성을 투자하면 서로의 성장발달에 훌륭한 조력자가 될 수 있다는 말은 맞다. 그렇지만 배우자가 자신의 모든 문제를 해결해 주기를 기대하며 지나치게 의존적인 삶을 살면 상대방은 감당하기가 어렵게 된다. 결과적으로 둘 다 실망하고 좌절하게 되고 부부관계가 와해될 수도 있다.

사랑은 모든 어려움을 극복할 수 있다

사랑하는 사람과 결혼하니까 모든 문제가 해결될 것이라고 믿는다. 물론 사랑하는 사람이 생기면 자신감과 희망이 샘솟는다. 그런 사랑을 갈망하는 까닭에 교제하는 동안 저마다 완벽한 사람의 가면을 쓰고 연기를 하며 상대방의 호감을 사려고 안간힘을 쓴다. 그런 노력이 자신이 못할 것이 없는 온전하고 유능한, 사랑이 넘치는 인간인 것 같은 환상을 상대방이 가지게 한다. 사실은 무의식적으로 저마다의 필요와 욕구에 따라서 선택적으로 지각한 결과로 현실을 왜곡하는 측면도 있다.

부족할수록 완벽해 보이고 싶고, 자신이 없을수록 자신 있는 척할 수도 있다. 돈에 궁핍할수록 있는 척하고 싶어서 데이트하는 동안에 돈을 분에 넘치게 잘 쓰는 이들도 있다. 상대방에게 사랑받고 싶어서 참자기를 숨기고 상대방이 기대하는 그럴

듯한 자기를 보여 주려고 연기도 한다. 누구나 정도의 차이는 있지만 서로 사귀는 상대방에게 흔들림 없는 사랑을 확인받고 싶어서 거짓자기를 보여 주면서 안달하는 연극배우와 같다.

자존감이 높고 건강한 사람일수록 있는 그대로의 자신을 거짓 없이 보여 줄 수 있다. 자신이 부족한 인간인 것을 시인하며 두려워하지 않을 만큼 자존감이 있는 사람이면 그는 심리적으로 건강하고 믿을 만한 사람이다.

상대방이 '나의 태양'이나 '나의 천사'로 보이거든 결단을 미루고 상대방이 하나의 인간으로 보일 때까지 더 사귀어 볼 필요가 있다. 결혼을 염두에 둔 사람들의 교제하는 기간이 짧은 것을 경계해야 하는 이유이다. 그래서 피차가 친밀한 사이가 되어서 모든 것을 해결해 줄 수 있고 능력이 있으며 완벽한 사람으로 과장하지 않게 되기를 바란다. 이 세상에 완전한 사람이 없고, 지금 만나는 사람도 자기 자신처럼 허물이 있는 불완전한 사람인 것을 전제로 해야 한다. 그런 까닭에 서로 사랑한다고 상대방이 모든 어려움을 다 해결해 주리라는 기대나 신념은 비현실적이다.

이 세상에 자기에게 가장 이상적인 사람은 오직 한 사람뿐이다

사랑에 빠지면 "오, 나의 태양!" 혹은 "오, 나의 천사!"라고 감탄사를 연발할 수 있다. 그 한 명을 만나서 결혼하는 까닭에 우리 결혼은 반드시 행복할 것이라는 기대도 비현실적이다. 이런 믿음은 완벽한 이상형을 찾게 만들기 때문에 사귀는 과정에서 쉽게 실망하고, 만나는 사람마다 마음에 차지 않아서 결국 결혼을 포기하는 사람이 되게 한다. 그리고 만약 불행하다면 사람을 잘못 만난 탓이라고 속단하고 자기반성보다는 상대방을 원망하는 일에 열을 올리게 한다.

패럿(정동섭, 1998; Parrott, 1995)에 의하면 결혼의 성공 여부는 자신에게 딱 맞는 사람을 찾는데 달려 있지 않다. 자기가 사랑해서 결혼한 환상 속의 이상형이 아닌 현재 배우자의 실제적인 모습을 새로 발견하고 적응하는 능력에 달려 있다. 의식적 또는 무의식적으로 믿고 따르고 존경하던 아버지의 상이나 한없이 사랑하고 베푸는 어머니의 이미지를 닮은 사람이라고 믿고 결혼했지만 실제로 만난 배우자는 마음속의 이상형과 거리가 있는 사람인 것을 깨달아야 한다. 그리고 그 사람에게 적응할 줄 알아야 한다. '우리 아버지' 혹은 '우리 어머니'와 같기를 기대했으나 실제로 살다 보니 그렇지 않은 것을 발견하면서 실망하고 화를 내고 다투기도 한다. 이것 또한 상대방의 잘못이라기보다는 자기 자신의 필요와 욕구에 따라서 기대를 잘못한 탓이다. 실망할 때마다 자신의 기대가 비현실적이었음을 깨닫고 반성해야 한다.

첫눈에 반한 사랑이 참사랑이다

이런 믿음은 다른 사랑은 시시하다고 평가절하하게 만든다. 앞서 언급하였듯이 진정한 사랑은 친밀감, 열정, 헌신 혹은 책임감의 세 가지 요소를 필요로 한다(Sternberg, 1999). 일반적으로 친밀감부터 서서히 발전하는 사랑은 더 안정되고 오래 지속되는 관계를 형성한다. 통계에 의하면 첫눈에 홀딱 반한 사람과 결혼한 사람들의 결혼만족도는 의외로 낮은 편이다. 미국 사람들의 경우 열정적인 첫사랑과 결혼한 부부들 중에 겨우 12%가 행복하다고 답변하였다. 첫사랑이 오래 기억에 남는 것은 사실이지만 첫사랑과 결혼해야 행•복하다는 믿음은 비현실적이다. 대체로 경험이 부족한 나이에 첫사랑에 빠져서 상대방에 대한 이해가 부족하고 친밀감이나 헌신하려는 마음 없이 외모와 성적 매력에 끌려 열정 하나만을 믿고 결혼하는 경우에 성공할 확률이 적은 편이다. 그 열정은 옥시토신 호르몬의 효과에 따라 오래 가지 않는다는 것이 심리학자들의 주장이다.

교제하는 동안에 시간과 공간을 공유하는 시간이 많아서 서로를 친숙하게 잘 알고 편안하며 좋은 친구처럼 느끼다가 사랑에 빠지는 것이 정상적이고 안정적인 사랑이라 할 수 있다.

누군가가 나를 사랑하고 있다면 나 자신은 사랑받고 있음을 항상 느낄 수 있어야 한다

자신이 항상 사랑받고 있다고 느껴지지 않는 사랑은 잘못된 것이라고 생각하는 경향성이 오히려 문제가 될 수 있다. 결혼생활은 서로 다른 두 사람의 만남이어서 다투는 경우도 있고 갈등도 경험하기 마련이다. 다툼이나 갈등은 친밀한 인간관계를 형성하는 과정에 당연히 지불해야 할 대가이다. 다툼이나 갈등이 두려워서 진실한 감정과 생각을 표현하기를 회피하고 억압하는 사람은 친밀한 인간관계를 형성하는 데 한계가 있다. 심리적 거리가 먼 사람과는 갈등이나 마찰이 일어나지 않지만 가까운 부부인 까닭에 갈등이 발생할 수 있다. 따라서 항상 사랑받아야 한다는 믿음은 비실제적이고 비현실적이다. 인간의 경험은 흐르는 강물과 같아서 소용돌이 칠 때도 잔잔할 때도 있게 마련이고, 밤낮의 변화가 있듯이 변하게 마련이다. 따라서 항상 사랑받고 있다고 느낄 수 있기를 바라는 것은 환상적이고 비현실적인 욕구 때문이다.

사랑하는 사람을 잃게 된다면 다시는 사랑에 빠질 수 없을 것이다

자신에게 맞는 사람은 오직 한 사람뿐이라는 가설과 유사한 비현실적인 믿음이다. 그런 믿음은 사랑에 실패하면 극심한 고통을 겪을 것이고 자살, 우울증 등의 원인이 될 수 있다. "당신 없이는 못 살아."라는 말은 현재 사랑하는 마음이 그토록 강하다는 뜻이고, 상대방을 소유하고 싶은 강력한 욕구와 의존적인 삶의 태도를 드러내는 것뿐이다. 사랑하던 사람과 헤어졌거나 관계가 끊어졌을 때 '속상하고 안타깝고 하늘이 무너져 내리는 것 같은' 기분일 것이다. 그럼에도 불구하고 "그 사람 없이는 못 산다."고 단정한다면 흑백논리에 빠져 있는 강박적인 성격이다. 세상에 자신에게 맞는 사람은 오직 한 명뿐이고 그 사람과 낭만적인 사랑을 경험하지 못하고 결혼하는 것은 옳지 못하다는 것도 흑백논리에서 나온 비합리적 신념이다. 심리적으로 건강한 사람은 회복력이 강하여 슬퍼하고 애통해하며 자기통찰의 시간을 보내고 나면 점진적으로 다시 자기 자신과 타인을 사랑할 수 있는 사람으로 심신의 활력을 되찾는다.

부부는 항상 정직해야 한다

두 사람 사이에 숨기거나 가리는 것이 적을수록 가까운 사이고 절친한 사이다. 태초에 아담과 이브는 서로 가리는 것이 없이 벌거벗은 몸으로 지냈다고 되어 있다. 그러나 하나님의 명령을 어긴 다음부터는 나뭇잎으로 몸을 가렸다. 하나님의 명령을 어기고 죄책감과 두려움으로 절대자 앞에 100퍼센트 정직할 수가 없었기 때문에 몸을 가렸다고 해석할 수 있다.

부부 사이에 숨기고 가리는 것이 많으면 많을수록 심리적 거리가 생기고, 심리적으로 멀어지면 육체적으로도 멀리하게 된다. 결혼생활의 행복과 만족은 부부 사이에 의사소통과 밀접한 관계가 있다. 정직하고 진솔한 자기표현을 잘하는 부부는 그렇지 않은 부부에 비해서 더 행복하다. 그러나 부부는 때와 장소에 맞게 자기 자신을 보여 주고, 진솔한 생각과 감정을 표현해야 한다. 어려서 중요한 타인들로부터 신뢰받고 인정받으며 성장한 사람은 용기와 자신감이 있어서 남들의 평가를 덜 의식하고 두려워하지 않는다. 그래서 자기 자신과 타인들에게 솔직하고 정직할 수 있다.

만약 부부간에 문제가 생긴다면 누구의 잘못인지 반드시 가려내야 한다

선과 악, 옳고 그름의 이분법적 논리 혹은 흑백논리에 빠지면 둘 중에 하나는 비난받아야 하고 없어져야 하니까 비합리적이다. 그런 부부는 상생을 기대하기 어렵다. 운동경기에서 부부는 한 팀이라야 한다. 부부는 한 팀인 까닭에 이기면 함께 이기고 지면 함께 지는 것이 당연하다. 당면한 문제를 두고 남편이 아내를 이기려 하거나 아내가 남편을 꺾을 기회로 생각한다면 그 부부는 이미 한 팀이 아니라 갈라선 것임을 깨달아야 한다.

이혼을 앞둔 부부를 상담하다 보면 서로 상대방을 원망하고 탓하는데 열을 올리고, 상대방이 일방적으로 잘못했으며, 부부문제의 모든 책임이 상대방에게 있다는 것을 상담자가 확인해 주기를 바란다. 두 손바닥이 마주쳐야 소리가 나듯이 어느 한쪽의 잘못으로만 몰아가는 것은 건설적인 접근방법이 아니다. 부부관계와 가정을 살릴 뜻이 있다면 누구 잘못인가를 따지기보다 어떻게 문제가 발생했으며 어떻게 해결할 것인지에 관심을 가져야 해결할 수 있다. 누구 잘못인가를 밝혀내는 것보다 어떻게 그런 일이 발생하게 되었는지를 이해하는 것이 부부갈등 해결에 도움이 된다.

서로 의견이 불일치하면 사랑하는 부부가 아니다

서로 사랑하는 부부이니까 부부는 생각과 감정이 같아야 하고 행동도 함께해야 한다고 가정하는 이들이 많이 있다. 우리나라 여성들은 의견불일치에 대한 비합리적 신념이 남성들에 비해 더 높다. 즉, 부부 사이에 의견이 불일치하다면 그것은 사랑의 결핍이거나 자신에 대한 모욕으로 여기는 경향성이 여성들에게 더 강하다(연규진, 2006).

그러나 인간은 저마다 남다른 데가 있고 독특하다. 저마다의 개성과 한 인간으로서의 존엄성을 존중해 주지 않으면 갈등이 생기고 관계가 어려워진다. 건강한 부부는 둘이서 화해하고 협력할 줄 알지만 생각과 견해가 항상 같기를 기대하지는 않는다. 부부는 일심동체라고 자신의 생각과 감정을 포기하고 무조건 상대방에게 동조하는 어느 한쪽은 한평생 자기를 실현할 수 없게 된다. 성숙하고 건강한 부부는 조화롭게 협력하며 살아가지만 생각이나 감정 혹은 행동이 늘 똑같아야 한다고 억지를 쓰거나 강요하지는 않는다. 성숙한 사람은 화합하고 협력하지만 같은 척하거나 같기를 요구하지 않는 화이부동(和而不同)을 생활신조로 삼는다. 그러나 성숙하지 못한 사람일수록 자신감이 부족하고 정서적으로 불안한 나머지 배우자와 늘 같은 척하거나 동의하면서 따라다닌다. 그러나 속마음은 사실상 어긋나 있거나 불화 속에 살고 있는 동이불화(同而不和)의 생활태도를 유지한다는 것을 유념할 필요가 있다.

부부는 성적으로 완벽한 짝꿍이라야 한다

성적 완벽주의는 오히려 성적흥분을 방해하고 수행불안을 야기한다(이근후, 1990). 행복한 부부관계를 유지하려면 배우자는 사랑, 건전한 성적 능력, 부모로서의 책임과 능력, 심리적인 성숙 등의 요소를 구비해야 한다. 이 중에서 성생활은 결혼생활의 중요한 요소 중의 하나이다. 그런데 남편이 성적 완벽주의에 대한 비합리적 신념이 아내보다 더 높은 것으로 나타났다. 다시 말해서, 남편은 아내보다 성적으로 완벽한 배우자라야 행복할 수 있고, 성관계 시 배우자에게 항상 만족감을 주어야 한다는 생각이 더 강박적이다. 만일 남성의 막강한 힘을 앞세우는 마초(macho)들처럼 성욕의 충족에 급급하거나 심리정서적인 면을 고려하지 않고 완벽한 성관계를 요구하다 보면 오히려 성관계에서 불안을 야기하여 성행위를 제대로 할 수 없게 된다. 오히려 성생활이 스트레스의 원인이 될 수 있어서 부부관계를 해칠 수 있다. 원만하게 지내는 부부들 중에 거의 절반 정도는 오르가슴을 경험하지 못한다는 보고를 남성들은 참고할 필요가 있다(최수호, 2002).

남자와 여자는 완전히 서로 다르고 역할 분담이 명쾌해야 한다

전통적인 농경사회의 가정에서는 남녀의 역할이 분명하게 구분되고 경직되어 있었다. 그렇지만 사실은 역할 분담이 상황에 따라서 유연하고 융통성이 있어야 부부관계가 건강하다. 해부학적으로나 생리적으로 남자와 여자는 다른 면이 있다. 남자가 임신할 수 없으며 자녀 양육에서 여성의 모성본능은 남자가 넘보기 어려운 우수한 특성이다. 그러나 전통적인 가정생활에서처럼 남자는 부엌에 들어가면 안 된다거나 설거지는 당연히 여자가 해야 한다고 고집한다면 변하는 가정생활에 적응하지 못할 것이다. 맞벌이가 점점 보편화되고 있는 상황에서 부부의 가사 분담이 균형을 이루지 않으면 갈등의 원인이 될 수 있다. 그리고 가정마다 규칙이 있고 불문율이 있지만 원가족관계에서 배운 가정규칙이 너무 엄격하면 부적응의 원인이 되고 부부 사이의 갈등을 고조시킬 수 있다. 결혼하여 원가족으로부터 분가하면 남편과 아내는 저마다 자기 가족문화를 고집하지 말고 부부가 수용할 수 있는 새로운 가정문화를 창조하는 과정에 들어서게 된다. 제3의 가정문화를 창조하는 과정에서 부부는 서로 이해하고 협력하고 적응하는 능력을 발휘할 수 있어야 한다. 새로운 상황에 적응하는 능력이 부족한 사람은 결혼생활의 만족도를 떨어트릴 수 있다.

부부는 말하지 않아도 서로 원하는 것을 다 알아서 해 주어야 한다

부부 사이에 자신의 필요와 욕구를 표현하지 않으면서 상대방이 알아서 해 주기를 기대했다가 실망하여 다투는 경우가 종종 있다. 서로 사랑한다면 일일이 말하지 않아도 배우자가 자신의 마음을 다 들여다보고 있다가 자신이 간절히 바라는 것을 미리 알아서 해결해 주어야 한다는 믿음은 비현실적이다. 서로 상대방의 속마음을 수정체처럼 맑고 투명한 존재로 다 들여다볼 수 있다고 믿는 데서 생기는 문제이다. 이런 믿음을 '수정체 신드롬(crystal syndrome)'이라고 하는데 여성들이 남성들보다 이런 비합리적인 믿음이 더 강하다. 부부 사이에 서로 말하지 않아도 혹은 명백한 의사소통이 없어도 상대방의 욕구와 선호를 알아차려야 한다는 믿음은 여성들이 더 강하다(연규진, 2006). "열 길 물속은 알아도 한 길 사람의 속은 모른다."는 수정체 신드롬의 헛점을 지적하는 말이다. 깊은 물속은 오히려 잘 보이지만 사람의 속마음은 알아보기 어렵다는 말이다. 맞는 말이다. 자신감이 없거나 불안한 사람들은 자신의 뜻을 표현하기를 망설이거나 두려워한다. 자기 자신을 있는 그대로 보여 주면 비난받거나 거절당할까 봐 두려워서 자신의 생각이나 감정을 숨기거나 억압하고 살아간다. 그런 사람일수록 상대방이 자신의 마음을 잘 이해하고 알아서 선처해 주기를 고대하지만 그런 기대는 통상 좌절을 겪게 된다.

부부관계의 만족도는 의사소통을 얼마나 효율적으로 하느냐와 관련이 있다. 부부가 서로 정직하고 진솔하게 자신의 생각과 감정을 표현하고 소통할 수 있어야 돈독한 부부이다. 저마다의 필요와 욕구를 두려움 없이 표현할 수 있고, 상대방이 경청, 수용, 이해, 존중하는 관계라야 친밀하고 행복한 부부다.

불완전하고 채워야 할 것이 많은 부부는 자신을 완전하게 만들어 줄 사람을 찾게 마련이다. 그들은 "난 당신이 필요하기 때문에 사랑해요."라고 말하기 쉽다. 그러나 부모로부터 독립하여 홀로 서고 개별화된 사람은 혼자서 잘해 나갈 수 있다. 그들은 자신의 필요충족보다는 사랑하고 싶기 때문에 파트너를 찾는다. "나는 당신을 사랑하기 때문에 당신이 필요해요."라고 말한다.

기대는 자신의 필요와 욕구에서 나온다. 상대방이 자신이 바라는 대로 말하고 행동하기를 기대하였으나 기대에 어긋나면 실망하고 좌절감을 느낀다. 상대방이 자기 필요와 욕구를 충족시켜 주기를 기대하거나 자신의 목표 달성을 위해 그를 조작하려고 한다면 그 여파로 오는 좌절감과 실망감은 자신의 잘못된 믿음의 결과이다. 남다른 개성을 가진 배우자의 자율성을 존중하지 않으면서 자신이 원하는 대로 배우자가 순응하기를 기대한다면 그것은 자기중심적이고 권위주의적인 성격 탓이다.

결혼에 대하여 우리는 현실적으로 일어날 수 없고 근거 없는 환상적인 믿음을 가지고 살 때가 있다. 결혼생활에 대한 우리의 꿈과 현실을 구별하지 못하는 경우가 있다. 배우자에게 잘못된 기대를 하고 그 기대에 어긋나면 부부가 서로 상대방을 탓하고 원망한다. 자신의 말을 듣지 않거나 지시대로 하지 않으면 상대방에게 '네가 잘못했다, 나쁘다, 틀렸다, 부족하다' 등으로 원망하기 쉽다. 이것은 자기 자신은 긍정하고 타인을 부정하는 건전하지 못한 생활태도이다.

형태심리치료(Gestalt Therapy)를 주창한 프리츠 펄스와 그를 따르는 사람들이 즐겨 암송했다는 다음의 시는 개개인의 자주 독립과 자율성을 높이 찬양하고 개인의 심리적 영토와 경계를 존중해 줄 것을 강조한다. 저마다의 필요와 욕구를 스스로 충족하며 자기 자신의 선택과 책임을 존중할 것을 강조하던 그들의 철학이 담겨 있다. 신세대 부부들은 물론 전통적인 부부들에게도 곰곰이 음미해 볼 가치가 있는 글이다.

나는 나의 일을 하고 당신은 당신의 일을 한다. / 나는 이 세상에 당신의 기대대로 살려고 태어난 것이 아니다. / 당신은 이 세상에 나의 기대대로 살려고 태어난 것이 아니다. / 나는 나이고 당신은 당신이다. / 그러나 만약에 우리가 서로 만날 수 있다면 그건 아름다운 일이다.

온 천하 하고도 바꿀 수 없는 귀한 사람을 있는 그대로 존재 가치가 있는 독특한 개인으로 인정하고 존중해야 마땅하지 않은가? 이것은 개인을 존중하고 생명의 존엄성을 기본으로 믿는 자유 민주주의 사회가 성립하기 위한 전제 조건이다. 만약 사람을 믿고 존중한다면 상대방이 자신의 필요와 욕구 충족의 수단이 되기를 기대하거나 도구로 사용하려는 의도는 잘못된 것이다.

주위를 돌아보면 자식들은 뜻도 능력도 적성도 안 맞는데 부모가 일류 대학 인기 학과에 입학하기를 간절히 바라는 경우가 있다. 부부들 중에는 지극히 자기중심적이어서 상대방이 자기 의도대로 말하고 행동하기를 일방적으로 기대하는 남편이나 아내가 있다. 이들 모두 상대방을 자신의 필요와 욕구 충족의 도구로 생각하는 탓이다. 그 결과 기대대로 안 되어 실망과 좌절을 경험하게 될 것이다. 이런 경우 엄밀히 말하자면 자신이 기대를 잘못한 탓이므로 자책할 수 있을지언정 상대방에게 화를 내며 원망할 일은 아니다.

우리는 상대방을 사랑한다면서도 '내가 바라고 기대하는 대로 당신이 말하고 행동한다면'이라는 조건을 내건다. 왜냐하면 내가 부족하고 모자라는 까닭에 그것을 채워 줄 사람을 갈망하면서 상대방이 자기를 채워 줄 것으로 기대하고 행동하기 때문이다. 어린 시절에 사랑을 받지 못하고 성장하여 의존적인 사랑의 욕구가 강한 사람은 주위 사람들로부터 사랑받고 싶은 필요가 강하여 상대방을 이용할 때가 자주 있다. 부부 사이에도 채워지지 않는 허전함과 공허감을 채우기 위해서 상대방을 일방적으로 조작하고 이용하려고 한다. 물건은 내 마음대로 사용할 수 있어서 소유의 대상이지만, 인간은 소유의 대상이 아니다. 인간은 있는 그대로 신뢰하고 이해하고 존중해야 할 사랑의 대상이다.

우리는 매슬로(1971)의 이론에 따라 수선상의 양 끝에 '성장
사랑'과 '결핍사랑'을 놓고 비교해 볼 수 있다. 성장사랑은 어려
서부터 기본 욕구와 필요가 대체로 충족되어 자기를 실현하는
과정에 있는 사람이 할 수 있는 사랑이다. 혼자서 살 수도 있으
나 사랑하는 사람과 더불어 더 넓고 깊은 삶의 경험을 즐기며
상대방에게 베풀고 사랑하고 싶은 사람이 하는 사랑이다. 이
기적이거나 자기만족보다는 타인의 행복에서 더 큰 기쁨을 느
끼는 사람의 사랑이 성장사랑이다.

```
0 —— 1 —— 2 —— 3 —— 4 —— 5 —— 6 —— 7 —— 8 —— 9 —— 10
결핍사랑                        중간                        성장사랑
```

반대로 결핍사랑은 자신은 부족하고 모자라서 혼자서는 살
수 없어서 상대방이 채워 주기를 갈망하는 의존적인 심리상태
에 있는 사람이 할 수 있는 사랑이다. 결핍사랑은 이타적 관심
에서 주는 기쁨이 아니라 이기적으로 사랑받는 기쁨을 추구하
는 사랑이다. 수선상에서 저마다 자신의 사랑은 어느 쪽으로
기울어져 있는지 혹은 중간지점에 있는지 검토해 볼 필요가
있다. 결핍사랑을 하는 사람일수록 비합리적인 기대나 신념을
가지고 결혼생활을 시작할 가능성이 높다. 결과적으로 결혼생
활의 실망과 좌절은 결핍사랑을 원하는 사람의 몫일 가능성이
높다. 따라서 저마다 자기를 먼저 알고 상대방을 알면 매사에
성공할 수 있다는 말을 기억하며 부부관계 A/S에 임하는 것이
바람직한 일이다.

3. 부부관계의 변천과정

인간은 끊임없이 변하는 경험세계 속에서 물처럼 흘러가는 존재이다. 한때 사랑하던 사람이 미워지기도 하고, 오해를 풀고 나니 불편했던 관계가 다시 편안한 관계가 되기도 한다. 무관심하던 사람에게 관심이 생기더니 자기도 모르는 사이에 사랑에 빠지기도 한다. 의욕을 잃고 살던 사람이 다시 생기를 얻어서 활기차게 살기도 하고, 어려서 싫어하던 음식을 나이 들어 좋아하게 되기도 한다. 시간의 흐름과 경험에 따라서 인간은 변하고 성장하고 발달한다. 그래서 인간은 멈춰 있는 상태도 아니고 이미 완성된 존재도 아니다. 우리는 지금도 완성을 향해 나아가는 존재이다. 자기실현을 향하여 지금도 끊임없이 되어 가는 과정에 있는 존재다(Rogers, 1961). 긍정적으로 변하기도 하지만 자기실현에 방해가 되는 열악한 상황에 처하면 실현경향성이 왜곡되어 부정적으로 변할 수도 있다. 부부관계도 그렇다.

모르던 사람을 만나고 관심이 생겨서 사귀는 동안에 사랑이 싹튼다. 젊은 날에 이성 간에 서로 사랑하면 결혼을 생각하거나 지속적인 친밀한 관계를 유지하려고 노력하게 된다. 그런데 둘이 서로 사랑하여 결혼한 부부가 한평생 행복하게 살게될 것을 고대하지만 그렇지 못한 경우도 종종 발생한다.

자족감과 자기존중감이 없는 사람은 다른 사람을 진정으로 사랑한다는 것이 어려운 일이다. 어떤 생명체라도 불완전할 때는 생명의 본능적 욕구에 따라서 자기완성을 향하여 우선적으로 노력하게 된다. 그러므로 두 명의 불완전한 인간이 함께 만나서 결혼하면 서로를 수용하고 지지해 주기보다는 자기완성의 필요와 욕구를 먼저 채우려 한다. 상대방에게 주기보다는 받기를 기대하고, 상대방을 지지하고 배려하기보다는 의지하고 사랑받고 싶은 욕구가 크기 때문이다.

받기 위해서 주는 것은 위조된 사랑이다. 그러나 결핍이 있는 두 사람은 상대방이 불완전한 자신을 채워 줄 것이라는 착각에 빠져 서로에게 끌린다. 머지않아 그런 부부는 상대방이 결코 자신을 완성시켜 주지 못한다는 사실에 좌절하고 절망하게 된다. 그리고 자녀를 낳으면 의식적 또는 무의식적으로 그 아이가 자신을 완성시켜 줄 것으로 믿기 시작한다. 자녀들이 부모의 필요와 욕구를 충족시켜 주리라는 기대를 가지고 양육하면 인간의 자율성을 침해하게 되어 자녀들의 역기능이 시작된다(오제은, 2006; Bradshaw, 1998).

성숙한 부모는 스스로 그들의 필요와 욕구를 충족시키고 자녀들의 개성과 적성을 존중하며 저마다 타고난 잠재력을 구현하도록 조력한다. 그러나 미숙한 부모는 자신도 모르는 사이에 그들 자신의 필요와 목적 달성을 위해 자녀들을 수단으로 이용하는 까닭에 자녀들의 자기실현에 방해가 될 수 있다.

잘못된 양육

어려서부터 그리기를 좋아하고 미술시간에 남다른 재능을 발휘하는 중학교 2학년 학생이 선생님의 눈에 띄었다. 어느 날 미술대학에 가는 것이 어떻겠느냐고 선생님이 슬며시 제안했더니 그 학생은 부모님의 반대로 자기는 경영학과에 갈 수 밖에 없다고 퉁명스럽게 답하는 것이었다. 알고 보니 미술을 해서는 먹고 살기 어렵다고 취업이 잘되는 학과를 가라는 것이 부모님의 강력한 뜻이었다. 그 학생은 마음속에서부터 느끼는 욕구와 그림을 그리고 싶은 충동을 억압하고 살아가야 하니 학교생활이 점점 부담스러워졌고, 경직된 부모에 대한 불만도 쌓이기 시작하였다. 자기가 간절히 하고 싶은 것을 못하게 하는 아버지가 원망스러웠다. 수업시간이 재미가 없어지고 교과목 성적이 떨어지기 시작하였다. 사소한 일로 부모님과의 갈등도 자주 생기더니 결국 고등학교 졸업 후에 경영학과마저 갈 수 없는 성적이 부실한 학생이 되고 말았다. 그 후 부모도 학생도 성공하지 못하고 불만스러운 가족관계가 지속되었다. 부모의 기대에 맞추어 자녀를 '꾸겨 넣으려다' 좌절을 경험한 사례이다.

어른들의 기대에 맞지 않아 꾸지람을 받고 자라면 어린 생명 속에 불안, 열등감, 죄책감, 수치심, 적개심 등이 싹틀 수밖에 없다. 자갈밭에 뿌려진 씨앗처럼 말라죽거나 시들지 않으면 성장해도 몸통에 상처가 울퉁불퉁할 수밖에 없다. 어른들의 그릇된 기대는 실망의 앞잡이다. 어른들의 필요와 욕구에서 발생한 기대에 맞추려고 자녀들을 꾸겨 넣다 보면 자녀도 부모도 함께 좌절을 경험하게 된다.

가족 간에 불신과 갈등이 높은 역기능적인 가족은 주로 스트레스로 인한 심한 불안 때문에 나타난다. 스트레스를 다루는 능력은 성숙도를 나타내는데 낮은 자존감을 가진 부부는 그런 능력이 부족하다. 낮은 자존감을 가진 두 사람이 결혼하면 부부관계와 가정생활에서 야기되는 스트레스와 긴장감에 잘 대처하지 못하는 모습을 종종 보이게 된다. 그런데 비극적인 것은 역기능적인 사람은 거의 항상 똑같은 수준 혹은 더 심한 수준의 역기능적인 사람을 무의식적으로 찾게 된다는 것이다(김영애, 2010; 오제은, 2006; Bradshaw, 1988). 그 이유는 역기능 가정에서 자라면서 낮은 자존감이 형성된 사람은 교제하는 과정에서 자존감이 낮아 심리적으로 방황하거나 고민하는 사람들과 서로 잘 통하고 동정심을 느낀다. 동병상련으로 낮은 자존감을 가진 사람끼리 서로 잘 통하고 매력을 느낀다. 그러다 보니 결혼을 통하여 역기능적인 가족은 정서적으로 불안하고 자존감이 낮은 역기능적인 아들과 딸을 만들고, 이 역기능적인 사람은 성장하여 다른 역기능적인 사람과 결혼하여 새로운 역기능적인 가족을 만들어 대를 이어 가게 된다. 머레이 보웬(Murray Bowen)은 이것을 '세대 간의 전이과정'이라고 불렀다(Bradshaw, 1988; 오제은, 2006 재인용). 사람들은 자기가 성장하면서 경험한 가정생활에 익숙하고, 부모와 자기를 포함한 원가족 삼인군의 상호작용에서 체험한 생활자세와 감정양식을 반복하려는 경향성이 있기 때문에 대를 이어 가며 그 특성을 보인다. 따라서 가정교육이나 학교교육 혹은 사회생활을 통하여 인간적인 성장발달을 도모하는 것은 역기능 가정의 악순환

103

을 꺾는 매우 중요한 일이다. 서로 신뢰, 이해, 협력, 배려하는 친밀한 인간관계에서는 인간적인 성장이 가능하다. 하지만 성취지향적이고 물질 만능주의 사회에서 수단 방법을 가리지 않고 경쟁을 일삼는 분위기에서는 내재적 가치를 중시하는 건전한 인성 형성을 기대하기가 어렵다.

상처받은 내면아이나 기본적 악(4장 참조)을 경험하고 성장한 남자와 여자가 있다. 자존감이 낮은 두 사람은 사랑에 빠져서 결혼식을 올리고 새 가정을 이루어 행복하게 살기로 서약하였다. 그러나 사랑에 빠졌던 부부가 어떻게 만족스럽지 못한 관계로 이어 가게 되는지 사티어(Satir, 1988; Satir & Baldwin, 1983)가 제시한 그들의 변화과정을 단계별로 살펴보면 다음과 같다.

1단계 자부심이 낮은 남녀가 만난다

어려서 부모의 양육과정에서 안정적인 애착을 형성하지 못하였거나 부모의 육체적 심리적인 학대, 무관심, 과잉보호, 부모의 심각한 갈등, 이혼, 사별 등을 경험한 자녀들은 심리적 상처를 받으며 성장하게 된다. 이와 같은 어려운 어린 시절을 보낸 사람은 대체로 자기존중감이 낮아서 대인관계에서 긍지와 자부심 부족으로 문제를 야기할 수 있다. 상처받은 내면아이가 정서적으로 불안, 수치심, 죄책감, 열등감, 분노, 적개심, 슬픔, 외로움 등을 품고 자라면 성장해서도 인간관계에서 그 부정적인 감정이 암암리에 작동할 수 있다.

자신감이나 자존감이 낮은 사람은 자부심이 낮은 사람들끼리 만나야 서로 쉽게 통하고 편안해진다. 그래서 상대적으로 자부심이 낮은 남녀끼리 결혼하게 되어 원만한 부부관계 형성이 어려워진다.

2단계 상대에게 좋은 인상을 주려고 가면을 쓰고 연극을 한다

자기존중감이 낮거나 자기개념이 부정적인 사람들은 성장 과정에 타인들로부터 신뢰받고 인정받은 경험이 적어서 남들로부터 인정받고 싶은 욕구가 강하다. 동년배 이성에게 인정받고 싶은데 상대방이 자기를 평가하거나 거절할까 봐 두렵고 매우 조심스러워서 마음 열기를 망설인다. 그럼에도 불구하고 친밀감의 욕구, 성적인 욕구 그리고 결혼을 바라는 사회적 기대 때문에 이성에게 접근하게 된다. "그 나이에 이성친구도 없니? 아직 애인도 없다구?"라는 말이 매우 부담스럽고, 본인 스스로도 외로움을 느끼기 때문에 이성교제를 회피하기가 어렵다. 다만 주위 사람들의 평가를 의식하여 있는 그대로 진실한 자기를 보여 주기보다는 '멋있는 남자, 능력 있는 남자'의 마스크를 쓰고 나가거나 '매력적인 여성, 사랑이 넘치고 배려심이 많은 능력 있는 여성'의 탈을 쓰고 다니며 연극을 하게 된다. 나이가 들어서도 그런 편이지만 특히 젊은 날의 남성과 여성은 옷차림, 머리 스타일, 언어행동 등에 신경을 쓰고 좋은 인상을 주기 위해서 의식적 또는 무의식적으로 연기를 한다. 상대방이 자신을 좋아하기를 바라는 마음과 거절당하지 않고 남친/여친으로 살아남으려는 소망이 클 수밖에 없다. 어려서 인정받고 칭찬받은 경험이 적어서 자존감이 낮은 사람일수록 진

실한 자기를 보여 주지 못하고 가면을 쓰고 연기할 필요성을
더 절실하게 느끼기 마련이다.

3단계 서로 상대방의 가면을 보고 사랑에 빠진다

남들에게 잘 보이려고 가면을 쓰고 연기하는 그 사람을 만나
서 좋아하기 시작한다. 상대방의 참모습을 만나서 사랑하기보
다는 멋있는 남자 혹은 여자의 역할을 하는 사람을 사랑하기
시작한다. 자신감이 있는 사람, 긍지나 자부심이 있는 사람은
자신을 사랑하고 자신감이 있기 때문에 있는 그대로 자기 자신
을 보여 줄 수 있다. 다른 말로 하면 겉과 속이 일치하는 말과
행동을 한다. 그러나 자신감이 적은 사람은 자신의 부족한 부

분을 숨기려 하고, 남들에게 그럴듯한 모습으로 보이게 하려
는 연기가 몸에 밸 수밖에 없다. 그래서 정도 문제이기는 하지
만 자기의 참모습을 보여 주지 못하고 데이트할 때마다 혹은
일상생활에서 꾸며진 자기, 즉 거짓자기를 보여 주기 십상이
다. 외로운 청년들은 이성을 그리워하는 마음이 강하여 그 가
면 쓴 사람을 사랑하기 시작한다.

4단계 사랑을 느끼면 자부심이 생기고 희망이 샘솟는다

부모로부터 조건부의 사랑을 경험했거나 학대받고 상처받
은 이들은 이성 친구의 관심과 사랑을 받기 시작하면 시들어
가던 화분의 꽃이 물을 만나 생기가 나듯이 의욕과 희망이 샘
솟는다. 혼자서 외롭고 허전하던 가슴이 기쁨으로 충만하게
된다. 피곤을 모르고 활동하게 되고, 삶에 대한 의욕이 생겨서

살맛이 난다. 그래서 이런 사람과 사랑하면 한평생 행복하겠다는 꿈을 꾸게 되면서 결혼의 가능성을 저울질하게 된다.

5단계 그 사랑을 잃지 않으려고 헌신적으로 행동한다

무미건조하고 단조롭던 삶에 생기가 나고, 외롭고 허전하던 가슴이 따뜻한 사랑으로 충만해지면 크게 행복감을 느낀다. 그 사랑을 놓치지 않으려고 서로 상대방에게 헌신적으로 행동한다. 상대방이 좋아하는 일, 기대하는 것에 예민해지면서 그것을 충족시켜서 기쁘게 해 주려고 안간힘을 다 쓴다. 자부심이 적은 사람일수록 상대방에게 순응하고 비위 맞추는 언행을 하거나 아니면 상대방이 자기와 똑같아지기를 집요하게 요구한다. 커플 링, 커플 티를 하는 것들이 다 상대방을 잃지 않고 둘이서 하나가 되고 싶은 마음을 표방하는 심리현상이고, "당신 없이는 못 살아."의 의미를 전달하는 한 가지 방법이다. 끊임없이 문자를 보내거나 크고 작은 선물 공세를 펴는 것도 사랑을 놓치지 않으려고 헌신하는 마음의 증거이다.

6단계 서로 사랑하는 한 행복해질 것을 믿고 결혼을 한다

사랑에 빠져 데이트하는 동안에 행복하고 충만한 감정과 황홀한 스킨십을 경험한 두 사람은 결혼을 결심한다. 우리의 사랑은 남다르고 변하지 않을 것이라는 기대와 한평생 행복하게 살리라는 믿음이 생겨서 결혼을 계획한다. 결혼 적령기 등 사회적 기대와 성적인 욕망 그리고 소외감을 극복하고 가정을 이루어 지속적인 소속감을 누리고 싶어서 결혼하게 된다. 우아

한 결혼식에서 존경하는 주례를 모시고 성대하게 결혼식을 올리면 행복해질 것을 믿고 결혼식장에 들어간다.

7단계 상대방이 자기와 똑같을 것을 믿고 결혼한다

사랑에 빠진 상대방은 생활태도, 가치관, 생각과 감정 표현 방식, 기대나 삶의 목표 등이 자기와 같을 것으로 믿는다. 사귀는 동안에 끊임없이 그와 같은 것에서 자기와 잘 통하거나 유사하거나 동일한지를 은연중에 확인해 보기도 했을 것이다. 그래서 어떤 면에서는 서로 잘 통해서 가깝게 느껴지거나 반대로 서로 달라서 매력을 느낄 수도 있다.

그러나 기본적으로 인간은 저마다 남다르다. 더군다나 각 가정마다 독특한 가정규칙이 있어서 그 가정문화의 영향을 받아 형성된 신혼부부의 성격은 감정 표현 방식, 사고방식 및 생활태도, 가치관, 성역할 등에서 서로 다를 수 있다. 따라서 부부가 같기를 기대하는 마음은 기대하는 사람의 필요와 욕구에서 나온 것이다. 따라서 기대에 어긋나면 기대를 잘못한 당사자의 탓이지 상대방의 잘못은 아니다. 매사에 상대방이 자기와 똑같아지기를 기대하는 사람은 상대방이 어긋날 때마다 좌절과 실망감을 경험하게 마련이다. 부부관계의 많은 갈등과 스트레스는 비현실적인 기대를 했다가 실망하고 좌절감 속에서 상대를 탓하고 원망하는 자기 자신의 심리적 갈등과 문제에서 시작된다.

8단계 기대에 어긋날 때마다 상대방을 원망한다

자신이 부족하거나 모자라서 간절히 원하는 것이 있을 때, 인간은 만나는 상대방이 그 부분을 채워 줄 것을 기대한다. 기대한다는 것은 자기가 바라는 것을 얻거나 이루어지기를 기다리는 마음이다. 그런 까닭에 자족할 수 없는 사람일수록 기대가 비현실적으로 클 수밖에 없다. 자기만족을 위해서 자기가 원하는 대로 상대방이 행동해 줄 것을 기대하거나 상대방을 조작하려고 노력한다. 그러나 자율적인 인간은 통상 순응하기를 거절하거나 비현실적인 기대를 충족시켜 주지 못할 수밖에 없으니 부부간에 갈등이 생긴다.

9단계 상처를 주고받으면서 상대방의 약점을 공격한다

기대대로 이루어지지 않으면 욕구 좌절로 생긴 불만에서 상대방을 탓하고 원망한다. 아내는 남편을 원망하고, 남편은 아내를 탓하면서 언어적 혹은 신체적 공격을 하게 된다. 갈등하고 좌절하면서 부부는 싸우게 되고 크고 작은 상처를 입히게 된다. 어린 시절에 부적절한 부모의 양육태도와 부모의 심한 갈등 때문에 상처를 받으며 자란 이들은 결혼생활에서 부부끼리 건설적인 싸움을 하지 못하고, 상대방의 자존심을 해치는 파괴적인 싸움을 일삼기 쉽다. 서로 이해하고 협력하는 부모의 모습을 본 적이 없거나 서로 상대방의 약점을 공격하는 싸움을 지켜보면서 동일시할 모델이 없었으므로 효율적인 대화를 통한 건설적인 부부싸움을 배울 기회가 없었다.

10단계 부부관계가 불안해지면서 속마음을 드러내지 않으니 대화가 줄어든다

실망과 분노를 적나라하게 표현하며 서로 상대방을 공격하다 보면 부부의 가슴은 상처투성이가 되고 관계를 지속할 수 없을지도 모른다는 회의가 생기며 불안해진다. 서로 신뢰하고 이해하고 협력하는 마음이 사라지면서 부부관계에 금이 간 것을 실감하게 된다. 그러면 불안한 마음이 생겨서 솔직한 감정이나 생각을 억압하여 부부 사이에 말수가 줄어들게 된다. 입만 열면 서로 상대방을 공격하게 되니까 불안하고 마음이 아프고 피곤하여 입을 다물게 되는 것이다. 소리 내며 싸우는 소리가 줄어들고, 서로 대면하고 싶어 하지도 않는다. 더불어 살면서 꼭 필요한 최소한도의 의사소통만 하게 되는데, 어떤 경우에는 부부의 대화는 대폭 줄어들고 자녀들을 통하여 간접적인 의사소통을 하는 가정도 생긴다.

> 남편: 막내야, 나 1박 2일 출장 간다고 그래라.
> 아내: 얘야, 저녁 몇 시에 잡수실 건지 물어봐라.

이런 식으로 부부간의 직접적인 대화를 피하고 자녀들을 통하여 간접적으로 소통한다.

11단계 외로운 쪽이 자녀들과 동맹관계를 형성하여 상대방을 따돌린다

부부관계에서 따뜻한 감정의 교류를 기대하지 못하면 집안은 썰렁해진다. 이때 외로운 배우자가 자녀들을 자기편으로 먼저 끌어들인다. 어떤 집에서는 아버지가 자녀들에게 선물이나 용돈 등을 넉넉히 제공하여 자기편이 되게 하거나 아니면 청소년이 좋아하는 활동에 함께 다니며 자녀들의 마음을 사서 한 덩어리가 된다. 이런 경우 어머니가 집에서 왕따를 당하여 외롭고 쓸쓸해진다. 다른 집에서는 어머니가 자녀들을 헌신적으로 돌보고 아버지에 대한 부정적인 정보를 은밀하게 주고받으며 어머니와 자녀가 한통속이 된다. 은연중에 어머니는 자녀들의 뒷바라지를 헌신적으로 잘하여 자기편이 되게 하고 아버지가 따돌림을 당하게 만든다.

가족이 모두 한 덩어리로 결속하고 개방적으로 상호작용을 하지 못하고 아버지 편이나 어머니 편으로 선명하게 갈라지는 것은 건강하고 화목한 가정이 아니라는 증거이다. 이런 가정의 부부는 부부관계 개선방안을 궁리하지 못하고 속으로 다음과 같은 생각을 할 것이다. "언제는 우리가 사랑 먹고 살았나? 애들 때문에 할 수 없이 같이 사는 거지."

12단계 심리적 거리만큼 물리적 거리를 유지하려고 한다

부부가 불신과 거친 갈등을 통하여 상처를 주고받으면 따뜻한 정서적인 교류를 기대하기 어렵다. 정서적으로 단절되면 심리적 거리가 멀어지고, 심리적 거리는 육체적인 거리로 연결된다. 부부가 불편하여 육체적인 접촉을 회피하게 되고 집안에서도 거리를 두게 된다. 각방을 쓰거나 아니면 텔레비전을 보더라도 소파에서 서로 거리를 두고 앉아서 본다. 아내가 집에 있으면 남편은 집 밖으로 돌고, 남편이 집에 있을 시간에는 아내가 특별한 볼일이 없는데도 외출을 자주 하게 된다. 저마다 마음이 멀어진 상대방을 가까이 하면 불편하니까 자신의 심리적 영토 속에 상대방을 들여 놓지 않으려고 하는 행동이다. 그래서 심리적 거리가 생긴 부부는 알게 모르게 두 사람이 서로 몸이 닿지 않으려고 신경 쓴다.

13단계 별거나 이혼을 생각해 본다

부부가 가까이 있는 것이 불편하고 육체적인 접촉이 싫어지면 더 멀리 거리를 두는 방안으로 별거나 이혼을 생각해 본다. 통상 심리적 거리와 육체적 거리는 상관관계가 높다. 좋아하고 친밀한 인간관계에서는 몸이 가까이 갈수록 편안하고 즐겁지만, 불신하는 사람이 가까이 오면 긴장이 되거나 닭살이 오르게 마련이다.

그러나 자녀들의 장래나 친인척들의 눈치 때문에 별거나 이혼은 망설여진다. 부부 갈등으로 두려움, 분노, 적개심, 수치심, 우울감 등이 얽힌 여생을 어떻게 보내야 하는가를 고민하면서 별거나 이혼의 생각이 스쳐 지나간다. 이 남자/여자만 아니면 더 행복하게 살 수 있을 것 같은 환상도 마음속에 오고 간다.

14단계 부부가 건강이 나빠지거나 알코올 중독이 된다

몸과 마음이 일치하지 않은 채 부부가 계속 살면 몸과 마음의 균형이 깨져서 스트레스가 높아진다. 싫어하거나 두려워하는 사람과 한방에서 생활하거나 한 이불 속에서 잔다는 것은 심신에 큰 부담을 주는 일이다. 그래서 가족들을 대면하기가 싫거나 배우자를 가까이하기 싫은 심리가 은연중에 작용하여 현실을 외면하려고 노력한다. 맨정신으로 마주하기가 싫어서 술에 취해 거의 정신을 잃은 채 귀가하는 사람이 그런 예이다. 불신과 분노의 대상인 사람과 함께 산다는 것은 은근히 뼈를 마르게 하는 일이다. 그래서 누적되는 스트레스가 소화불량, 불면증, 우울증, 심혈관 계통 등에 심인성 질병을 유발하기도 한다. 몸과 마음의 균형과 조화가 깨진 가정에서 심인성 질환이 자주 발견되는 것도 스트레스가 그 원인 중의 하나이다.

15단계 부부관계가 와해된다

부부간에 정서적 교류가 단절된 지 오래여서 주민등록상에만 부부로 남아 있는 이들이 있다. 심리적으로나 육체적으로 멀어진 부부는 부부관계를 더 이상 유지할 의지를 상실하고, 미워하고 싫어하는 마음이 강해져서 별거를 하거나 이혼을 결심하게 된다. 원망, 불신, 증오, 분노와 적개심이 누적된 부부관계를 청산하기 위해서 갈라서는 것이다.

주례 앞에서 '어떠한 경우라도 신랑과 신부는 항상 사랑하고 존중하며 진실한 남편과 아내로서의 도리를 다할 것을 맹세한다'던 결혼 서약이 허공의 메아리처럼 들리는 것은 정말 안타까운 일이다. 사랑하는 두 사람이 결혼했으니까 행복한 부부관계는 절로 이루어질 것이라는 기대는 비합리적이고 환상적이다. 남편과 아내가 더불어 성장하면서 함께 노력해야 한다.

지금까지 소개한 부부관계의 변화단계에서 우리 부부는 어느 단계에 해당되는지를 살펴보고 필요하면 관계 개선을 위해 나서는 것이 현명한 일이다.

　스캇트 펙(1978)은 인생은 고달프다는 것을 분명하게 인식하고 삶에 대한 단련과 준비가 되어 있으면 인생의 시련을 초월할 수 있어서 더 이상 고행이 아니라고 강조한다. 그런데 단련과 훈련보다 아늑함과 편안함을 먼저 찾는 현대인들은 인생이 고행이라는 진리를 외면한 사람들이다. 그런 사람들을 위해서 브래드쇼(오제은, 2006; Bradshaw, 1988)는 인생의 불가피한 문제에서 오는 고통을 덜어 주는 네 가지 기본 기술을 다음과 같이 강조하고 있다.

- 부부는 만족을 지연시킬 수 있는 인내심이 있어야 한다. 더 큰 만족과 보람을 위해 당장의 어려움과 고통을 참고 이겨 낼 수 있어야 한다. 미숙한 사람은 당장의 만족에 혈안이 되지만 성숙한 사람은 더 큰 장래의 만족을 위해 현재의 어려움을 참을 줄 안다. 과잉보호를 받고 온실 속에서 성장한 사람들은 결혼생활의 무게를 이겨 내기가 힘들 것이다.
- 부부는 좌절이나 불만이 생길 때 남의 탓이나 환경을 원망하지 말고 자신의 책임으로 귀인할 줄 알아야 한다. 환경이나 부모 탓하지 말고 '내 탓'으로 받아들이고, 자기 스스로 선택한 결혼에 책임을 지고 어려움을 극복할 수 있어야 한다. 현실에 직면하고 책임질 줄 아는 사람이 건강한 사람이고 행복한 삶을 살 수 있다(박재황, 2004).

- 부부는 변명이나 구실을 찾기보다는 현실에 직면하고 진실을 말하는 것이 중요하다. 꿈속에서 이상적인 배우자를 찾지 말고, 지금-여기에 마주한 배우자를 수용하고 협력해서 문제를 해결할 줄 알아야 한다. 과거나 미래로 도피하거나 비현실적이고 환상적인 생각에서 뛰쳐나와서 현재 당면한 문제에 직면하고 해결할 줄 알아야 한다(정동섭, 1998; Parrott, 1995).
- 영적인 성장, 즉 보다 큰 가치나 의미를 추구하기 위해서 자신의 필요를 제쳐 놓을 줄 알아야 한다. 부부는 이기적인 개인이 아니라 한 팀이 되어 결혼생활의 종교적이며 철학적인 가치와 의미를 함께 추구하고 창조해야 한다. 눈에 보이는 의식주 해결에 안주하지 말고, 부부가 함께 인류의 가치와 생의 목적을 실현하는 삶을 지향해야 한다.

살다 보면 고통과 환난이 찾아올 때도 있지만 그것을 초월할 수 있는 인성적인 특성을 길러야 부부생활의 환희와 보람을 맛볼 수 있다. 우리가 소중히 여기는 자동차나 냉장고 등은 필요하면 애프터서비스를 받아야 더 오래 잘 활용할 수 있다. 건강검진을 받으면 의학적으로 심각한 문제가 생기기 전에 우리 몸을 돌볼 수 있어서 불행을 예방할 수 있다. 부부관계나 가족관계에 문제가 발생하면 부인하지 말고 시인하고 자기계발서 등을 읽어서 부부가 함께 노력하거나 부부상담 전문가의 애프터서비스를 받는 것이 현명한 일이다. 부부관계를 개선해야 온 가족의 심신의 건강과 행복지수를 높일 수 있기 때문이다.

3. 부부관계의 변천과정

03

부부 사이의 대화가 관건이다

1. 부부관계와 대화의 질

2. 언어적 · 비언어적인 의사소통

3. 갈등을 해결하는 대화기법

4. 효율적인 대화와 파괴적인 대화

행복한 부부도 A/S가 필요하다

1. 부부관계와 대화의 질

'대화'란 '마주 보고 이야기를 주고받는 행위'를 의미한다.
'의사소통'이라는 용어도 자주 사용하는데 '가지고 있는 생각
이나 뜻이 서로 막히지 않고 잘 통한다.'는 말이다. 사랑하는
부부 사이에는 대화가 순조롭고 소통이 잘된다. 두 사람이 나
누는 대화의 질은 관계의 질과 상관관계가 깊다. 부부간에 진
솔한 생각과 감정을 자유로이 표현한다면 대화의 수준이 높은
부부이고, 그런 부부는 결혼생활 만족도가 높다. 그래서 부부
사이에 효율적인 의사소통이 되는지 여부는 매우 중요하다.

부부간에 의사소통이 잘된다고 말하는 부부 중에는 97%가
'행복하다'고 고백한다. 부부간에 의사소통이 답답하다고 말하
는 부부 중에는 겨우 56%가 '행복하다'고 답하였다. 의사소통
이 잘 안 되는 부부는 결혼생활 만족도가 떨어지고 행복감이
낮을 수밖에 없다는 뜻이다(정동섭, 1998; Parrott, 1995).

부부 사이에 의사소통이 잘 안 된다는 것은 대체로 다음과
같은 경우를 의미할 것이다.

• 형식적, 의례적인 말만 주고받고 별다른 대화가 없는 경우

- 진실한 생각과 감정을 숨기고 피상적이고 사무적인 말만 하는 경우
- 대화를 시작하면 격한 싸움으로 번지는 경우
- 아내/남편은 대화하고 싶은데 다른 한 사람은 드라마 혹은 신문만 보는 경우
- 대화하자고 제안하면 만날 같이 살면서 무슨 대화가 필요하냐고 회피하는 경우
- 부부 중 한 사람만 주로 이야기하고, 상대방은 자기표현의 기회를 못 가지는 경우

평소에 우리 부부의 의사소통은 어느 특성을 가지고 있는지 살펴볼 필요가 있다. 영어에서 의사소통은 동사로 communicate라고 쓰는데 '전달하다, 통하다, 배분하다, 함께 이야기하다, 나누어 가진다'는 뜻이다. 따라서 대화한다는 말은 두 사람 이상이 저마다의 생각이나 감정, 정보와 지식 및 경험을 나누어 공유하는 과정이다.

모르던 남녀가 만나서 통성명을 하고 그들의 인적 정보를 교환하거나 경험을 나누어 가지면 서로 아는 사이가 된다. 서로 신뢰감이 느껴지면 점점 진솔한 대화를 더 많이 나누게 되고 자신의 진실한 생각과 감정을 표현하기를 두려워하지 않게 된다.

어려서부터 자신감이 없거나 열등의식이 강한 사람은 상대방의 평가가 두려워서 자기노출을 꺼려 하고 피상적인 대화만 할 가능성이 높다. 그래서 자신감이 없어서 마음의 문을 닫고

사는 사람은 공유하는 정보와 경험이 적어서 사람 사귀기가 어렵고 가까운 친구가 없어서 외롭게 산다. 그런 사람은 다른 사람과 정이 들기까지 오랜 시간과 인내를 필요로 한다.

남녀 두 사람이 신뢰하는 마음이 생겨서 관심 있는 영역의 사적 경험을 공유하고 공감대가 넓어지면 대화가 활발해지고 용기가 생긴다. 점점 자유롭게 진솔한 감정을 교류하고 공감적 이해가 잘되면 친한 사이가 되고 마침내 사랑하는 사이로 발전할 수 있게 된다.

두 사람이 스쳐 지나가는 관계가 아니라 친밀한 관계를 형성하고 행복한 부부관계를 유지하고 향상시키려면 참만남의 대화에 관심을 가져야 한다. '참만남(encounter)'은 피상적이거나 형식적 혹은 사무적인 만남이 아니라 진실하고 일치성 있는 개인들의 만남을 의미한다(연문희, 2012). 안타깝게도 참만남은 일상생활에서 흔히 일어나는 일은 아니다. 두 사람이 깊은 차원에서 만나면 인간의 친밀감 욕구를 충족시켜서 소속감과 자부심이 생기고, 서로 상대방의 삶에 활기를 불어넣게 된다. 부부관계를 개선하는 중요한 방법 중의 하나가 깊은 차원의 대화를 연습하고 실행하는 일이다.

1) 대화의 5차원

대화는 그 특성에 따라 5차원으로 나누어 설명한다(연문희, 2012, pp. 52-70; Powell, 1969).

1차원 대화는 형식적, 의례적인 의사소통이다

문화에 따라 차이가 있지만 사람이 다른 사람을 만나면 아는 척하는 것이 관행이다. 평소에 알던 사람을 만나도 우리는 상대방을 인정해 주는 말을 걸게 되어 있다. 예를 들면, "안녕하세요?" "오랜만이에요." "좋은 아침입니다." "반갑습니다." "벌써 왔네요." "어디 가세요?" 등이 상대방을 인정해 주기 위한 대화이다. 아는 사이에 형식적인 질문을 할 뿐이지 진정으로 상대방의 안부를 기다려 듣는 대화는 아니다. 대인관계에서 예의와 격식을 갖추어 하는 형식적이고 피상적인 대화일 뿐이다. 서로 알고 지내는 사이에 인사를 안 하거나 아는 척하지 않고 그냥 지나가면 오해가 생길 수도 있다. '왜 저 사람이 인사도 안 하고 가지? 건방지게.'라고 생각할 수도 있다. 부부지간에 "잘 주무셨어요?" "다녀오리다." "어서 와요, 여보." 등이 1차원 대화에 속한다.

2차원 대화는 객관적인 정보, 사실, 지식을 교환한다

공동생활을 하다 보면 아는 사이에 혹은 모르는 사람에게도 우리는 2차원 대화를 하게 되는 경우가 발생한다. "여기서 가장 가까운 전철역이 어디에 있나요?" "지금 몇 시나 됐나요?" "어제 그 서류 결재 났나요? 물론이지요." "과장님, 어디로 출장 가시나요? 부산으로 가요." "우리 그 공사하는데 얼마나 돈이 들어요? 이백 이상 들어요." "큰 애가 안 보이네요. 학원에 갔어요." 등은 필요한 정보나 지식을 얻기 위해서 하는 2차원 대화이다.

'나와 너'에 관한 것이 아닌 제삼자인 '그것'에 관한 사실, 정보, 지식을 주고받는 대화이다. 자기 자신의 경험세계 혹은 사적인 생각이나 감정은 숨겨 두고 비교적 안전한 화제를 찾아서 시간을 때우는 인간관계가 여기에 속한다. 야구선수 김 아무개가 어제 홈런을 날렸다거나 연예인들에 대한 소식이나 여당과 야당이 이전투구를 벌리는 기사를 소개하는 대화이다. 교과서에 있는 정보와 지식을 전달하는 수업도 2차원 대화이다.

2차원 대화는 자주 대화를 나누면서도 객관적인 정보나 지식을 교환할 뿐 인간적으로 친밀하다고 말하기는 어렵다. 피차가 자기 자신의 생각이나 감정을 있는 그대로 노출했을 때 상대방으로부터 '좋은 사람이거나 나쁜 사람' 혹은 '잘난 사람이거나 못난 사람' 등으로 평가받게 될까 봐 염려가 되어 정보, 지식, 자료만 주고받는다. 자기 자신을 보여 줄 용기가 없어서 많은 사람은 의식적 또는 무의식적으로 객관적인 정보나 지식을 교환하는 피상적인 대화 차원에 머문다.

부부가 함께 가정생활을 꾸려 가려면 필요한 정보와 지식을 많이 공유해야 협력이 잘되고 공동 목표 달성에 유리하다. 집안 살림에 관한 정보를 아내 혹은 남편만 알고 있거나 어느 한편에는 비밀로 한다면 협력이 안 될 뿐만 아니라 소외감을 느껴서 불만이 생기고 돈독한 부부관계 형성에 장애가 될 수 있다.

3차원 대화는 조심스럽지만 자기 자신의 솔직한 생각, 견해, 판단 등을 표현한다

자기 자신의 생각, 견해, 판단, 신념 등을 이야기하면 자신의 인간 됨됨이가 은연중에 노출될 수 있기 때문에 3차원 대화는 서로 신뢰하는 사이가 아니면 조심스럽게 이루어진다. 3차원 대화를 하다가 상대방이 눈살을 찌푸리거나 동의하지 않으면 다시 화제를 바꾸거나 침묵을 지킬 수도 있다. 긍지나 자부심이 높은 사람은 남들의 평가를 크게 의식하지 않고 소신대로 말할 수 있지만, 자존감이 낮은 사람은 부정적인 평가가 염려되어 눈치를 보면서 말을 하거나 자신의 견해나 판단을 유보하거나 상대방이 기대하는 의견에 동조하여 자기 자신을 기만할 수도 있다.

그러나 상대방이 있는 그대로의 자기를 받아 주는 태도와 이해해 주는 자세를 취하면 용기가 나서 더 많은 자신을 노출하게 된다. "나는……라고 판단하는데" "내 생각에는……" 혹은 "나는……라고 믿습니다." 등으로 자기 자신의 생각이나 판단 등을 상대방에게 들려주는 대화는 3차원에 속한다.

남편: 둘째 딸은 어느 대학에 보내면 좋겠소? (의견: 3차원)
아내: 공과대학에 보내면 좋겠어요. (판단과 감정: 3차원 및 4차원)
남편: 무슨 소리요? 여자아이를 공대에 보내자는 말이요?(판단과 의견: 3차원)
아내: 네. 그 아이는 기계에 적성이 맞아요. 집 안의 가전제품

이 고장나면 웬만한 건 다 제 손으로 고쳐내요. (정보 제
공과 판단: 2차원 및 3차원)

남편: 그래? 정말이요? 난 그런 걸 전혀 모르고 있었네요. (정보
제공과 판단: 2차원 및 3차원)

아내: 그 아이는 컴퓨터도 부품을 사다가 제 손으로 조립하고
수리하고 그래요. (정보 제공: 2차원)

남편: 난 사범대학에 보내서 교사가 됐으면 했는데……. (판단
과 의견: 3차원)

아내: 전기전자공학과에 보내자구요. 본인도 적성이 맞을 것
같다고 했어요. (정보 제공과 의견: 2차원 및 3차원)

남편: 하기야, 요즘 아이들 제 적성에 맞아야 열심히 공부하고
성공하게 되지. (판단과 의견: 3차원)

아내: 주말에 아이하고 의견을 나누어 볼게요. (판단과 의견:
3차원)

아내와 남편은 딸에 관한 저마다의 생각, 견해, 판단을 자유
롭게 제시하고 필요한 정보를 공유하여 문제해결에 접근하고
있다. 전형적인 3차원 대화이다. 부부지간에 3차원 대화를 회
피한다면 이 부부는 서로 신뢰하고 이해하고 존중하는 관계가
아니라는 증거이고, 부부 사이에 신뢰감이 부족하고 심리적 거
리가 있다는 반증이다.

농경사회의 남자 중심적인 가정에서 아내는 자신의 생각이
나 견해를 묵살당하거나 무시당하여 자존감에 상처를 받게 되
고 불만이 점점 쌓이는 경우가 종종 있었다. 분개하는 감정이

쌓여서 어느 날 부부싸움으로 크게 폭발하거나 자신의 의견을 표현하지 못하고 참고 견디며 외롭게 사는 아내는 의기소침하여 심인성 질환이나 우울증 등으로 고생할 수도 있다. 반대로 언어 구사 능력이 앞서는 아내가 자기주장을 잘하며 대화를 독점하고 자신과 견해가 다른 남편의 자기표현의 기회를 가로막거나 무시하면 남편은 화를 참고 입을 다물고 점진적으로 말이 없는 사람이 될 수 있다. 결국 심리적으로 아내를 외면하는 남편이 될 수 있다는 말이다.

남편과 아내, 부모와 자녀, 교사와 학생들 사이에 그들의 의견이나 견해를 자유로이 표현할 수 있다면 그들 사이에는 기본적인 신뢰가 형성되어 있다는 증거이다. 부부가 서로 다른 생각과 견해 혹은 신념을 수용하고 이해하려는 자세와 역지사지하는 습관이 행복한 부부관계를 유지하는 중요한 요소이다. 지식이 많은 부부가 아니라 상호 신뢰와 이해심 많은 부부가 활발한 대화를 통하여 행복한 부부관계를 더 잘 유지할 수 있다.

4차원 대화는 사사로운 감정까지 솔직하게 표현하는 의사소통이다

생각이나 견해보다 개인의 사적인 감정은 마음속 더 깊은 곳에 자리 잡고 있다. 인간의 마음이 양파처럼 여러 겹으로 되어 있는데 생각, 견해 등 인지적인 차원보다 더 깊은 곳에 감정이 존재한다고 심리학자들은 보고한다. 뜻을 함께하는 동지를 만나는 것보다 더 어렵고 귀한 것은 진솔한 감정까지 공유할 수 있는 사람을 만나는 것이다.

"당신이 애들을 정성껏 돌봐 주니 참으로 고마워요."

"애들 앞에서 소리 지르는 당신에게 난 실망했어요."

"당신이 자상하게 부모님을 생각해 주니 고마워서 감탄했어요."

"나는 당신이 주말마다 밖으로만 나돌아서 요즘 외로워요."

"나는 당신 일이 제대로 안 풀려서 속상해요."

"당신 회사 일이 성공적으로 끝나서 나도 만족스러워요."

이와 같은 말은 솔직한 감정을 표현하는 부부 사이에 주고받을 수 있는 4차원 대화이다. 생각이나 견해를 말하는 인지적 차원의 대화보다는 정서적 차원의 대화가 더 친밀한 사이에 일어나는 의사소통이다. 부부 사이에 4차원의 대화가 활발하다면 친밀감에 대한 욕구가 충족되어 만족스러운 부부관계를 유지하는 한 쌍이라 할 수 있다. 긍정적이든 부정적이든 진솔한 감정을 표현하지 못하고 회피하거나 억압하고 지내면 부부 사이에 정서적 단절이 온다. 정이 오고 가지 않는 부부는 법적으로만 부부이고 행복하고 단란한 가정을 이끌어 가는 정서적인 결합은 아직 미진한 상태라고 할 수 있다.

4차원 대화는 자기 자신의 생각이나 견해 혹은 판단을 표현하는 3차원 대화보다 한 차원 더 깊은 대화이다. 그것은 사적인 감정까지 노출하는 차원을 말한다. 사물에 대한 견해와 판단도 그 사람이 어떤 인간인가를 암시해 주지만 한 인간을 가장 독특하게 다른 사람과 구별할 수 있게 하는 대화는 그 사람의 사적인 감정 표현에 달려 있다. 한 사람의 진솔한 감정은 생각 차원보다도 더 적나라한 자기 자신을 노출하는 표현방식이다.

정치적인 견해가 같거나 같은 문학사상에 심취하여 동지가 되는 경우가 자주 있다. 그러나 느낌까지도 같기를 기대하기는 쉽지 않다. 어떤 사물에 대한 개인의 감정은 그 사람을 그 사람답게 만드는 지극히 사적이고 독특한 감정이다. 따라서 개인이 진실로 자신이 어떤 사람인가를 상대방에게 알려 주고 싶으면 자기의 느낌과 감정 표현에 더욱 솔직해야 한다. 오장육부에서 우러나오는 자기 자신의 감정 표현은 자기의 생각이나 견해를 진술하는 것보다 훨씬 더 적나라한 자신을 노출하는 대화여서 그만큼 더 조심스럽고 망설여지는 일이다. 그런 까닭에 솔직한 감정 표현은 서로 신뢰하는 친밀한 사이, 즉 참만남에서나 활발해진다.

우리는 좋아하는 마음, 사랑하는 감정을 정직하게 표현했다가 상대방이 거절하면 어쩌나 싶어서 감정을 숨기고 2차원 혹은 3차원의 대화로 물러서는 경우가 종종 있다.

"○○ 씨, 커피 한 잔 사 줄게 갈까?"라는 말 뒤에는 애틋한 감정이 숨어 있을 수 있다. '난 ○○ 씨를 좋아해, 난 ○○ 씨를 더 깊이 사귀고 싶어, 난 ○○ 씨를 사랑한다'는 등의 심층 감정은 숨어 있을 수 있다.

"○○ 선생, 당신은 지능이 높은 사람이야."라는 말은 3차원의 대화, 즉 생각이나 판단을 표현한 것이다. 그러나 그 뒤에는 4차원의 대화, 즉 솔직한 감정이 다음과 같이 숨어 있을 수 있다.

"당신은 남달리 우수한 사람이어서 나는 부러워요."

"당신이 일 처리를 똑 부러지게 잘할 때마다 나는 질투를 느껴요."

"당신이 너무 똑똑해서 회사 안에서 당신과 내가 비교될까봐 난 은근히 불안해요."

"입사 동기이지만 당신이 유능해서 먼저 진급하게 될까 봐 경쟁하느라 난 피곤해요."

가정이나 직장에서 "네가 하는 것이 내 마음에 안 들지만 그렇다고 솔직하게 내 생각이나 느낌을 이야기하면 서로 서먹서먹해질까 봐 참는 게 좋겠지, 하루를 참으면 열흘이 편하다고 하지 않아?"라고 혼잣말을 한다. 이와 같은 유혹에서 우리는 솔직한 감정을 숨기려 하지만 그것은 일시적인 기만일 뿐이다. 오래 억압된 감정은 심리적 거리가 생기게 하고 뒤에서 불평하게 만들거나 인간관계에서 사소한 마찰이 생기면 그것이 파괴적인 양상으로 확대되기도 한다.

5차원 대화는 가장 깊은 차원의 의사소통이다

공감하고 이심전심으로 통하는 의사소통이 여기에 속한다. 말하는 사람의 주관적인 경험세계 속에 들어가서 그의 눈으로 보고 그의 가슴으로 느껴 보고 그의 머리로 생각해 보는 것처럼 그 사람의 입장에서 이해하며 반응하는 차원을 의미한다.

탁자 위에 놓여 있는 주파수가 같은 소리굽쇠는 하나가 진동하면 신기하게도 바로 그 옆에 놓여 있던 다른 소리굽쇠도 똑같이 진동한다. 이것을 우리는 공명현상이라고 부른다. 두 개의 소리굽쇠가 마치 하나인 양 똑같이 기능한다. 소리굽쇠가 공명하듯 두 사람이 서로 공명하는 현상을 '공감'이라고 한다. 가장 깊은 인간관계는 공감적 이해가 자주 일어나는 두 사람의 관계이다. 두 사람이지만 공감하는 순간은 일심동체가 되어 한 몸처럼 같은 경험을 공유할 수 있다. 5차원 대화는 주파수가 같은 두 개의 소리굽쇠처럼 두 사람이 공감하고 이심전심으로 통하는 인간관계에서 경험할 수 있는 의사소통이다.

인간은 공감하는 사람 앞에서는 자기가 이 세상에 혼자가 아님을 체험하면서 정서적인 불안이나 소외감에서 벗어나 안정감을 누리게 된다. 절친한 친구와 진솔한 대화를 나누거나 잘 훈련받은 상담전문가 앞에서 마음을 터놓고 상담해 본 사람은 흔히 고백하는 경험담이다.

'부족하고 못났으며 비뚤어지고 존재가치가 없어 보이며 아무짝에도 쓸모가 없어 보이는' 자기 자신을 있는 그대로 조건 없이 수용하고 공감해 주는 사람을 만나면 내담자의 느낌은 다음과 같다. '난 있으나 마나 한 보잘것없는 존재인 줄 알았는데 이런대로 괜찮은 사람인가 봐.' '완전하지는 못하지만 난 나름대로 존재할 가치가 있는 모양이야.' '내 맘을 알아주는 사람이 있으니 마음이 좀 놓이기 시작하네.'라는 자기수용이 가능해진다. 나무라거나 꾸짖지 않고 있는 그대로 공감적인 이해를 해 주는 사람을 만나면 심리적 성숙의 필수조건인 안도감과 소속감이 생긴다. 사랑하는 부부 사이에도 4차원 혹은 5차원의 대화를 하면 부부가 성장발달 하는 데 필요한 안도감, 소속감 그리고 자기존중감을 상대방에게 불어넣어 주는 셈이다.

부부관계를 개선하려면 깊은 차원의 대화를 하도록 연습하여야 한다. 자신이 태어난 원가족관계에서 어려서부터 깊은 차원의 대화를 하면서 성장한 부부라면 어려움이 적을 것이지만 그렇지 않으면 3~5차원 대화를 연습하고 노력해야 행복하고 돈독한 관계를 회복할 수 있다.

어른 중심 가정과 사회에서 부모들의 기대에 어긋날 때마다 자녀들을 불신하고 꾸짖으며 나무라거나 벌을 주면서 훈육하면 자녀들은 자존감이 떨어지고 타인들 앞에서 자신의 진솔한 생각이나 감정을 표현하기를 두려워한다. 서로 신뢰하고 존중하는 개방된 가정과 학교 및 사회에서 성장한 사람들은 자존감도 높고 자기를 표현하기를 두려워하지 않는다. 그러나 가부장적인 가정에서 자란 사람들은 남녀 할 것 없이 모두 효율적인 대화를 연습할 필요가 있다. 부부상담이나 가족상담에서도 건설적인 대화방법을 이해하고 연습하고 실행하는 것은 매우 중요한 과제 중 하나이다.

2) 대화의 12가지 장애물

농경사회의 가부장적인 인간관계가 우리의 언어습관에 아직도 배어 있다. 집안의 어른이라면 할아버지 혹은 아버지이었고 그분들의 의사소통 방식은 대대로 가정이나 지역사회에서 규범이 되어 왔다. 인간관계에서의 대화는 수직적이어서 위에서 아래로 명령, 지시, 평가, 비난, 훈계, 충고, 조언하는 경우가 주류를 이루었다. 아랫사람들은 자신들의 진실한 생각이나 감정을 표현하기가 어려운 가정과 사회 구조였다. 그런데 개방적인 민주사회의 인간관계는 수직적이기보다는 수평적이고, 대화는 상호 인격을 존중하며 생각과 감정을 교류하며 더불어 살아가는 데 주안점을 둔다. 과거의 의사소통 방식이 민주사회의 언어소통에 장애가 되고, 상호 신뢰, 존중, 협력하는 민주적인 인간관계 형성에 방해가 된다. 토마스 고든 (Gordon, 1970)은 대화의 장애물이 되는 12가지 요소를 정리하였다. 밀러와 롤닉(Miller & Rollnick, 2002)에 의하면 고든이 정리한 장애요소는 상대방의 말과 행동을 '바람직한 방향으로 변화시키려는 의도에서 하는 어법', 즉 교정 반사(correction reflex)에 속한다. 그런데 교정 반사는 서로 신뢰하는 돈독한 관계가 아니라면 오히려 상대방을 변화에 저항하게 만든다고 보고하였다. 그들의 연구에 의하면 인간은 자기실현경향성을 타고났으며 중요한 특성인 자율성 때문에 남들이 교정하거나 변화시키려고 하면 청개구리 심보가 발동하여 오히려 심리적으로 반항한다는 것이다. 따라서 교정 반사는 두 사람 관계를 돈독하게 만드는데 해로운, 의사소통의 장애물이 된다는 주장이다. 12가지 의사소통의 장애물은 다음과 같다.

① 명령하기, ② 경고, 위협하기, ③ 충고, 제안하기, ④ 논리적으로 설득, 가르치기, ⑤ 훈계, 교화하기, ⑥ 판단, 비판, 비난하기, ⑦ 승인, 칭찬하기, ⑧ 조롱하기, 수치심 일으키기, ⑨ 해석, 분석하기, ⑩ 안심시키기, 동정 위로하기, ⑪ 질문하기, 캐

묻기, ⑫ 철회하기, 주의 분산시키기, 유머, 주제 바꾸기

　이상에서 비판하거나 비난하기 등은 상대방의 언행을 평가
하거나 판단하여 잘잘못을 지적하는 대화이다. 상대방의 입장
에서 생각하고 느껴 볼 겨를도 없이 자기 자신의 관점에서 상
대방의 말이나 행동을 판단하는 말이다. 비판과 비난은 상대
방을 이해하려는 의도가 없는 대화이기 때문에 대인관계에서
의사소통을 방해할 가능성이 매우 높다. 상대방에 대한 신뢰
와 배려가 부족한 의사소통이어서 돈독한 관계 형성에 방해가
된다.

　명령하기, 충고, 제안하기 등은 우월감을 가진 사람들이 상
대방의 능력을 무시하거나 가볍게 생각하고 자주 사용하는 말
이다. '자네는 나만큼 몰라, 자네 능력을 믿을 수 없으니 내가
시키는 대로 해!, 내가 자네보다 더 많이 알고 있어.'라는 숨은
의도로 말하는 것이다. 신뢰받지 못하거나 무시당한 사람들
은 마음속으로 분개하거나 불만이 생겨서 수동적으로 공격하
는 경우가 생긴다. 경고나 위협하는 말도 상대방의 자율성이
나 능력을 존중하지 못하고 말하는 이의 필요와 기대대로 행동
하기를 강제하려는 대화이다. 상대방을 불신하는 인간관계에
서 흔히 하는 대화이므로 자존감이 떨어지게 한다. 논리적으
로 설득, 훈계, 교화하기 등도 상대방에게 불안이나 죄책감을
심어 주고 '마땅히, 당연히' 등의 강박관념에 사로잡히게 할 수
있다.

　칭찬하거나 승인하는 것은 상대방의 자신감을 키워 주고 안

도감이 생기게 하며 두 사람 사이에 호감이 생기게 한다. 그래서 부모, 교사 혹은 매니저들이 칭찬하는 말을 자주 사용한다. 그러나 칭찬 속에는 상대방의 행동을 변화시키기 위한 숨은 동기가 들어 있는 경우가 있다. 다시 말하면, 칭찬하는 사람의 기대와 목적 달성을 위해서 상대방을 변화시키려는 의도가 숨어 있는 칭찬이 있다. 그런 칭찬의 동기가 탄로나게 되면 두 사람 사이의 신뢰가 무너지고 만다. 그리고 칭찬받는 재미로 살아온 사람은 내발적 동기보다 남들을 의식하여 일하고 살아가기 때문에 타율적인 인간이 된다. 물론 진솔한 마음에서 나온 근거 있는 칭찬은 상대방의 기운을 북돋아 주고 두 사람의 관계를 돈독하게 만들 수 있다.

12가지 대화방식은 우리 사회의 성인들이 청소년들을 대할 때나 상사들이 직급이 낮은 직장인들에게 통제하기 위하여 사용하던 대화라고 할 수 있다. 그러나 의사소통의 12가지 장애물은 윗사람들이 기대하는 문제해결에 도움이 되지 못하고, 대화하는 두 사람 사이의 관계를 악화시키는 결과를 가져올 수 있는데 그 원인은 다음과 같이 정리할 수 있다.

첫째, 자기긍정-타인부정의 생활태도에서 나온 것이다. 말하는 자기는 온전하고 바르고 유능한데 타인들은 실수가 많고 바르지 못하거나 무능하다는 믿음을 전제로 상대방에 대한 불신에서 나오는 말이다. 불신당하는 사람은 반항 심리에서 능동적 혹은 수동적 공격을 하거나 권위에 굴종하는 삶을 살게 됨으로써 결국 건전한 관계를 유지할 수 없다. 그래서 건강한 성장발달에 방해가 된다.

둘째, 자기 자신의 필요와 목적 달성을 위해서 상대방을 수단으로 사용할 수 있다고 믿고 쓰는 어법이다. 상대방의 인격을 무시하고 그들을 통제 조작하여 자신의 필요와 욕구 충족의 도구로 쓰려는 말투이다. 상호 신뢰하고 존중하는 인간적인 분위기를 조성하지 못하게 되어 공동 목표 달성이나 자기실현이 어렵게 된다.

셋째, 친밀하고 돈독한 인간관계보다는 일 중심적이고 사무적인 상호작용에 익숙한 수직적인 조직에서 사람들이 자주 사용하는 말투이다. 그런 말투는 아늑하고 자유로운 분위기 조성이 어렵고 스트레스가 높아져서 개인의 만족도와 일의 생산성이 떨어질 수밖에 없다.

넷째, 참만남을 통하여 친밀감의 욕구를 충족시킬 대화방법을 모르고, 단지 형식적이고 의례적인 차원의 대화에 머무는 사람들 사이에 흔히 사용하는 말이다. 그런 인간관계에서는 사람들 사이에 친밀감이나 안녕감을 느끼기 어렵고, 이해와 협력이 부족하여 인간적인 성장이나 높은 생산성을 기대할 수 없다.

부부관계에서 대화의 12가지 장애물을 자주 사용하게 되면 서로 신뢰하고 존중하고 배려하는 관계가 무너지기 쉽다. 배우자의 자존심을 손상시키고, 상호 신뢰하고 존중하는 마음이 사라지며, 공격하고 보복하려는 마음이 생겨서 부부관계가 악화된다. 근거 없이 하는 위로와 동정, 건성으로 하는 칭찬은 시간이 지남에 따라 배우자가 성의 없이 대하고 피상적이고 형식적인 의사소통이라는 느낌을 줄 수 있다. 일시적인 관계에서는 근거 없는 위로나 칭찬이 좋은 인상을 줄 수도 있지만 장기간 지속되는 인간관계에서는 신뢰를 잃게 되고 돈독한 관계 형성에 도움이 되지 않는다. 말과 행동, 겉과 속이 일치하지 않은 사람은 언젠가는 신뢰할 수 없는 사람으로 판명된다. 말과 행동을 통해서 부부간에 신뢰감 형성이 우선되어야 돈독하고 행복한 관계가 가능하다.

명령, 지시, 평가, 판단, 훈계, 금지, 비난, 꾸중 등은 상대방의 생각이나 감정 등을 무시하거나 업신여기는 대화이다. 사람들은 얼굴과 이름을 기억해 주어도 좋아하지만, 저마다 가지고 있는 남다른 생각이나 감정을 있는 그대로 수용하고 이해해 주는 사람을 만나면 훨씬 더 기뻐하고 자존감이 높아진다.

그런데 자기긍정-타인부정의 자세로 상대방을 변화시키려 하거나 뜯어고치려고 하면 심리적 저항이 일어나고 두 사람의 관계가 불편해진다. 인간은 자기실현경향성을 선천적으로 타고 났으며 자율성을 가진 존재여서 외부로부터 변화를 강제하거나 요구하면 자기방어에 급급하여 의미 있는 변화가 오지 않는다는 점을 남편과 아내는 기억할 필요가 있다.

2. 언어적 · 비언어적인 의사소통

대화는 언어적으로나 비언어적인 방법으로 감정, 생각 및 정보 등을 교류한다. 언어적인 대화는 마주 보고 이야기를 주고

받으면서 저마다의 경험을 공유하고 소통하는 방법이다. 그런데 비언어적으로도 의사소통이 이루어진다. 비언어적인 의사소통은 말이나 글이 아니라 얼굴 표정, 손발의 움직임 혹은 몸의 자세 등으로 대체로 의식적으로나 무의식적으로 생각이나 감정을 전달하는 방식이다. 앨버트 메라비언(Albert Mehrabian, 1968) 캘리포니아 대학교 교수의 연구에 의하면 대화를 통한 의사소통에서 말 자체가 전달하는 의미는 겨우 7%, 목소리 억양이나 말의 속도가 전달하는 의미는 38%, 그리고 손발과 얼굴 표정 등 몸으로 전달하는 의미가 55%라고 하였다. 따라서 대화를 통하여 의사소통할 때 비언어적으로 전달하는 의미가 언어로 전달하는 의미보다 절대적으로 더 많다는 사실에 주목할 필요가 있다. 의사소통할 때 상대방의 얼굴 표정, 눈동자, 음성의 높낮이와 빠르기, 손발의 움직임, 자세 등이 표현하는 의식적이고 무의식적인 의미에 세심하게 관심을 가져야 효율적으로 소통할 수 있다.

'보디랭귀지(body language)'라는 용어도 사용하는데, 두 사람 사이의 거리, 몸의 움직임과 자세 등으로 상대방에게 전달하는 정보나 의미를 말한다. 대화할 때나 걸어갈 때 두 사람 사이의 거리는 우리에게 주는 의미가 있다. 이성 간에 가까이 걷는 모습이 자주 보이거나 같은 목적지로 향해 가는 부부가 거리를 두고 떨어져서 걷는다면 아직 확인되지 않은 어떤 의미가 있음을 짐작할 수 있다. 결국 보디랭귀지도 비언어적인 대화에 포함된다.

일반적으로 많은 사람이 직접 말하거나 표현하기가 어려운 미묘한 생각과 표현하기 거북한 감정을 얼굴 표정, 눈동자, 눈썹의 움직임, 목소리의 높낮이와 빠르기, 발걸음의 속도, 자세, 손발의 움직임, 옷차림 등으로 표현하는데 이것이 비언어적인 의사소통이다. 비언어적인 의사소통은 대체로 무의식적으로 전달되는 경우가 많아서 상대방의 숨겨진 진심을 이해하고 상황에 맞게 상호작용하기 위해서는 비언어적인 메시지를 섬세하게 파악할 수 있어야 한다.

약속 장소에서 친구를 기다리는데 멀리서 오는 모습이 보이면 우리는 손을 흔들어 환영하거나 반가움을 표시한다. 손을 흔들어 보이는 비언어적인 행동은 물끄러미 쳐다보고 있는 행동과는 달라서 상대방에게 주는 의미가 큰 차이가 날 수 있다. 남편의 걸음걸이가 보통 때보다 빠르면 바쁘거나 화가 났을 가능성을 염두에 둘 필요가 있다. 아내가 웃는 얼굴로 현관에서 맞이하지 않고 굳은 얼굴을 하고 있다면 거기에도 말로 표현하지 못한 어떤 사정이 있을 수 있다. 힘든 하루를 보냈거나 기분 언짢은 일이 있는지 알아볼 필요가 있다. 어떤 사람이 걸음걸이가 느리고 흐느적거리면 매우 피곤하거나 의욕을 상실했거나 술에 취했을 가능성을 생각해 볼 수 있다. 이런 식으로 우리의 몸과 자세로 자신의 정서나 심리상태를 무의식적으로 전달하게 된다는 말이다. 따라서 상대방의 표정, 시선, 음성, 자세, 팔다리의 움직임 등을 민감하게 관찰하면 속마음을 이해하거나 짐작하는 데 큰 도움이 될 수 있다.

영업사원들이 몸과 자세로 표현하는 보디랭귀지에 관심을 가지는 것도 같은 맥락이다. 영업사원의 말을 잠정적인 구매

138

자가 팔짱을 끼고 들으면서 눈동자를 접촉하지 않는다면 그가 설명하는 상품을 살 마음이 없다는 것으로 짐작할 수 있다. 이런 경우 시간과 정력을 낭비하지 말고 적절히 예의를 갖추어서 그 자리를 떠나는 것이 영업사원에게는 상책일 것이다. 오랜만에 친구하고 커피숍에서 만나서 대화를 하는데 어느 순간부터인지 상대방이 자기 시계를 힐끗힐끗 쳐다본다면 그 비언어적인 메시지를 빨리 파악하는 것이 눈치 빠른 사람이 할 수 있는 일이다.

'상대방이 지금 시간에 쫓기고 있어서 그만 헤어지기를 원하는 것인가?'
'지금 대화가 상대방에게는 관심도 재미도 없는 주제인가?'
'대화를 서로 주고받으며 하는 것이 아니고 혼자서 독차지하고 있었나?'
'그 친구가 최근에 산 명품시계를 차고 왔는데 내가 그것을 알아차리지 못하고 있는가?'

이상과 같은 몇 가지 가설을 가지고 있으면서 비언어적인 메시지의 숨은 의미를 다음과 같이 확인해 보는 것이 바람직한 일이다.

"시계를 들여다보시는데 혹시 일에 쫓기는 거 아닌가요?"
"우리가 만난 지 벌써 한 시간 반이 지났네요. 이제 바쁘실 텐데 일어나실까요?"

"내 이야기만 너무 많이 한 것 같은데 그동안 어떻게 지내셨는지 듣고 싶어요."

등으로 상대방의 비언어적인 메시지를 확인해 보는 것이 두 사람의 관계를 잘 유지하는 방법일 것이다. 상대방의 비언어적인 메시지를 단정적으로 해석하기보다는 일단 가설로 받아들인 후에 확인하지 않으면 오해를 유발할 수 있어서 효율적인 대화에 장애가 될 수 있다.

개인과 개인과의 육체적인 거리도 무의식적으로 의미 있는 정보를 제공한다. 배우자가 은연중에 시간과 장소에 따라 가까이 다가서는 행동과 거리를 두려는 행동의 의미를 파악하는 것은 중요하다. 개인의 영토 개념과 관련지어 의미 있는 정보를 얻을 수 있기 때문이다.

한 나라의 영토는 다른 나라와의 경계선을 분명히 하고 외침으로부터 자기 나라를 방어하고 보호할 권리를 가진 지역이다. 외국의 선박이나 비행기가 우리의 영토에 들어올 때는 사전에 정부의 허락을 받아야 한다. 그렇지 않으면 군이 우리의 영토를 지키기 위해서 바로 대응하게 되어 있다. 개개인도 심리적으로 자신의 영토를 가지고 있다.

한 개인의 심리적 영토는 [그림 3-1]에 나타나 있는 것처럼 자신의 몸(X표)으로부터 전후방으로 40cm, 좌우로 30cm 정도 되는 타원형을 그릴 수 있는데 그 공간을 개인의 심리적 영토라고 부른다. 그 공간은 편안한 마음으로 자유로이 몸을 움직일 수 있는 자기만의 영토라고 믿고 살아간다. 평상시에 우리

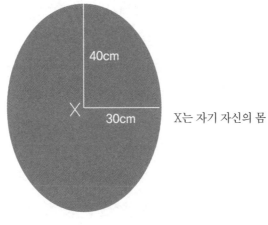

[그림 3-1] 인간의 심리적 영토

는 그 영토를 무언중에 상호 존중해 주어야 한다고 믿고 생활
한다. 그 안으로 모르는 사람이 들어오면 우리는 몸을 움칠하
며 피하거나 예의에 어긋난다고 믿고 불쾌감을 느낀다. 어떤
경우에는 "좀 물러서시오!"라고 그 사람을 물러나게 하는 경우
도 있다. 왜냐하면 자신의 심리적 영토를 침해당하면 우리는
무시당한 것으로 생각되어 불편하고 기분이 언짢아질 수 있기
때문이다.

출퇴근 시간에 승객이 많아 복잡한 전철이나 버스에서 우리
는 저마다 자신의 심리적 영토를 확보할 수가 없다. 앞뒤 좌우
로 전혀 모르는 사람들이 서로 체온을 느낄 정도로 꽉 끼어서
다녀야 한다는 것은 사실은 민망한 일이다. 출퇴근 시간의 상
황이 우리로 하여금 심리적 영토를 포기하고 참고 견디게 만든
다. 고층 건물에 오르내리기 위해서는 좁은 승강기 안에 여러
명이 함께 탈 수밖에 없다. 그런 경우에도 개인의 심리적 영토

를 주장할 수가 없다. 그래서 혼잡한 전철이나 버스, 비좁은 승강기 안에서 자신의 심리적 공간을 주장할 수 없으니 스트레스가 쌓이는 것은 분명하다. 하루 이틀이 아니고 늘 경험하는 일이기에 적응이 되는 것도 사실이지만 우리는 그 경험을 즐겨하지는 않는다.

그러나 친한 친구나 사랑하는 사람들이 우리의 심리적 영토 안으로 들어오는 것은 환영한다. 그래서 친구들과 함께 승강기를 탈 때는 편안하게 사용할 수 있다. 모르는 사람들과 15층 혹은 30층까지 올라갈 때는 지루하고 몸이 긴장되며 시선을 어떻게 처리해야 되나 싶어서 스트레스를 받는다. 그러나 가까운 친구나 편안한 동료들과 타고 갈 때는 "벌써 다 왔네."라고 반응할 때가 자주 있다. 사랑하는 사람과는 포옹을 하고, 자녀들은 부모의 무릎 위에 앉아서 서로 친밀감을 과시하고 몸의 접촉을 즐기기도 한다. 심리적 영토를 기꺼이 공유하는 사람은 친밀감을 느끼는 가까운 사이라고 할 수 있다.

부부가 일상생활에서 몸이 얼마나 떨어져 생활하느냐는 심리적 거리와 비례할 수 있다. 부부가 서로 심리적 영토 안에 들어오고 나가는 것이 얼마나 자유로운가를 생각해 볼 필요가 있다. 산책할 때의 두 사람의 거리, 함께 텔레비전을 볼 때 앉은 자리의 거리, 길거리를 함께 걸어갈 때의 거리, 잠자리에서의 두 사람의 거리 등이 부부에게 어떤 무의식적인 정보를 제공하는지 새겨볼 필요가 있다. 일반적으로 부부 사이의 물리적 거리는 심리적 거리와 비례한다는 것이 정론이다.

남녀에 따라 혹은 개인에 따라 다른 사람과의 관계에서 편안하게 느끼는 최적 거리(optimal distance)가 차이가 있을 수 있다. 어려서 성장과정의 원가족과의 관계와 상호작용이 개인들이 느끼는 최적 거리에 영향을 준다. 가족들 사이에서 쉽게 손잡고 안아 주고 포옹하는 경험을 많이 하고 자란 사람은 최적 거리가 상대적으로 가까울 수 있다. 반면에, 육체적인 접촉이 적고 근엄한 가정 분위기에서 성장한 사람은 최적 거리가 상대적으로 더 멀 수 있다. 배우자가 시도 때도 없이 가까이 다가오면 불편함을 느끼는 사람도 있고, 늘 편안하게 환영할 사람이 있을 수 있다. 그리고 현재 관계하는 사람들과의 심리적 거리가 육체적 혹은 물리적 거리를 결정하는 중요한 요소가 될 것이다. 따라서 어느 한 사람을 개인의 심리적 영토 안에 허용할 것인지 여부를 결정하는 것은 현재 처해 있는 상황, 관계하는 사람과의 심리적인 친밀도 그리고 원가족과의 과거 경험 등이 상호작용하여 정해진다고 할 수 있다.

이성 친구나 부부 사이에 상대방의 최적 거리를 파악하고 이해하는 것도 중요하다. 부부는 최적 거리 측면에서도 서로 이해받고 존중받기를 원하기 때문이다. 그러나 물리적 거리와 심리적 거리의 상관관계를 고려해 볼 때 부부관계를 개선하기 위하여 기회가 주어지는 대로 자주 손을 잡기, 팔짱을 끼거나 가까이에 앉기, 포옹을 하거나 한방을 쓰기 등을 생활화하는 것도 의미 있는 일이 될 수 있다.

연구실에 갇힌 교수

평일에는 물론 주말이나 공휴일에도 연구실에 나와 열심히 연구하는 40대 교수가 있었다. 동료들 사이에도 남다른 연구 업적을 가진, 참으로 열심히 공부하는 교수로 소문이 나 있었다. 연구 업적이 많아서 동료들이 그를 부러워하였다.

그런데 그 교수는 아내와 자녀들과 보내는 시간이 과연 얼마나 될지를 생각해 보게 하였다. 여러 해 지난 후에 연구실에서 대부분의 시간을 보내던 그 교수는 이혼을 했다는 소문이 나돌았다. 밤낮으로 많은 시간을 연구실에 나와 보내고 있으니 가족들과 육체적 거리가 생겼을 것이고, 그것이 심리적 거리의 원인이었을 것이다. 아니면 그 반대로 이미 심리적 거리가 멀어서 그 교수는 연구한다는 명분을 앞세워서 연구실로 피신해 와 있었는지도 모른다. 연구실에 스스로 갇혀 있는 교수였던 셈이다.

얼굴 표정, 눈동자의 움직임, 목소리, 몸과 손발의 움직임 그리고 육체적인 거리 유지 등은 대체로 표현하기 난처하고 묘한 생각과 감정을 무의식적으로 그리고 비언어적으로 표현하는 방법이다. 이와 같은 비언어적인 의사소통의 특징을 잘 파악해서 대인관계에 활용하면 부부관계를 비롯한 친밀한 인간관계 개선에 큰 도움이 될 수 있다. 비언어적인 의사소통의 특징을 정리해 보면 다음과 같다.

비언어적인 대화는 무의식적으로 할 때가 많고 본인도
자각하지 못하는 경우가 많다

마주 앉아 대화하는 것이 불안하고 초조하면 눈을 유난히 깜박거리는 사람이 있다. 상대방의 대화내용이 지루하거나 자신이 할 일이 많아서 빨리 끝내고 헤어졌으면 하는 마음은 자기도 모르게 시계를 힐끗힐끗 쳐다보아 은연중에 신호를 보내기도 한다. 그리고 진실하게 말하기가 어려워서 거짓을 말할 때는 상대방과 시선 접촉을 피하고 눈을 아래나 옆으로 피하는 경우가 있다. 무의식적으로 흘리는 이와 같은 정보를 기회를 놓치지 말고 알아차리면 의미 있는 의사소통에 도움이 된다.

비언어적인 대화는 표현하기가 어려운 미묘한 감정을
전달하는 수단이다

이성 간에 숨기고 있던 사랑하는 마음을 들키면 얼굴이 붉어진다. 사랑하는 마음을 숨기고 있다가 들키고 나니 당황하여 얼굴이 붉어진 것이다. 모임에서 마음에 없는 사람이 가까이 다가서면 보통 자기 몸의 방향을 돌린다. 몸의 방향을 틀어서 싫어하거나 경계하는 마음을 암시하고 상대하고 싶지 않다는 속마음을 나타내는 행동이다. 싫어하는 사람이 어깨에 손을 올려놓으면 몸이 긴장하면서 소름이 끼칠 수 있다. 그런가하면 집단 속에서 공개적으로 밝힐 수는 없으나 자기가 좋아하는 사람이 있으면 자신도 모르는 사이에 자주 쳐다보게 된다.

145

비언어적인 대화는 개인마다 차이가 있다

마음에 드는 이성 앞에서는 오히려 말을 더듬는 사람이 있다. 어떤 사람은 청산유수로 말을 더 잘할 수도 있을 것이다. 대부분의 사람들은 자기 베개를 베고 자지만 잘 때마다 남편의 팔베개를 해야 잠이 드는 사람이 있다. 말을 시작할 때마다 "솔직하게 말씀드려서"를 반복하는 말버릇을 가진 사람이 있었는데 알고 보니 남들보다 더 솔직하지 못한 사람으로 판명되었다. 그 사람은 자기가 왜 "솔직하게 말씀드려서"라는 말을 반복해야 되는지 그 이유를 모르고 있을 것이다. 타석에서 야구 방망이를 잡을 때마다 손바닥에다 침을 세 번 튀기는 선수가 있다. 홈런이나 안타를 날리겠다는 다짐을 하는 것일 텐데 선수마다 그 방법은 다양하고 개인 차이가 있다. 비언어적인 대화는 개인에 따라 그 의미가 다를 수 있다.

비언어적인 대화는 문화마다 차이가 있다

예의를 차려 인사하는 방법이 문화마다 다르다. 우리가 엎드려 큰절하는 것을 서양 사람들은 특이하게 생각한다. 양 볼에 얼굴을 맞대는 인사 방법이 우리 문화에서는 생소한 편이다. 우리는 남자끼리도 팔짱을 끼거나 친구의 어깨나 팔에 손을 댈 때가 자주 있지만 서양에서 그렇게 하면 동성연애자로 의심을 받는 경우가 있다. 그러면서도 운동선수들은 운동장에서 동성끼리도 신체 접촉을 자주 한다. 비언어적인 대화는 문화와 상황에 따라서 차이가 있음을 알 수 있다.

비언어적인 대화의 의미는 참고자료로 삼는 것이 바람직하다

부부관계를 비롯한 인간관계에서 상대방의 비언어적인 대화에 주목하고 탐색하여 그 의미를 파악하는 것이 효율적인 의사소통에 도움이 된다. 문제는 비언어적인 대화가 사람마다 차이가 있고 문화에 따라서도 서로 다를 수 있어서 단정적으로 판단하지 말고 참고자료 혹은 가설로만 받아들이고 있다가 기회가 있을 때 확인하는 것이 상대방을 정확하게 이해하는 데 도움이 된다.

어느 날 부엌에서 설거지하는 아내 쪽에서 평소보다 더 요란한 소리가 들려왔다. 접시끼리 부딪치는 딸가닥 소리, 밥솥의 쇠붙이가 싱크대에 충돌하는 철거덕 소리가 예사롭지 않았다. 그 소리를 무시하고 신문을 읽으려던 남편이 마음을 바꾸고 아내 뒤로 다가갔다. 아니나 다를까 편안한 마음으로 설거지하는 아내의 모습이 아니라 접시, 냄비, 수저 등을 닦는 손의 놀림이 빠르고 힘이 들어가 있었다. 남편은 아내가 비언어적으로 화난 감정을 표현하고 있음을 직감할 수 있었다. 그래서 다음과 같이 대화를 시작하였다.

남편: 여보, 무슨 일 있어? 설거지하는 소리가 오늘 따라 요란
　　　하게 들리네.
아내: (굳은 표정으로 아무 말없이 빠른 손놀림으로 설거지를
　　　계속한다.)
남편: 말로 하지 않으면 내가 알 수 없어 걱정이 되잖아? 뭐 때

문에 화가 났어?

아내: (남편 쪽을 힐끗 쳐다보며) 그걸 몰라서 물어?

남편: (등 뒤에 가볍게 한 손을 올려놓고) 단단히 섭섭한 일이 있었구만. 진심을 말해 주지 않으면 난 궁금하고 답답하고 걱정이 돼, 여보.

아내: (휙 돌아서서 비명을 지르듯이) 왜 우리 엄마 생일 선물은 7만 원짜리이고 시어머니 생일 선물은 12만 원이라야 해? 당신 그런 사람인 줄 몰랐어! 해도 해도 너무하다구!!!

남편: 무슨 말이야? 내가 그런 실수를 했어? 내가 생일 선물로 차별 대우를 했으니 당신이 크게 실망하고 몹시 화가 났구만.

아내: 지난번 우리 엄마 생일에는 7만 원짜리 선물을 보냈는데 오늘 시어머니 생일에는 목도리가 필요하니 사서 보내자고 했잖아? 그건 12만 원짜리라구! 왜 우리 엄마는 차별을 당해야 해!

남편: 미안해, 여보. 장모님을 차별 대우 했으니 당신이 얼마나 실망했겠어? 정말로 당신이 나에게 크게 서운했구려. 정말 미안해. 난 그런 의도가 전혀 아니었어. 날씨가 갑자기 추워지니까 아무 생각 없이 목도리 하나 사 드리고 싶었던 거지, 장모님과 차별하려는 의도가 아니었어! 난 장모님 생일에 얼마짜리 선물을 해 드렸는지 기억도 안 나. 그리고 목도리가 얼마짜리인지도 모르고 그냥 사진보고 선택한 것이었어. 내가 좀 더 세심하지 못한 것 미안해, 여보.

아내: (눈물을 흘리며 남편 품으로 다가서며) 제발 여보 이제 우리 엄마한테도 관심 좀 가져줘!!

남편: (꼬옥 포옹해 주며) 물론이지, 여보. 내가 더 노력할게. 내가 아무 생각 없이 당신 마음을 아프게 해서 정말로 미안해.

아내: 알았어. 나도 당신을 믿어.

　아내가 설거지하는 소리가 남편에게 주는 비언어적인 메시지가 있었다. 남편이 평소와 다른 시끄러운 설거지 소리에 민감하게 반응한 것은 바람직한 행동이었다. 비언어적인 소통의 중요성을 아는 남편이 현명하게 접근한 사례이다. 아내에게 다가가서 굳은 표정과 빠른 손놀림을 통하여 화난 감정을 바로 알아차린 것도 비언어적인 대화의 의미를 파악한 남편의 효과적인 인간관계 기술이다. 이때 만약에 남편이

　"설거지 좀 조용히 할 수 없어? 접시 다 깨지겠다!"
　"설거지 좀 조용히 못해!!!"

라고 반응했더라면 아내의 화난 감정은 훨씬 더 오래 갔거나 부부간에 상처를 남기는 큰 싸움으로 번질 수도 있었다. 남편이 효율적인 대화로 아내의 화난 감정을 이해해 주고 공감해 주지 않았더라면 억압된 아내의 불만과 분노는 더 커질 수도 있고, 나중에 아내의 부정적인 감정이 남편이나 아이들에게 엉뚱한 방향으로 표출될 수도 있는 상황이었다. 비언어적인

대화는 쉽게 표현하기 어려운 미묘한 감정을 전달하는 수단이고, 그것을 섬세하게 알아차리면 효율적인 의사소통을 할 수 있게 되어 부부관계는 물론 대인관계에서 성공할 수 있는 좋은 실마리가 된다.

3. 갈등을 해결하는 대화기법

정신이 건강하면 책임감이 있다. 책임을 잘 질수록 그만큼 건강하고 성숙한 사람이며, 책임을 지지 않을수록 건강하지 못한 미숙한 심리상태라고 본다(박재황, 2004; Glasser, 2003). 따라서 건강한 부부는 저마다 상대방의 욕구 충족을 방해하지 않는 범위 안에서 본인의 욕구를 자유로이 충족시키는 능력이 있어야 한다. 기본적으로 자기 자신을 돌볼 책임감이 있어야 한다는 것이다. 배우자에게 지나치게 의존적인 삶을 살면서 좌절할 때마다 상대방을 탓하고 원망하는 결혼생활은 건강한 부부관계가 아니다. 부부는 정당한 자기주장을 연습하고 배워서 자주적이면서 서로 존중하는 협력적인 삶을 추구해야 한다.

갈등은 친밀감을 형성하는 과정에서 필연적으로 나타나는 현상이다. 부부 사이의 '뜨거운 토론'을 회피하지 말고, 적개심이나 분노의 감정이 누적되기 전에 대화로 다루기를 연습하는 것이 현명한 일이다. 대화가 활발하면 문제의 발생을 초기에 알아차려서 부부폭력을 예방하고 갈등을 해결할 수도 있다.

정신분석학자들에 따르면 우리는 무의식 속에 공격본능이

있어서 배우자나 연인에 대해서도 경쟁적, 공격적인 감정이나 파괴적인 잠재력을 가지고 있음을 시인해야 한다. 그런 부정적인 감정을 언어적으로나 비언어적으로 표현하게 되어 있는데, 중요한 점은 서로 민감하게 알아차려서 공감하고 이해하면 파괴적인 행동을 예방하고 보다 더 만족스러운 관계를 형성할 수 있다.

1) 건설적인 싸움

가족 간의 싸움은 부끄러운 일이고 숨겨야 할 사안이라고 믿는 사람들이 감정을 억압하고 숨기고 지내다가 어느 순간에 더 큰 폭발로 이어지는 것이 부부폭력이다. 가까운 가족 사이의 부정적인 감정을 부인하고 자각하지 못하고 지날수록 나중에 더 큰 폭발로 이어질 가능성이 높아진다(최수호, 2002; Saul, 1979). 부부싸움을 안 하는 것이 행복한 결혼생활의 목표는 아니다. 건설적으로 싸우는 방식을 배우는 것이 목표가 되어야한다. 건설적인 싸움을 위해서 다음 사항을 고려해 보자.

사귈 때 생각했던 이상적인 배우자상을 깨고 지금-여기에 있는 현실적인 배우자를 수용한다
처음 사랑에 빠졌을 때의 환상적인 이미지가 벗겨지고 가면과 연기에서 빠져나와 참 배우자가 나타나기 시작하면 저마다 크게 놀라고 실망하게 된다. 배우자의 '멋지고 아름다운' 이미지에서 나온 현실적인 남편과 아내는 상호 간에 격한 실망을 보일 수 있다. 결혼생활을 하다 보면 연애시절 자신이 기대했던 이상적인 사람과는 다른 모습의 배우자를 만나게 되는데 그를 새로이 수용하고 더불어 살아가는 적응능력과 지혜가 필요하다.

비합리적인 기대를 갖지 않도록 훈련 및 교육한다

결혼생활에 관한 환상적이거나 비현실적인 꿈이나 기대를 내려놓고 현실에 충실하도록 교육할 필요가 있다. 자기 자신이 부족할수록 비현실적인 기대를 하게 되고, 그래서 상대방에게 실망하게 된다. 영원한 행복이나 완벽한 사랑에 대한 환상은 우리 모두의 희망사항일 뿐 현실은 그렇지 못하다. 이상과 현실은 늘 거리가 있음을 수용하고, 온전한 남자와 여자는 존재하지 않는다는 사실을 시인하는 배우자가 되어야 한다.

싸움으로부터 도피하지 않는다

이 하늘 아래 온전한 남자나 여자가 없으므로 저마다 약점이 있다. 따라서 부부관계에 문제가 생길 수 있다. 문제가 있음을 시인하고 해결할 방법을 찾아야 한다. 필요하면 '뜨거운 토론'을 회피하지 말아야 한다.

친밀한 관계인 참만남을 추구하는 과정에 갈등이 있게 마련이다. 배우자의 말을 귀담아들을 수 있어야 한다. 배우자가 시키는 대로 하자는 것이 아니라 상대방을 이해하고 협력하며 살 수 있는지를 판단하기 위해서 우리는 경청하는 버릇을 키워야 한다. 어른 아이 할 것 없이 상대방의 말을 경청하지 않으면 상대방을 무시하는 태도이므로 그것은 불만을 격화시키고 두 사람의 관계를 해칠 수 있다.

공평한 싸움을 한다

부부가 모두 다 하고 싶은 말을 할 수 있고 저마다 이해받을 권리가 있어야 한다. 정신건강 전문가나 호의적인 사람 앞에서 부부가 싸우는 연습을 해서 어느 한쪽이 일방적으로 압도하는 싸움이 되지 않도록 하는 방법을 배워야 한다. 부부 사이에 우월의 차이가 없이 대등한 힘을 유지하도록 노력하여 어느 한쪽이 다른 배우자를 지배하지 않도록 연습해야 생산적인 싸움이 가능하다. 그래서 나중에 소개할 '화자-청자기법'도 좋은 대안이 될 수 있다.

153

싸움거리를 선택한다

하루 저녁에 많은 문제를 해결하려고 다 내놓지 말고 한두 가지에 초점을 맞추는 것이 효과적이다. 그동안에 참고 견디며 미뤄 두었던 모든 안건을 한꺼번에 내놓고 다투면 문제해결이 어려워진다. 싸움이 성공적인 대화가 될 수 있도록 부부가 한 번에 한 가지를 선택하여 다루는 것이 바람직하다.

문제를 명확히 파악한다

많은 부부는 크고 작은 문제를 놓고 거의 정기적으로 다투는 경우가 있다. 둘 사이에 긴장감이 올라오는 것이 느껴지면 무엇에 대한 싸움인지 부부가 서로 상대방에게 물어보아 싸움

거리가 분명해질 때까지 대화하는 것이 필요하다. 갈등의 원인이 무엇인지 제대로 파악하지 못하면 부부싸움은 습관화되기 쉽다. 잠시 자기 몸에 귀를 기울이면 떠오르는 생각이나 감정이 있을 것이다. 우리는 무엇에 대하여 싸우고 있는가? 갈등이 무엇인지 분명히 규명하고 나면 대개는 저절로 해결될 수도 있다.

감정을 솔직하게 말한다

여러 감정 중에서 분노의 감정은 자신을 지킬 수 있는 방어 수단이므로 일상생활 중에 화난 감정을 표현하기를 두려워하지 말자. 분노의 감정은 심리적이고 육체적인 인내와 고통이 한계를 넘어서게 될 때 자기 자신을 지키기 위한 최후의 수단일 수 있다. 정당한 자기주장을 위해서 필요하면 화난 감정을 건설적으로 표현해야 한다. 숨기거나 억압한 감정은 미해결 사태로 남아서 심인성 질환의 원인이 되거나 더 큰 폭발력으로 심각한 싸움의 도화선이 될 수 있다.

부부가 '나-진술법'을 연습한다

자신의 솔직한 감정을 상대방에게 알려 주는 것에 초점을 두는 대화법이 '나-진술법'이다. 자신의 감정을 있는 그대로 보고하면 상대방이 이해하고 협조할 가능성이 높아진다. 그러나 우리는 상대방의 변화를 기대하는 마음에서 '너-진술법'을 자주 사용한다. '너-진술법'은 자기 기대대로 상대방이 변하기를 요구하거나 원망하는 대화인데 명령, 지시, 비난, 금지 등 공격적인 대화는 인간의 방어기제에 부딪쳐서 성공하기 어렵다. '나-진술법'과 '너-진술법'은 뒤에서 자세히 소개한다.

얼버무리지 말고 감정의 정도를 명확하게 점수로 표현한다

부부가 어떤 사물에 대하여 느끼는 실제 감정과 그 감정을 표현하는 방법이 정반대일 수도 있다. 혹은 둘 사이에 감정의 정도가 차이가 날 수도 있다. 명확한 의사소통을 하기 위해서 감정의 정도를 숫자로 표현하는 방법이 있다. 예를 들면, 휴일 날 부부가 처갓집에 갈 것인지 아닌지에 대하여 찬성하는 마음과 반대하는 마음이 어느 정도 강한지를 알아보고 그 결과에 따라 의사결정을 하면 갈등의 소지를 줄일 수 있다.

"수선상에서 절대 반대하면 0, 적극 찬성하면 10, 중간 정도면 5라고 할 때 당신의 감정은 몇 점이나 되나요? 분명하게 말해 주세요."라고 시작한다.

155

```
0 —— 1 —— 2 —— 3 —— 4 —— 5 —— 6 —— 7 —— 8 —— 9 —— 10
절대 반대              중간 정도                  적극 찬성
```

- 공휴일 날 나와 친정에 다녀오고 싶어요? 아니면 고등학교 동창들 모임에 다녀올래요?

  아내: 친정에 가고 싶은 감정은 9점이고, 동창들 모임에 참석하고 싶은 감정은 5점이요.

  남편: 난 처갓집에 가고 싶은 감정은 6점이고, 동창들 모임에 참석하고 싶은 감정은 8점이요.

- 이번 주말에 영화 관람을 가고 싶어요? 아니면 등산을 하고 싶어요?

  아내: 숫자로 표시하자면 영화 관람에 6점, 등산에 8점을 주겠어요.

  남편: 난 영화 관람에 7점, 등산에 9점을 주고 싶어요.

이렇게 자신의 감정이나 욕구의 강한 정도를 숫자로 표현하고 두 사람이 조율하거나 타협하는 연습이 효율적인 의사소통에 도움이 된다. 어느 한쪽이 강하게 표현하는 것을 존중하고 수용하는 것이 상대방에 대한 배려이고 관계를 돈독하게 하는데 도움이 된다. 이 과정에서 타협할 수 있는 융통성과 배려심은 성공적인 인간관계에 필요한 중요한 요소 중 하나이다.

일상생활에서 어떤 일을 결정할 때 애매모호하게 답한 사람이 나중에 불평하면서 의사결정을 뒤집을 수도 있으니 분명히 숫자로 표현하는 것을 연습하는 것이 바람직하다. 자기 자신의 감정을 잘 자각하지 못하거나 표현하지 못하면 효율적인 소통이나 친밀한 인간관계 형성에 지장을 초래한다.

자신과 다르다고 해서 상대방을 무시하는 말은 하지 않는다

사랑하는 부부는 늘 같아야 한다고 믿는 이들이 있다. 그것은 비현실적인 기대이다. 사람마다 생각과 감정이 다를 수 있다. 옳고 그름이나 맞고 틀림의 문제가 아니라 서로 다를 수 있을 뿐이다. 무시하는 말은 상대방의 아킬레스건에 해당되어 공격하면 치명적이 될 수 있다. 누구나 사귀는 동안에 서로 유사하거나 상호 보완이 되는 성격특성을 찾았을 가능성이 높다. 그럼에도 불구하고 결혼생활을 하다 보면 서로 다른 점이 나타나게 된다. 예를 들면, 성에 대한 관심이나 욕구가 서로 차이가 날 수 있다. 그때마다 자신과 다른 상대방을 이해하지 못하고 무시하는 말을 하면 더불어 사는 것이 힘들 수밖에 없다.

한 가지 슬픈 사실은 우리가 남들을 대할 때보다 사랑하는 가족이나 친인척을 대할 때 말을 더 마구하는 경향성이 있다는 것이다. 왜 우리는 배우자에게 보다 다른 사람에게 더 친절한가? 남들에게는 가면을 쓰고 형식적이고 의례적인 상호작용을 하고, 가까운 사람에게는 서로 믿고 편안한 사이라고 해서 함부로 말하는 것이라면 그것은 시정해야 할 문제이다.

상대방을 탓하거나 기분 나쁜 일에 집착하지 않는다

부정적인 사건보다는 긍정적인 사건을 기억하자. 사람마다 장점과 단점을 다 가지고 있다. 우리는 동전의 앞뒤처럼 두 가지 면을 다 가지고 살아간다. 그러니 부정적인 면이나 불만스러웠던 경험보다는 즐거웠던 경험을 회상하며 사는 것이 행복한 삶이다. 긍정적인 사고를 습관화할 필요가 있다. 케케묵은 해결되지 않은 주제나 약점보다는 장점을 찾아내어 상대방을 알아주자. 그럴 때 밝은 세상에서 행복한 삶을 사는 부부가 될 수 있다.

살다 보면 결혼생활에서 스트레스가 쌓일 수 있다. 누구나 다 가끔 실수도 하고 오해가 생기기도 한다. 인간관계는 미묘하고 복잡다단하다. 신혼여행을 다녀오며 한평생 행복하게 살게 될 것을 기대하지만 인생은 그리 간단하지가 않다.

스캇 펙은 불교의 가르침인 "인생은 고행"이라는 사실이 가장 위대한 진리라고 말하면서 그 말의 참뜻을 진지하게 생각해보고 이해하면 그다음부터 인생의 고통은 초월할 수 있다고 주장하였다. 쉽고 편안하고 안이하게 행복해지는 법은 없다. 다만 있을 수 있는 어려움에 대비하여 교육하고 훈련하고 단련하면 우리는 삶의 고통을 초월할 수 있고 인생은 살 만하다.

새로운 환경과 부부의 성장발달 단계에 맞추어서 부부는 적응하는 능력이 요구된다. 성장한 가정문화가 서로 다르고, 남녀의 차이가 있고, 가치관이나 생활태도가 똑같을 수 없으므로 갈등이 생기기도 한다. 따라서 스스로 학습하여 적응하고

발달하거나 아니면 상담전문가의 도움으로 A/S가 필요하다. 부부간의 관심사나 갈등을 대화로 해결하는 방법으로는 '나–진술법'과 '화자–청자기법'이 유용하다. 서로 자신의 생각과 감정을 주장하면서도 상대방의 말을 충분히 경청하고 공감해주는 의사소통방법을 연습하면 일상생활에서 겪게 되는 많은 문제를 해결할 수 있다. 부부 사이의 의사소통 수준은 부부관계의 질과 높은 상관이 있다. 따라서 평상시에 효율적인 대화방법을 터득하여 높은 차원의 대화에 익숙해지면 유사시에 문제해결에 큰 도움이 될 수 있다.

2) '나-진술법'과 '너-진술법'

나-진술법(I-message)은 상대방에게 자기 자신의 생각이나 감정을 전달하는 데 초점을 두는 대화법이다. 자신의 감정을 있는 그대로 표현하여 상대방의 이해와 협조를 구하는 것이 목적이다. 자기 자신의 감정을 진솔하게 표현하는 것은 견해나 생각을 말하는 인지적 차원보다 더 깊은 대화가 되는 까닭에 나-진술법은 자신의 솔직한 감정을 상대방에게 알려 주어 이해받고 싶은 의도에서 사용하는 대화법이다.

부부 사이에 가지고 있는 생각이나 뜻이 서로 막히지 않고 잘 통하면 부부관계는 돈독하고 만족스럽다. 소통이 잘되는 부부가 되기 위해서는, 첫째, 자신의 생각이나 감정을 정확하게 표현하는 능력이 필요하다. 자신의 생각이나 감정이 무엇인지 잘 모르고 있거나 상대방의 눈치를 보느라고 정직하게 표현하지 않거나 얼버무리면 효율적인 의사소통이 어렵다.

둘째, 상대방이 하는 말을 경청하고 이해하는 능력이 있어야 한다. 자기 자신의 이야기만 하고 상대방의 말에 관심을 두지 않거나 무시하는 경향이 있으면 의사소통이 제대로 이루어질 수 없다. 배우자의 말에 경청할 뿐만 아니라 말 뒤에 표현되지 않은 심층 감정까지 알아차릴 수 있는 지혜가 필요하다.

셋째, 두 사람이 함께 대화할 시간과 장소를 마련해야 한다. 성취지향적인 현대인들은 너무나 분주하고 일 중심적이어서 가족들에게는 관심을 가지지 못하는 경향이 있다. 직장뿐만 아니라 가정에도 관심을 가지고 시간을 내서 '나와 너'에 관하여 대화할 기회를 만들어야 한다. 그래야 세월과 더불어 변해 가는 부부가 두 사람의 경험을 공유하며 함께 손잡고 걸어가는 동반자가 될 수 있다.

상대방을 원망, 비난하거나 혹은 자신의 필요에 따라 교정하려는 의도로 말하는 것이 아니라 자기 자신이 느끼는 감정을 진실하게 표현하는 대화방법은 다음과 같이 할 수 있다.

"밤늦도록 과음하고 돌아오면 당신 건강 때문에 난 걱정이 돼요."

"오늘 당신하고 긴히 하고 싶은 이야기가 있는데 시간 좀 내 주면 좋겠어요."

이 문장에서 당신 건강이 "난 걱정이 돼요."와 당신이 시간 좀 내 주면 "(나는) 좋겠어요."라는 자신의 감정 표현이 대화의 초점이 된다. 이것이 나─진술법이다. '걱정이 돼요'나 '좋겠어요'는 말하는 사람의 솔직한 감정을 상대방에게 전달하는 부분이다. 그러나 다음 문장은 나─진술법과는 다른 너─진술법 대화이다.

"몸 생각해서 그 지긋지긋한 술 좀 끊어요!" → (당신) 술 좀 끊어요!

"당신 오늘 저녁 나하고 대화 좀 해요!" → (당신) 나하고 대화 좀 해요!

너-진술법은 상대방의 생각이나 행동의 변화를 기대하면서 상대방에게 지시, 명령 혹은 금지시키려는 대화법이다. 상대방에게 일방적으로 '이래라저래라' 하는 말은 너-진술문이라고 한다. 비록 '당신/너'라는 말이 생략될 때도 있지만 말하는 이가 상대방에게 지시, 명령, 금지시키려는 의도가 분명하다. 자신이 가지고 있다고 믿는 지식이나 힘을 앞세워서 상대방이 자기 기대대로 생각하고 행동해 주기를 요구하고, 말하는 이가 상대방에게 변해야 마땅하다는 의지를 보여 주는 대화이다.

너-진술법(you-message)은 상대방의 자율성을 무시하고 명령 혹은 지시하는 어투여서 상대방에게 불편한 마음이 생길 수 있다. 자신의 생각과 감정을 있는 그대로 전달하는 것이 아니라 상대방 '너/당신'에게 명령하거나 지시하는 말이어서 듣는 사람은 자존심이 상할 수 있다. 이런 경우 일방적으로 지시받은 사람은 기분이 언짢아서 협조보다는 반발하거나 저항하는 마음이 생기기 쉽다.

상대방에게 명령하거나 지시하는 것은 통상 존중하는 마음이 없음을 보여 주는 어법이고, 인간의 자율성을 무시하는 대화여서 듣는 사람은 반항하거나 어깃장을 놓을 수 있다. 사회적 지위가 높거나 권위를 앞세워서 일방적으로 명령하면 수동적 공격에 부딪칠 수도 있다.

자존감이 낮아서 성격이 불안한 사람일수록 참고 견디며 다른 사람의 생각에 동조하여 순종 및 복종하거나 아니면 반대로 남들이 자기와 같아지기를 강요하는 성향이 있다. 명령, 지시, 처벌, 비난, 윽박지르기 등은 상대방이 자기 기대대로 행동하기를 요구하는 말이지만 반항심을 불러일으켜서 인간관계를 악화시키기 쉽다. 결국 민주적 개방사회에서 부부관계를 비롯한 인간관계는 나-진술문을 기본으로 하고 상대방의 이해와 협조를 얻어야 한다. 너-진술문은 지속가능하고 상호 신뢰하는 인간관계를 맺어 가는 데는 비효율적이다.

나-진술법은 두 사람의 관계를 해치지 않으면서 상대방의 협조를 얻어 내는 데 효과적이다. 상대방의 태도나 행동을 지적하되, 원망하거나 비난하지 않으면서 말하는 이가 자신이 어떤 감정을 느끼게 되었는지를 알려 주는 데 초점을 맞추는 대화이다. 이와 같이 '나의 감정'을 상대방에게 알려 주는 데 초점을 두기 때문에 나-진술법 대화라고도 한다. 예를 들면 다음과 같다.

예 1

"당신이 집 안에서 담배를 계속 피우면, 당신과 애들 건강을 해치게 될까 봐 난 걱정돼요."

나-진술법에서는 건강을 해치게 될까 봐 '난 걱정된다'가 말의 중심이다. 상대방을 원망하거나 비난할 의도는 거의 보이지 않고 건강을 걱정하는 자신의 감정을 표현한 것이다. 이 말을 너-진술법으로 고쳐 보면 "당신도 애들도 건강 해치지 말고 담배를 당장 끊어요!!"가 될 수 있다. 담배 피우는 행동을 타인이 금지하려고 명령을 하면 명령을 받은 사람은 통상 방어하는 자세가 생긴다. 그래서 다음과 같이 자기방어를 할 가능성이 높다.

"○○○은 한평생 줄담배를 피우고도 90세까지 살았다더라."
"나한테 잔소리 그만하고 당신 살림이나 잘해!!"

이와 같은 반발심이 생겨서 의미 있는 변화가 일어나지 않는다. 오히려 이런 대화가 자주 반복되면 두 사람의 관계가 불편해진다.

예 2

"당신이 멀리 출장갔을 때, 전화 한 통 없으면 난 사랑받지 못한다는 느낌이 들어서 섭섭하고 외로워요."

이런 표현은 "당신은 멀리 출장 갔다 오면서 어째 집에 전화 한 통도 못해요?"와는 차이가 있다.

상대방의 말과 행동을 나무라거나 원망하는 대화는 '당신'에게 초점을 둔다. 그래서 너―진술법 대화라고 한다. 너―진술법은 상대방을 원망하고 비난하며 변화시키려는 의도가 들어 있기 때문에 부부관계를 개선하는 것이 아니라 더 악화시킬 수도 있다.

예 3

"지난 일요일에 당신이 시어머님에게 용돈 20만 원을 주는 것을 보면서, 멀리 계시는 우리 부모님에게는 안부 전화도 한 번 안 하는 당신에게 난 화가 났어요."

이런 표현을 너-진술법으로 바꾸면 "시어머니한테 당신이 용돈을 주듯이 우리 어머니한테도 용돈을 주거나 아니면 안부 전화라도 한 통 해요!!"가 될 수 있어서 지시받은 사람의 감정이 불편해질 수 있다.

이렇게 나-진술법으로 자신의 감정을 진솔하게 전달하면 남편의 마음을 움직여서 협조를 얻을 가능성이 높아진다. 여기서 노자의 『도덕경』에 귀 기울여 보자. "천하에 물보다 더 부드러운 것이 없지만 단단한 것을 공격함에 있어서 물보다 더 나은 것이 없다. 약한 것이 강한 것을 이기고 부드러운 것이 단단한 것을 이긴다는 것을 천하에 모르는 사람이 없지만 그대로 행할 수 있는 사람이 아무도 없다"(유성애, 2010 재인용). 부드럽고 약해 보이는 수양버들은 강풍을 이겨 내지만 뻣뻣한 소나무나 미루나무는 강풍에 꺾이거나 뿌리채 뽑힌다는 것을 우리는 경험한다. 감정에 호소하는 것이 오히려 강한 어조로 명령하거나 금지하는 것보다 상대방을 움직이는 데 더 효과적임을 나-진술법에서도 증명하고 있다. 상대방의 의미 있는 성장발달이나 변화를 기대하려면 일방적으로 지시하거나 명령하지 말고, 상대방을 수용하고 이해하며 공감해 주는 비지시적인 대화를 강조하는 로저스의 상담방법에서도 배울 필요가 있다 (Rogers, 1965).

그러나 "주말마다 그 비린내 나는 낚싯대 좀 그만 들고 다녀요! 주말에 누가 애들하고 아내 집에 두고 혼자서 물고기 잡아 오랬어요!"라고 너-진술법으로 대화하면 아내의 강한 볼멘소리와 명령하는 어조에 반발심이 생겨서 남편은 기분이 상하고 비협조적으로 행동할 가능성이 높아진다. 일상생활에서 이런 대화가 반복되면 배우자로부터 존중받거나 이해받지 못한 두 사람의 관계는 악화될 가능성이 더 높아진다.

따라서 상대방의 행동에 변화가 오도록 하기 위해서 명령, 지시, 훈계, 설득, 비난, 원망, 조언하거나 금지시키려 하지 말고 상대방의 언행에 대하여 자신의 느낌을 구체적으로 표현하여 알려 주는 데 초점을 두는 것이 효과적인 대화이다. 인간은 자율성을 가진 존재여서 다른 사람이 권력이나 힘을 앞세워서 '뜯어고치려 하거나 좌지우지하려고 하면' 통상 저항한다 (Miller & Rollnick, 2002). 면전에서 저항하거나 공격하기가 어려운 상황이면 수동적 공격을 할 수 있어서 결국 소기의 성과를 거두기 어렵고 두 사람의 관계가 악화되기 쉽다.

가정에서 권위와 힘을 앞세워서 군림하는 배우자가 다른 배우자에게 지시나 명령을 일삼으면 간혹 정면으로 대항하지 못할 수도 있다. 하지만 면전에서는 참고 있다가 상대방이 바라지 않는 행동을 하거나 지시에 따르지 않고 미적거려서 심리적으로 보복하기도 한다. 면전에서 적극적으로 공격하는 것이 아니라 상대방이 눈치채지 못하게 조용히 소극적으로 애를 먹이는 행동을 수동적 공격이라고 한다. 부부 사이에도 이와 같은 수동적 공격이 자주 발생한다. 공장에서 불만이 있는 노동자들이 사장의 지시나 회사 규정에 순응하지 않고 생산품을 불량품이 되게 하거나 태업을 하는 것도 수동적 공격의 일환이다. 수동적 공격은 의식적으로도 무의식적으로도 가능하다.

인간관계에서는 서로 신뢰하고 상호 존중하며 이해하고 공감하는 의사소통이 돈독한 관계를 가능하게 하고, 관계가 좋으면 함께하는 일이 효율적이고 만족감도 높아진다.

이런 점을 고려하여 부부관계에서 가능한 한 너-진술법을 피하고 나-진술법을 사용하도록 제안하는 것이다. 농경사회 가부장적인 가정에서는 주로 너-진술법이 주류였다면 민주적 개방사회에서는 나-진술법이 부부관계나 부모-자녀 사이에서 상용해야 할 대화의 원칙이다.

3) 화자-청자기법

부부지간에 해결해야 할 문제가 있으면 화자-청자기법을 활용할 수 있다. 화자-청자기법은 부부가 마주 앉아 말하는 사람, 즉 화자와 경청하는 사람, 즉 청자로 역할을 나누어서 문제를 해결하기 위하여 시간을 정해 놓고 대화하는 기법이다. 화자-청자기법은 이렇게 진행하면 좋다.

첫째, 평소에 두 사람의 관계가 원만하고 평화로울 때 이 기법을 배워 두는 것이 우선 순서다. 식탁이나 소파에 앉아 5분 이내에 설명하고 배울 수 있는 방법이다. 감정이 나빠졌거나 싸움이 시작되었을 때 이 기법을 새로 가르치거나 제안하는 것은 적절한 시기나 방법이 아니다.

둘째, 자명종을 준비해 놓고 5분 혹은 10분씩 교대로 말하거나 경청하도록 약속을 하고 자명종을 맞추어 놓는다. 휴대전화의 알람도 편리한 수단이 된다.

셋째, 적절한 시간과 장소에서 자기의 생각이나 감정을 억압하고 지낼 것이 아니라 상대방에게 알려 주는 것에 초점을 맞추어야 한다. 화자는 하고 싶은 말을 최대한도로 정직하고 솔직하게 표현하고, 청자는 중간에 뛰어들거나 말을 가로막지 말고 이해하려는 자세로 경청한다. 문제를 제기한 사람이 첫 번째 화자가 된다.

넷째, 나–진술법으로 대화하는 것이 매우 중요하다. 원망하고 탓하고 비난하고 공격하는 대화는 가능한 한 피하는 것이 건설적인 대화이다. 상대방의 말을 듣는 동안에 자신이 공격할 것을 준비하지 말고, 상대방의 입장에서 이해하려고 열심히 들어주어야 한다. 중간에 상대방의 말을 가로막거나 말이 끝나기 전에 뛰어들지 않기로 약속하고 실천해야 효율적인 대화가 된다.

다섯째, 자명종이 울리면 역할을 바꾸어 이번에는 청자가 화자가 되어 자기가 할 말을 시작하고, 화자는 청자가 되어 경청한다. 이번에도 자명종을 처음 약속한 시간만큼 말할 수 있도록 조정해 놓는다.

이런 식으로 부부가 화자와 청자 역할을 두세 번 교대로 반복하면 화난 감정, 억울한 감정, 서운한 감정, 자존심이 상했던 감정, 오해했던 감정, 애매한 감정 등이 서서히 풀리게 된다. 청자는 배우자의 말을 듣고 나서 어떤 기분이었는지를 솔직하게 표현하고 자신이 하고 싶은 말을 이어 가면 효과적이다.

"처음 당신 말을 듣고 나니 나를 전혀 이해하지 못한다고 생각되어 답답했었는데 인내하면서 듣다 보니까 당신 심정이 이해가 되었어요."

"당신 말을 듣다 보니 나는 전혀 상상도 못한 사소한 일에 당신은 신경을 많이 쓰고 속상해하고 있었다는 걸 알게 됐어요. 미안해요."

"당신이 내 말은 듣지 않고 중간에 뛰어들어 말을 가로막을 때마다 나는 열이 났어요. 소리 안 지르고 꾹 참느라고 참으로 힘들었어요."

"당신 말을 듣고 나니 오해가 있었다는 것을 깨닫게 되었어요. 사실 나는 그때 당신이 나를 지목하는 걸로 착각했어요."

"오랜만에 당신이 내 말을 경청해 주니 답답한 심정이 풀려서 속이 후련해졌어요, 고마워요."

"우리 사이에 갈등이나 오해가 있으면 앞으로도 대화할 시간을 내서 오늘처럼 해결했으면 나는 좋겠어요."

"아무리 바쁘고 분주해도 우리 사이에 감정이 있거나 할 말이 있으면 시간을 내서 대화할 시간을 가졌으면 좋겠어요."

부부지간에 할 말이 있거나 부정적인 감정이 생겼을 때 표현하기를 망설이면 점점 스트레스가 쌓이고 심리적 거리가 생긴다. 그런 감정이 오래 쌓이면 어떤 사소한 사건을 계기로 더 큰 싸움으로 폭발할 수도 있다. 그래서 부부 사이에 뜨거운 토론이나 싸움거리가 발생하면 미루고 미루다가 가래로 막지 말고 호미로 해결하는 습관을 길러야 한다. 이는 문제가 발생하면 그때 바로 혹은 빠른 시일 안에 시간을 약속하여 '작은 싸움'을 하면 미루고 억압했다가 큰 싸움으로 번지는 것을 예방할 수 있다는 것이다.

"오늘 당신하고 꼭 하고 싶은 이야기가 있는데 시간 좀 내 주면 고맙겠어요."
"내가 당신하고 의논하고 싶은 일이 생겼는데 시간 좀 내 주면 좋겠어요."

좀 더 구체적으로 약속을 아래와 같이 요청하는 방법도 있다.

"내가 당신에게 하고 싶은 말이 있는데 조용한 시간에 한 30~40분 시간 좀 내 주겠어요?"
"여보, 내가 당신에게 하고 싶은 말이 있는데 오늘 저녁 퇴근 후에 당신이 30~40분 정도 시간을 내 주면 좋겠어요."

이럴 경우 '시간이 없다, 선약이 있다' 등으로 대화를 회피하려는 태도를 보이면 포기하지 말고 좀 더 구체적으로 제안하는 것이 필요하다.

아내: 당신하고 긴히 하고 싶은 말이 있는데 토요일 저녁에 30분 정도 시간 좀 내 주겠어요?
남편: 선약이 있어서 안 되는데……. 바쁜데 무슨 대화야 대화가.
아내: 그럼 일요일 오후에 시간 좀 내 주겠어요? 나로서는 중요

한 일이에요.

남편: 일요일에 골프 약속이 있어서 늦어질 텐데……

아내: 일요일에 시간이 안 되면 그 다음 주중에 가능한 시간을
당신이 정해 주면 고맙겠어요.

이런 식으로 포기하지 말고 약속을 받아 내는 것이 바람직하다. 그냥 물러서면 결국 문제해결을 미루는 것이 되고, 참고 견디다 보면 의욕이 사라지거나 더 큰 문제로 발전할 수도 있다. 두세 번 대화할 시간을 요청하는데도 이런저런 핑계로 약속을 거절한다면 제안한 배우자는 무시당한 느낌이어서 기분이 언짢아진다. 거절당하거나 무시당하면 억압한 감정이 소화불량, 식욕부진, 불면증 등으로 신체화되어 나타날 수도 있다. 부부 사이에서 어느 한쪽이 무시당한다면 관계가 개선되는 것이 아니라 점점 악화될 것임은 너무나도 빤한 일이다.

화자-청자기법에서도 '나-진술법'이 '너-진술법'보다 훨씬 더 효과적이다. 나-진술법은 자신의 생각과 감정을 있는 그대로 알려 주는 데 초점을 맞추고 상대방을 원망하거나 공격하려는 의도가 없는 의사소통이어서 상대방의 협조를 얻을 가능성이 높다. 자신의 감정을 상대방에게 솔직하게 알려 주면 그 감정 표현이 상대방에게 공명을 일으켜서 자발적인 변화의 시발점이 될 수 있다. 부부간의 문제를 대화로 해결하기 위하여 화자-청자기법과 나-진술법을 익혀 두면 부부관계 개선에 도움이 된다.

4. 효율적인 대화와 파괴적인 대화

사람은 다른 사람을 필요로 한다. 다른 사람들과 의사소통이 잘되어야 인성이 발달하고 정신적 육체적 건강이 좋아진다. 정신병은 주로 중요한 타인들과의 부적절한 의사소통이 원인이 되어 인간관계가 단절된 탓이라고 본다. 상담심리치료는 주로 의사소통의 실패를 해결하는 것이 주 업무이다(Rogers, 1961, 1986). 다른 사람들과 관계가 불편하다고 고백한 직원의 80%는 직장에서 실패한다. 자신의 직업이 매니저, 간호사, 의사, 변호사, 노동자, 비서, 교사, 목사, 사무원 등 어느 것이든 상관없이 직무에서 성공하려면 의사소통 능력이 향상되어야 한다(Bolton, 1979). 의사소통 능력은 인간관계의 질을 결정하고 효율적인 협력을 통하여 자기 적절감과 업무 능력을 향상시킬 수 있기 때문이다.

불행하게도 많은 현대인은 가정에서도 외로움을 경험한다. 사랑과 친밀감 속에서 위안을 얻는 대신에 물질적인 성취와 구매력에서 만족을 구한다. 부부 사이에 의사소통이 제대로 안 되어 정서적 교류가 단절된 결혼생활을 아무 일도 없는 체하고 일에 파묻혀 살아간다. 신뢰와 이해와 배려보다는 가족들 사이에서 의례적이고 사무적인 관계가 주를 이루어 참만남이 이루어지지 못하는 부부가 종종 있다.

1) 효율적인 대화

의사소통이 효율적으로 이루어지면 상호 신뢰가 높아지고 관계가 좋아지며 함께하는 일이 능률적으로 이루어진다. 효율적인 대화의 특징을 정리하면 다음과 같다.

상대방의 감정을 억압하거나 무시하지 않고 오히려 수용하고 이해한다

> 남편: (소파에 털썩 주저앉으며) 힘들어 못 해 먹겠네.
> 아내: 당신만 힘들어? 나도 허리도 아프고 어깨도 아파요!
> 남편: 도대체 집에서 하루 종일 뭘 한다고 여기저기 아프다는
>   거요?
> 아내: 남들도 다 직장생활 잘하던데 당신은 왜 못 해 먹겠다는
>   거예요?

이런 대화는 남편의 힘든 감정을 아내가 알아주지 않고 무시하며 자기가 하고 싶은 이야기로 반응하였다. 이번에는 남편도 아내의 허리와 어깨 통증을 포함하여 고달픈 삶을 이해해 주지 않는다. 상대방의 감정을 무시하면 서로 이해받지 못한 탓에 섭섭해지고 답답하며 불만스럽고 둘의 관계가 서먹해진다.

부정적인 감정의 표현을 두려워하지 않게 한다
우리는 상대방이 '힘들다' '화가 난다' '어렵다' '걱정된다' '아

프다' '싫다' 등 부정적인 감정을 표현하면 듣는 사람의 마음에 부담이 생기거나 불편해져서 상대방의 부정적인 감정을 무시하거나 억압하려고 한다. 경우에 따라서는 근거 없이 위로해서 사라지게 하려고 한다. "그 정도 가지고 뭐가 힘들어!" "화내지 마." 등은 우리 주변에서 흔히 들을 수 있는 반응인데 감정을 표현한 사람은 이해받지 못해서 답답하고 서운해진다.

부정적인 감정은 억압하거나 무시하면 사라지지 않고 마음속에 숨어 있게 된다. 오히려 그 감정을 받아 주거나 이해하고 공감해 주어야 정화작용을 통해서 사라진다는 것이 상담심리학자들의 큰 공헌 중의 하나이다. 감정은 억압하지 말고 수용하고 공감해 주면 인간관계가 개선된다. 다음 남편과 아내의 대화의 예를 보자. 어떤 면에서 효율적인 대화가 되었는지 눈여겨볼 필요가 있다.

남편: (퇴근하여 소파에 털썩 주저앉으며) 힘들어 못 해 먹겠네!

아내: 저런, 오늘 일이 힘들었군요!

남편: ○○○ 과장이 실수를 해서 아주 애먹었어. 회사 일이 큰 걱정이야.

아내: 어머나, ○○○ 과장이 실수를 해서 회사에 큰 걱정거리가 생겼군요.

남편: 잘 수습을 해야 될 텐데 걱정이 되는구만.

아내: 책임감이 강한 당신이 얼마나 신경 쓰이고 걱정이 되겠어요.

남편: 그동안 회사가 잘 견디어 왔는데 뜻밖의 일이 생긴 거야.

아내: 당신이 머리가 허옇도록 심혈을 기울여 키워 온 회사인데 돌발 사건이 생겼으니 얼마나 놀랐겠어요.

남편: 제기랄, 어떻게 되겠지. 하늘이 무너져도 솟아날 구멍이 있다잖아?

아내: 해결할 구멍이 전혀 없는 것은 아니라는 말인가요? 그렇다면 참으로 좋겠어요.

남편: 내가 회사에 나가 방법을 찾아봐야지. 우리 어서 밥이나 좀 먹읍시다.

아내: 당신이 속상하겠지만 긍정적으로 생각하니 나도 마음이 좀 놓여요. 바로 준비해 올게요.

'힘들어 못 해 먹겠네' '아주 애먹었어' '회사 일이 걱정이야' 등 남편의 부정적인 감정을 무시하거나 부인하지 않고 아내는 있는 그대로 받아 주고 남편의 입장에서 이해하고 공감해 주니 남편은 마음이 점점 편안해지고 있다. 이와 같이 이해해 주려는 대화 상대를 만나면 우리는 부정적인 감정을 숨기거나 억압할 필요가 없고 있는 그대로 감정을 표현하고 수용하고 공감해 주는 대화를 할 수 있다. 효율적인 대화는 부정적인 정서를 해소할 수 있게 되어 속이 후련해지고 서서히 정서적인 안정감을 찾게 된다.

부부, 부모와 자녀, 교사와 학생 사이의 관계 등을 돈독하게
만들어 준다

진정성을 가지고 상대방의 입장에서 그가 느끼는 감정을 있
는 그대로 받아 주고 이해해 주거나 공감해 주면 대화하는 두
사람은 심정적으로 가까워지고 하나처럼 느껴진다. 주파수가
같은 두 개의 소리굽쇠가 마치 하나처럼 공명하는 것과 같은
현상이다. 대화를 통해서 두 사람은 관계가 더욱더 돈독해질
수 있다.

자율적이고 책임감 있고 자주적인 인간이 되게 한다

효율적인 대화는 명령, 지시, 경고, 논쟁, 훈계, 충고, 비난하
지 않고 근거 없는 위로나 칭찬을 하지 않는다. 인간에 대한 기
본 신뢰와 존중하는 마음 때문에 상대방에게 이래라저래라 하
며 좌지우지할 마음도 없다. 효율적인 대화는 부정적인 감정
을 있는 그대로 받아 주고 이해하고 공감하기 때문에 정서적
카타르시스를 경험하게 되고 안정감이 생긴다. 정서적으로 안
정감이 생기면 이성의 작용이 활발해지고 합리적으로 사고할
수 있다. 효율적인 대화는 피차가 남에게 의지하거나 순응하
지 않고 타인의 간섭을 받지도 않으면서 자기 자신을 신뢰하게
된다. 결국 자기실현경향성을 신뢰하고 자기통찰과 합리적 사
고를 할 수 있게 됨으로써 마침내 자주적인 문제해결 능력이
향상되도록 조력하는 것이 효율적인 대화의 특징이다.

부부대화의 예 1

남편: (저녁 식탁에서 무거운 목소리로) ○○동으로 이사하기로 했어. (정보 제공)

아내: 뭐라구! 또 이사를 가? 난 싫어!! 한마디 의논도 없이 이사를 간다구? (부정적인 감정 표현)

남편: 싫다니! 당신이 싫다고 내가 이사 안 갈 줄 알아? 오늘 계약을 하고 왔는데……. (정보 제공과 원망)

아내: 난 이 동네 친구들도 좋구, 애들 학교도 마음에 들어!! 난 이사하기 싫어!! (정보 제공과 부정적인 감정 표현)

남편: 친구가 밥 먹여 주냐, 이 철딱서니 없는 사람아!! (훈계와 비난)

아내: 이사가 벌써 몇 번째야? 정들만 하면 이사하고, 애들 학교에 적응할 만하면 전학 가고, 난 이사가 지긋지긋해!! (논리적 저항과 불만의 표현)

남편: 난들 좋아서 이사 가는 줄 알아? 장사는 안 되고 먹고 살려니까 그렇지!! (변명과 자기방어)

아내: (식탁에다 숟가락을 탁 내려놓으면서 나가 버린다.)
　　　(대화의 단절)

이 부부 사이에는 평소에도 의사소통이 부족했던 것이 분명하다. 이사 가는 일과 같은 집안의 중요한 의사결정을 아내와 사전에 의논하지 않고 계약서를 쓰고 나서야 남편이 아내에게 통보한 것을 보면 알 수 있다. 서로 상대방의 의사와 감정을 무시하고 화난 감정을 표출하다 보니 맞부딪히게 된다. 피차가 자기방어와 변명을 위한 짧은 정보를 제공하였으나 상대방의 감정을 이해하지 못하고 상호 불신 속에 대화는 단절되었다. 이와 같은 대화의 단절이 반복되면 부부는 정서적 교류가 사라지고 부부관계는 형식적이고 의례적인 차원에 머물게 된다.

　아내의 감정을 알아주고 이해해 주어야 되는데 남편은 아내의 부정적인 감정의 표현을 무시하고 훈계하며 원망하는 대화를 하였다. 이와 같은 파괴적이고 비효율적인 대화는 부부관계를 더 악화시킬 가능성이 높다. 사람들은 누구나 다 자신의 생각과 감정을 수용해 주고 이해해 주는 사람을 좋아한다. 그런데 서로의 생각과 감정을 무시하거나 인정해 주지 않으면 자존심이 상하고 두 사람의 관계는 악화된다. 상대방의 감정을 있는 그대로 받아 주는 것이 우선이다. 그다음 말하는 사람의 입장에서 느껴 보고 생각해 보는 자세를 견지하면서 이해하고 공감해 주는 대화를 해야 생산적이고 효율적인 대화가 된다. 앞에 나온 부부간의 대화가 효율적인 소통이 되도록 다시 진행해 본다.

남편: (저녁 식탁에서 무거운 목소리로) ○○동으로 이사하기로 했어. (정보 제공)

아내: 뭐라구! 또 이사를 가? 난 싫어!! 한마디 의논도 없이 이사를 간다구? (부정적인 감정 표현)

남편: 그동안 이사를 자주 다녀서 당신이 크게 실망했을 거야. 얼마나 속상했겠어! 내가 면목이 없어서 사전에 의논도

못했다구! (감정의 수용과 자기노출)

아내: 난 이 동네 친구들도 좋구, 애들 학교도 마음에 들어! 정
　　말 이사 가기 싫어!! (진솔한 감정 표현)

남편: 또 이사를 가자니까 당신이 얼마나 서운하겠어? 애들도
　　학교 좋아하고 잘 적응하고 있는데……. (감정의 수용)

아내: 정말 그래, 속상해!! (자기수용과 공감)

남편: 정든 친구들도 그렇고, 애들 전학시킬 생각을 하니 당신
　　이 떠나기 싫겠지. 또 이사를 하려면 당신도 보통 고생이
　　아니잖아! (감정의 수용과 이해)

아내: 벌써 몇 번째야? 지난번에도 이사 와서 적응하기까지 참
　　으로 어려웠어! 아는 사람은 하나도 없구. 옛날 친구들 생
　　각은 자꾸 나고……. (자기방어를 위한 정보 제공과 감정
　　의 표현)

남편: 당신 말을 듣고 보니 내 마음도 아파. 나도 정든 친구들하
　　고 헤어지기는 정말 서운하거든. 당신도 정든 친구들과
　　헤어질 생각을 하면 얼마나 섭섭하겠어? (자기노출과 공
　　감적 이해)

아내: 그런데 왜 또 이사를 가야 해? (질문)

남편: 안 가도 된다면 나도 좋겠는데, 당신이 눈치 채는 대로 장
　　사가 잘 안 돼. 빚이 늘고 있어. 그래서 이걸 팔고 이사를
　　가면 1억은 떨어지니까 그걸로 새 출발을 해 보려는 거
　　야. 장사가 잘 돼야 애들 학비도 대주고 우리도 먹고 살
　　것 아니야? (정보 제공과 설명 및 제안)

아내: (여전히 무거운 마음이지만) 그렇게까지 힘든 줄 난 몰랐

는데……. (수용과 자기노출)

남편: 빚이 늘어나는 걸 당신한테 말 못해서 나도 미안해. 수입
이 줄어드니 당신도 눈치 챈 줄 알았지. 우리가 이사를 가
면 당분간 힘들겠지만 다시 한번 잘해 보자구. (자기노출
과 이해 및 격려)

아내: (기운이 처진 목소리로) 알았어. (수용)

남편: 정말 미안해, 서운하겠지만 당신이 이해해 주니 고마워.
우리 다시 한번 잘해 보자구. (감정의 수용과 긍정적인
피드백 및 격려)

이번 대화에서는 남편이 아내의 '싫은 감정' '서운한 마음' '적
응하기 힘든 마음' '이사하기 어려운 마음' 등을 무시하거나 부
인하지 않고 아내가 표현하는 그대로를 받아 주고 이해하고 공
감하고 있다. 아내의 부정적인 감정을 나무라지 않고 아내의
입장에서 인정하고 이해해 주는 대화를 하고 있음을 알 수 있
다. 더군다나 적절하게 남편의 진솔한 자기노출, 즉 "면목이
없어서 의논하지 못했어." "당신 말을 듣고 보니 내 마음도 아
파. 나도 정든 친구들하고 헤어지기는 정말 서운하거든." "나
도 당신한테 미안해."와 같은 남편의 진솔한 감정의 고백은 아
내의 마음을 울렸을 것이다. 이와 같은 대화는 인간적으로 서
로 이해하고 존중하고 협력하게 되는 효율적인 대화이다. 남
편이라고 해서 아내의 생각이나 감정을 억압하거나 무시하는
대화를 했더라면 파괴적인 대화가 되었을 것이다. 남편의 기
준에서 아내의 생각이나 감정 표현을 판단하거나 원망하거나

비판하지도 않았다. 아내의 입장으로 돌아가 신뢰하고 존중하는 마음 자세로 솔직한 감정을 드러내서 대화를 했다. 그 결과 서로 이해할 계기가 되었고, 부부관계를 인간적으로 더욱 돈독하게 만드는 생산적인 대화가 되었다. 이와 같은 부부간의 대화는 사전에 의논없이 이사하기로 결단한 남편에 대한 원망도 많이 줄어들게 한다. 그리고 가족의 생계를 위해서 늘 애쓰고 있는 남편에 대한 측은한 마음과 존경심에서 아내의 가슴이 찡하고 서로 신뢰하는 마음이 커졌을 것이다.

　행복하고 원만한 부부 사이에도 경우에 따라서는 마찰이나 갈등이 있을 수 있다. 그때 감정을 억압하고 아무 일도 없었던 양 시간을 보내면서 다른 활동을 계속하다 보면 억압된 감정이 쌓여서 엉뚱한 일에서 폭발할 수도 있다. 갈등을 느낄 때, 즉석에서 진솔한 대화를 하거나 가능한 시간을 내서 대화로 푸는 태도가 돈독한 관계 형성을 위해 아주 중요하다.

부부대화의 예 2

　다음은 남편과 정서적 교류를 원하는 아내가 말이 없는 남편에게 참다못해 말을 건네는 사례이다.

　아내: 당신은 생전 말이 없잖아요?
　남편: 무슨 말을?
　아내: 내가 하고 싶은 말이 있는 게 아니라 당신 속마음을 알 수
　　　　없으니 난 답답해요.

남편: 무슨 말을 하라는 거요? 당신은 이미 나에 대하여 다 알고
　　있잖아?

아내: 그게 무슨 말이에요?

남편: 나의 일거수일투족을 늘 쳐다보고 있고, 내 마음을 다 읽
　　으면서…… 내가 입을 열었다 하면 내 말은 다 틀렸다 하
　　니 내가 무슨 말을 더 하고 싶겠소!

아내: 요즘 당신은 무슨 생각을 하며 사는지 전혀 표현을 안 하
　　니까 그 속을 알 수 없어서 난 너무 답답하고 거리감이 느
　　껴져요.

남편: 당신 정신 나갔어? 30년이나 같이 살면서 내 마음을 모른
　　다구?

아내: 당신은 나하고는 속마음을 열어 대화하고 싶지 않다는
　　말이군요?

남편: 또 시비를 거는군, 시비를!! (대화의 단절)

　이 부부는 여전히 의미 있는 대화를 여는데 실패한다. 남편
과 아내가 서로 생각과 감정을 주고받으며 정서적 교류가 있었
으면 하는 아내의 소망은 실망으로 끝나고 만다. 서로 통하고
싶은 아내의 소망을 이해하지 못하는 남편은 속마음을 터놓는
일에 익숙하지 않거나 말하지 않아도 서로 상대방 속을 다 알
고 있어야 한다고 믿는 수정체 신드롬을 가지고 있다. 아니면
비난하고 '잔소리'를 많이 하는 아내에게 방어하는 심리로 말
문을 닫고 사는 것으로 보인다. 부부 사이에 일방적으로 말을
많이 하면 상대방은 마음의 문을 닫고 '말 안 하는 사람'이 되는

경우가 생긴다. 다시 이 대화를 다음과 같이 진행해 보면 좀 더 소통이 될 것이다.

아내: 당신은 생전 말이 없잖아요?

남편: 내가 말이 없다고? 무슨 말을 하자는 건데?

아내: 당신이 아무 말도 없이 지내니 당신 마음을 알 수 없어서 난 답답해요.

남편: 내 속마음을 알 수 없어서 답답하다는 거요?

아내: 그럼요. 부부간에 서로 이런저런 말을 해야 함께 사는 재미죠.

남편: 본래 내가 말이 적은 사람이긴 하지만 가끔…….

아내: 가끔 어떻다는 말이요, 예?

남편: 무슨 얘기를 하면 당신이 이래라저래라 잔소리가 많아 더 이상 말하기가 싫어.

아내: 내 잔소리가 싫어서 말을 안 한다구요?

남편: 내 이야기를 그냥 들어주면 좋은데 왜 그랬냐 이렇게 하지, 왜 그런 말을 했냐 저렇게 하구 늘 나무라고 간섭하니까 난 기분이 안 좋아.

아내: 난 당신이 실수하지 않기 바라서 한 말인데요?

남편: 실수는 내가 무슨 실수. 당신 눈에는 내 언행이 늘 마음에 안 드는 모양이야. 그러니까 사사건건 날 교정하려고 하지.

아내: 그래서 화가 나셨군요?

남편: 바로 그거야. 오랜만에 내 마음을 알아주는구만.

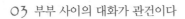

아내: 솔직한 감정을 말해 줘서 이제 당신 마음을 알겠어요. 나
　　도 조심할게요, 여보.

이런 대화를 하면 부부가 속마음을 공유하고 이해하게 되어
서로 연결되었다는 느낌이 들 것이다. 이제 물꼬를 터놓았으
니 그 부부는 좀 더 활발한 대화가 오고 갈 수 있을 것이다.

잠시 만나는 사이가 아니라 장기적으로 만나는 두 사람의 관
계에서는 1차원이나 2차원 대화만 하면 두 사람의 속마음을
느끼거나 이해할 수가 없다. 형식적이고 의례적인 대화나 사
무적인 대화의 차원을 넘어서 '나와 너'에 대한 대화를 해야 가
깝게 느껴진다. 부부 사이에 친밀하고 다정하게 지내고 싶은
마음은 인간의 기본적인 친밀감 욕구에서 나오는 것이다.

인간의 외로움은 사는 재미가 사라지게 하고 때가 되면 결
국 심리적 육체적인 병으로 이어진다. 부부가 사적인 견해나
감정을 보여 주는 3차원, 4차원 혹은 5차원의 대화로 이어져야
되는데 앞에 보여 준 부부 사례는 오랜만에 4차원의 대화에 도
달했음을 알 수 있다. 일상생활에서 부부 사이에 진솔한 생각
과 감정을 자유롭게 주고받으며 서로 수용하고 이해하고 협조
한다는 것은 부부관계의 질이 높다는 증거이다.

부부대화의 예 3

김 부장은 사업상 꼭 필요한 박 부장 부부를 근사한 식당에
서 대접하기로 하였다. 회사 일로 박 부장과 관계를 잘 맺고 싶

고 의논할 것도 있어서 신경을 써서 계획한 모임이다. 김 부장은 아내가 회사 정문으로 오면 함께 식당으로 가려고 약속해 놓았는데 그날 아내는 30분이나 늦게 나왔다. 그래서 약속한 식당에 먼저 도착해서 박 부장 부부를 정중하게 맞이하려던 김 부장은 자신의 계획이 차질이 생길까 걱정하면서 서둘러 식당으로 운전해 가는 중이다.

부부대화 A

남편: 어쩌자고 이렇게 늦게 온 거요?

아내: 택시를 잡을 수가 없어 도리가 없었어요!

남편: 더 일찍 떠났으면 될 것 아니요? 당신, 약속시간에 늦는 게 한두 번이냐구요? 장모를 닮아서 그 모양이지요!

아내: 왜 아무 상관없는 어머니를 끌어넣어요?

남편: 상관없다니 둘 다 지각하는 버릇은 똑같잖아요? 그 어머니에 그 딸이지!!

아내: 당신은 아버님을 닮아서 아침마다 냄새나는 내복을 아무 데나 내던지고 출근해요!!

남편: 난 출근시간이 급해서 먹고 살려니까 그렇지. 당신은 하루 종일 뭘 하는 거요!!

아내: 당신이 버는 쥐꼬리 만한 월급 가지고 힘드니까 나도 온 종일 돈 벌 궁리한다구요!!

남편: (급브레이크를 밟으며) 에잇, 이 지긋지긋한 사람하고 내가 한평생 살아야 해?

아내: 얼씨구, 잘 나가네!! 나도 지겨워 못 살겠어!! (대화의 단절)

　싸움이 시작된 것은 아내의 지각 때문이다. 중요한 식사모임에 아내가 늦게 와서 남편의 계획대로 일정이 진행되지 않을까 걱정이 되었다. 문제의 발단은 아내의 지각이지만 두 사람 사이에는 평소에 품고 살아온 미해결된 부정적인 감정이 있었음을 알 수 있다. 상호 간에 불신이 있었음이 대화에서 드러난다. 남편의 경우 아내가 지각하는 버릇이 마음에 걸려 있었으나 표현하지 않고 참고 지내다가 그 불만이 이번에 튀어나왔다. 아내 편에서 보면 남편이 아침에 출근할 때 내복을 벗어서 던지고 그냥 나가는 버릇이 있었으나 그 불만을 표현하지 않고 있었음이 감지된다. 둘 다 상대방에 대한 부정적인 감정이 있었지만 해결하지 않은 채 지내 왔으니 그것이 미해결된 문제이다.

　서로 신뢰하고 배려하고 사랑하는 마음이 그동안 줄어들고 상대방에 대한 실망과 부정적인 감정이 마음속에 숨어 있었다. 남편은 지각한 아내를 원망하면서 이번 일과 상관이 없는 장모에 대한 불만을 토로하였다. 아내는 아침마다 속옷을 벗어 던지고 출근하는 남편에 대한 불만으로 자기방어를 했고, 피했어야 할 시아버지까지 언급하였다. 그리고 남편의 돈벌이가 신통치 못한 것을 간접적으로 원망하여 남자의 자존심을 상하게 했다. 서로 상대방의 자존심을 손상시키는 언사가 결과적으로 파괴적인 감정 폭발을 가져왔다. 상대방의 실수에 대하여 비난이나 원망을 피하고 건설적인 대화를 하였더라면 다음과 같은 분위기가 가능했을 것이다.

부부대화 B

남편 1: 당신이 늦게 와서 사고라도 났나 하고 난 걱정했어요!!

아내 1: 미안해요. 내가 늦어서 당신이 얼마나 초조하게 기다렸
겠어요.

남편 2: 시간이 촉박해서 걱정되네요. 교통이 이렇게 혼잡할 줄
이야 나도 몰랐어요.

아내 2: 미안해요, 여보. 내가 지각을 해서 당신이 얼마나 화가
났겠어요. 택시가 이렇게 잡기 어려울 줄은 상상도 못했
어요.

남편 3: 당신도 얼마나 애간장이 탔겠어요. 시간은 늦어지고 차
는 잡을 수가 없었으니 고생했구려.

아내 3: 정말이에요. 내가 늦게 와서 당신 계획을 그르치게 될
까 봐 걱정이 되네요.

남편 4: 내가 신경 써서 계획한 약속인데 늦어서 신경이 쓰이긴
해요. 박 부장을 잘 모셔야 회사 일이 풀릴 것 같은데…….

아내 4: 내가 집에서 더 일찍 떠났어야 하는데 미안해요.

남편 5: 대도시 교통체증을 예측하기 어려우니 당신도 어쩔 수
없었겠지요. 최선을 다해 보는 거지 뭐.

아내 5: 고마워요, 여보.

앞에서 보여 준 '부부대화 A'는 상대방을 원망하고 서로 방어

하는 데 급급하다. 서로 '당신'에게 탓을 돌리고 비난하고 나무란다. 그리고 오늘 당면한 문제에만 초점을 맞추지 않고 과거에 해결했어야 할 미해결된 감정을 끌어들여서 문제를 복잡하게 만들었다. 결국 서로에게 상처를 주는 파괴적인 대화로 끝나고 말았다.

그러나 '부부대화 B'에서는 '남편 1'에서 상대방을 원망하는 말이 아니라 자기 자신의 감정에 초점을 맞추어 나—진술법으로 말하였다. "당신이 사고라도 났나 하고 나는 걱정했어요!!"에서 '나는 걱정했어요.'가 문장의 핵심이다. 남편이 늦게 온 아내를 원망하거나 비난하려는 의도는 거의 보이지 않는다. 남편의 입장에서 볼 때 아내를 원망하거나 비난해도 소용이 없는 일이고, 아내가 늦게 온 것에는 그럴 만한 이유가 있을 것이라는 이해심과 아내가 최선을 다했으리라는 신뢰감이 있다고 봐야 한다. 그래서 아내에게 "당신도 얼마나 애간장이 탔겠어요."라고 공감하고 이해해 줄 수 있었다. 그러고 나서 자신이 걱정을 많이 하고 있었음을 알려 주었을 뿐이다. 남편에 대한 반응으로 '아내 1'도 "(내가) 미안해요. 내가 늦어서 당신이 얼마나 많이 초조하게 기다렸겠어요."라고 남편의 감정을 이해해 주고 사과하며 자기방어도 하지 않는다.

대화의 장애물인 명령, 지시, 훈계, 비난, 평가, 충고, 논쟁 등을 일삼으면 상대방은 자기방어를 하게 된다. 자율성을 가진 인간의 저항심리 때문에 상대방이 명령하거나 지시하는 대로 순응하고 싶은 동기가 오히려 사라지는 것이다.

직장에서 벌어진 일에 관해서는 가족들에게 말할 필요가 없

다고 생각하는 이들이 있다. 공연히 가족들이 걱정하게 만들
필요가 없다고 생각한다. 그리고 가정에서 일어난 걱정거리
도 배우자에게 숨기려는 사람들이 있다. 배우자까지 근심 걱
정거리에 끌어넣고 싶지 않아서 혼자서만 알고 지내며 침묵하
는 배우자의 그 선한 의도는 알 수 있다. 그러나 안타깝게도 숨
기고 가리는 것이 많을수록 부부 사이에 거리가 생긴다는 사실
이다. 함께 아파하고 더불어 기뻐할 것인지 아니면 혼자서 끙
끙 앓으면서 외롭게 지낼 것인지를 부부는 선택해야 한다. 진
정한 배우자라면 어려울 때 함께할 수 있는 사람이어야 하고,
따라서 대화를 통해서 희로애락을 공유하는 것이 바람직한 방
향이고 건전한 부부관계를 유지하는 길이다. 기뻐하는 사람과
함께 기뻐하고 슬퍼하는 사람과 함께 슬퍼하는 부부가 되어야
한다. 아무리 생각해 보아도 함께 손잡고 울고 웃는 것이 부부
의 인생행로이기 때문이다.

2) 파괴적인 대화

부부관계를 해결하기 위해 '사랑 실험실'을 운영하는 상담전
문가인 존 가트맨(John Gottman)과 줄리 가트맨(Julie Gottman)
은 행복한 부부의 특성을 두 가지로 요약하였다(정준희, 2007).
첫째, 행복한 부부는 좋은 친구처럼 행동한다는 것이다. 좋은
친구처럼 서로 믿고 존중하며 배려하고 공감한다. 둘째, 행복
한 부부는 그들의 갈등을 인정하고 부드럽게 긍정적인 화법으
로 다루고 해결한다는 것이다. 결혼생활에서 갈등은 불가피한

요소라고 인정하면서 행복한 부부관계를 유지하는 사람들은 갈등에 관하여 대화를 계속하고, 상대방의 관점에서 이해하려고 노력하며, 타협안을 낼 줄 아는 부부이다.

존 가트맨과 워싱턴 대학교 동료들은 부부의 갈등을 다루는 대화 중에서 해로운 요소를 탐색하여 정리하였다. 그의 연구에 의하면 갈등을 겪는 부부의 대화를 분석해 보면 90%의 정확도로 그들의 결혼생활의 장래를 예측할 수 있었다. 부부 사이의 갈등과 관련하여 긍정적인 언급을 부정적인 언급보다 더 자주하는 부부는 원만한 결혼생활을 유지하지만 긍정적인 것보다 부정적인 코멘트를 더 자주 하는 부부는 결국 이혼으로 치닫는다고 보고하였다. 그는 대화 중에 포함된 네 가지 요소 중에서 상대방에 대한 비난, 멸시, 방어적 태도, 돌담쌓기는 그 순서대로 결혼생활에 점점 더 부정적인 영향을 미친다고 주장하였다(정준희, 2007). 갈등 해결 과정에서 부부가 어떤 언어를 사용하느냐에 따라서 결혼생활이 향상되기도 하고 악화되기도 한다는 주장이다. 결혼생활을 악화시키는 네 가지 언어는 다음과 같다.

189

비난

다른 사람의 행동이나 인격을 비난하면 듣는 이는 당연히 불쾌하고 자존심이 상한다. "당신은 덩칫값도 못하고 있어요. 당신은 자신이 원하는 것은 다 하면서 나는 못하게 하잖아요. 어쩌면 당신은 그렇게 이기적이에요?" 이런 말을 들은 사람은 화가 나거나 협조할 마음이나 일할 의욕을 잃게 된다. 비난과 원망은 긍정적인 변화를 가져오지 못한다.

살다 보면 불평은 건강한 부부 사이에 할 수 있는 행동이다. 기분 좋게 들리는 불평은 없지만 억압하고 지내는 것보다 불만을 말로 표현하는 것이 결혼생활을 더 견고하게 해 줄 수도 있다(Parrott, 1995). 다만 불평불만이 생겨서 상대방을 비난하고자 할 때 나-진술법으로 자신의 감정을 표현하는 것이 효과적인 의사소통방법이다.

"내가 보기에 당신은 하고 싶은 것 다 하면서 내가 하고 싶은 건 못하게 하니까 난 정말 섭섭해요."

이런 표현은 상대방을 원망하거나 비난하려는 의도는 아주 적으면서 자신의 감정은 진실하게 전달하는 방식이어서 상대방의 이해와 협조를 얻을 가능성이 높다.

멸시

멸시에는 배우자를 모욕하고 심리적으로 학대하려는 의도가 담겨 있다. 멸시의 흔한 형태는 인격모독, 적개심이 담긴 농담, 비웃음 등이 있다.

"이걸 반찬이라고 해놓은 거요!"
"당신이 하는 일이 제대로 되는 걸 평생 본 적이 없어요."

멸시는 부부관계를 해치는 암적인 독소이다. 이것은 부부관

계를 힘들게 하고 서로에 대한 긍정적인 감정과 정서적 교류가
사라지게 한다.

방어적 태도

서로 상처를 주고받기를 계속하면 점점 자기방어를 하게 된
다. 모욕적인 말을 계속 듣게 되면 자기 자신을 방어하는 본능
적인 반응을 보인다. 희생양이나 피해자가 된 기분을 느끼는
배우자는 본능적으로 자기방어를 하면서 자기 잘못을 인지하
지 못한다.

> 아내: 옷 좀 제자리에 걸어 놔요!
> 남편: 그래서 당신 화장대는 정리정돈이 잘돼 있구만.

돌담쌓기

부정적인 감정을 억압하고 표현하지 않으면 부부 사이에 돌
담을 쌓은 것처럼 저마다 자기 성곽 속에 머물며 배우자와 상
대하지 않고 소통하지도 않는다. 파괴적인 싸움으로 상처를
받은 부부는 피곤하고 지쳐서 절망적이 되어 진실한 감정을 억
압하고 상대하기를 거부한다. 대체로 남성들은 화가 나거나
실망하면 홀로 침묵하려고 하고, 여성들은 누군가와 대화할
상대를 찾는다. 부부관계에서 남성들이 여성들보다 돌담쌓기
를 더 많이 더 오래 하는 편이다.

건전한 부부관계에서도 싸움 중에 거친 말투가 나올 수 있
다. 그러나 이상에 언급한 비난, 멸시, 방어적 태도, 돌담쌓기

가 부부 사이에 습관적으로 나타나면 정신건강 전문가를 찾아가서 도움을 받는 것이 여생의 행복을 위해 바람직한 예방책이다. 갈등이 없다는 것이 최상의 결혼 상태라고 말하기는 어렵다. 친밀한 부부가 되기 위해서는 진솔한 자기를 보여 주어야 하고, 그러면 서로 포옹하거나 갈등이 생길 때도 있게 마련이다.

남녀가 만나서 사랑에 빠지면 자기가 태어나서 성장한 원가족을 떠나 부부가 되어 새로운 가정을 구성하고, 태어나서 자라온 가정문화와는 다른 제3의 문화를 창조하도록 노력하여야 한다. 저마다 자기가 성장한 가정문화에서 배운 규칙이나 생활 태도를 고집한다면 결혼생활에서 부딪힐 가능성이 높아진다.

새로운 문화를 창조하려면 서로 도전을 주고받는 것이 당연한 과정이어서 부부들에게 적응능력을 요구한다. 그뿐만 아니라 우리 문화에서는 대체로 자녀들이 부모들과의 정서적 유대가 끈끈하여 양가 부모들의 관여가 심할 경우 새로운 가정문화를 형성하는 데 어려움이 가중될 수 있다.

새로운 삶에 적응하는 과정에서 견해 차이로 다투거나 싸우는 것은 나쁜 것이고 피해야 할 일로 생각하기 때문에 흔히 참고 견디는 것을 강조한다. 인내, 이해, 타협, 용서 등도 삶의 과정에 꼭 필요한 요소이지만 부부관계에서 자신의 생각과 감정을 계속 억압하거나 늘 무시당하며 사는 것은 건전하고 행복한 부부가 선택할 길이 아니다.

갈등은 사랑하는 사람들이 친밀감을 키워 나가기 위해 지불해야 할 대가이다. 친밀해지려면 갈등을 겪고 해결해야 된다는 것이다. 심리적으로 먼 사람과는 갈등이 생길 가능성이 거의 없다. 진실한 감정이나 생각을 억압하고 참고 견디다 보면 부부간에 해소되지 않은 미해결 감정으로 남게 된다. 부정적인 감정이 누적되면 사랑의 3요소인 열정, 친밀감, 책임감과 헌신을 훼손하여 부부관계를 해치고 정서적 단절로 이어질 수 있다(Sternberg, 1999). 말하자면 부부 사이의 전기회로가 끊기게 된다는 것이다.

  자신들의 감정을 솔직하게 다루지 않는 부부는 억압된 분노의 대체물(anger substitutes)을 찾게 되는데, 화가 날 때마다 진솔한 감정을 표현하는 대신에 억압하고 과식하거나 음주, 약물에 대한 의존성이 생기거나 우울증, 심인성 질환 등을 겪게 될 수도 있다. 분노나 적개심을 품고 사는 것이 능사가 아니다. 건설적인 대화로 해결하는 방법을 배우거나 믿을 만한 친구와 수다를 실컷 떠는 것도 한 가지 방법이다. 아니면 저마다 스트레스를 푸는 건전한 방법을 터득하거나 정신건강 전문가의 도움을 받는 것이 바람직하다.

3) 역기능적인 대화

  가족치료 전문가인 사티어(김영애, 2010; Satir, 1988)는 의사소통방식은 곧 생존방식이라고 하였다. 자기가 처해 있는 상황에서 적응하고 살아남기 위한 방식이 의사소통방식이라는 것이다. 그는 친밀한 인간관계 형성에 방해가 되고 건전한 인간관계를 해치는 역기능적인 의사소통방식을 네 가지로 분류하였다. 회유형, 비난형, 초이성형, 산만형(혼란형) 등이다. 다섯 번째 일치형 의사소통은 자기존중감이 높은 사람들이 사용하는 건강하고 효율적인 의사소통방식이다. 부부와 가족들이 어떤 의사소통방식을 채택하고 있는지 관찰해 보면 관계를 개선하는 데 도움이 될 수 있다.

회유형

가족관계에서 불안하여 남들의 비위 맞추는 역할을 주로 한다. 상대방을 위로하거나 기쁘게 해 주면 자신은 공격의 대상이 되지 않고 힘 있는 사람의 보호를 받을 것으로 판단하여 채택하는 의사소통방식을 '회유형'이라고 부른다. 자존감이 낮은 사람일수록 자기 자신의 생각이나 감정을 주장하지 못하고 자신을 억압하고 상대방의 뜻대로 순응하거나 복종하게 된다. 그들은 남들의 인정과 칭찬을 받는 대신에 진정한 자기 자신을 잊어버리고 살게 되어 나이 들어가면서 "어쩐지 내 삶이 공허하고 무의미한데 왜 이렇게 됐나?" 등의 혼잣말을 하기도 한다.

비난형

어린 시절에 꾸지람을 듣고 벌을 받고 자라면서 불신과 분노나 적개심이 쌓여서 상대방을 공격하고 비난하는 어투를 자주 사용한다. 타인을 무시하고 먼저 공격하는 것이 자기 자신을 보호하고 방어하는 최선의 방책이라고 작심한다. 그리고 상대방을 비난하고 공격하는 어투를 자주 사용하는 사람이 된다. 상대방의 약점을 찾아 공격함으로써 자기 자신의 열등의식을 극복하고 낮은 자존감을 높일 수 있을 것이라는 잘못된 계산에서 나오는 언어행동이 비난형의 특징이다. 비난형은 어려서 학대받으면서 누적된 불안이나 화난 감정을 자기방어의 방편으로 자기도 모르게 거칠게 분출함으로써 공격적인 삶을 살게 된다. 비난형은 집 안팎에서 인간관계에 물의를 빚을 가능성이 높다.

초이성형

자신의 감정을 인정하거나 수용하지 않고 남들의 감정에도 무감각하거나 타인의 감정을 인정하지 않는다. 초이성형은 어려서 체험한 부정적인 정서를 감당하기 어려워서 억압하는 습관이 생겼고 자신의 감정과는 단절된 삶을 살게 된다. 다른 사람을 동정하는 따뜻한 마음이 없고, 어떤 상황에서도 지극히 초연한 태도를 취한다. 그는 감정을 중요하게 여기지 않는 까닭에 어떤 사람이나 상황에 감정적 개입을 하지 못하고, 그래서 주위 사람들에게 냉정하고 쌀쌀맞다는 인상을 준다. 이들은 다른 사람의 마음을 이해하지 못하고 융통성이 없으며 원칙주의적이고 재미없고 강박적인 사람으로 보여서 남들로부터 따돌림을 당하기도 한다.

산만형(혼란형)

초이성형이 조용하고 안정된 것처럼 보이는 것과는 달리, 산만형 혹은 혼란형은 생각과 말과 행동 등이 부산스럽다. 이들은 자신뿐만 아니라 다른 사람에게도 초점을 맞추지 못하고,

상황에 대처하는 것도 매우 부적절하다. 산만형과 대화를 하다 보면 한 주제에 집중하지 못하거나 상대방의 얘기를 무시하거나 질문에 엉뚱한 대답을 하는 경우가 많아서 의미 있는 대화를 지속하기가 어렵다.

비난형의 남편에게 비위를 맞추기 위해 자신의 감정이나 생각을 무시하던 회유형인 부인이 어느 시점에 이르러서는 더 이상 참지 못하고 남편에게 비난을 마구 퍼부어 댈 수도 있다. 이런 경우 남편이 회유형으로 바뀔 수도 있고 또 아내와 남편이 그 역할을 교대할 때도 있다. 많은 부부가 겉과 속이 일치하지 않는 비일치형 의사소통을 자주 하기 때문에 친밀한 부부관계를 기대하기가 어렵다.

이상과 같은 역기능적이고 비일치형 의사소통방식에도 저마다 장점이 있다. 회유형은 남을 배려하는 마음과 자세가 큰 장점이다. 문제는 타인에 대한 배려만큼이나 자기 자신에 대한 배려를 배워야 한다는 점이다. 헌신적으로 남들을 배려하고 그들을 기쁘게 하고 인정받는 보람은 있겠으나 자기 자신의 삶을 포기하지 말고 자신을 제대로 돌보는 균형감각을 찾아야 한다. 비난형은 자기 자신의 생각과 감정을 주장할 수 있는 힘이 있다는 장점이 있지만 타인을 배려하는 마음을 훈련해야 한다. 상대방의 약점과 허물을 찾는 대신에 자기 자신의 솔직한 감정에 접촉하여 표현할 수 있어야 한다. 초이성형은 모든 일에서 합리적이려는 장점이 있는 데 반해, 자신과 타인의 감정을 자각하거나 배려할 줄 모른다는 점이 문제이다. 산만형은 즐거움과 유머 감각이 있으니 그 장점을 살리면서 자기가 처해 있는 상황과 현실에 맞게 적응할 줄 알아야 한다.

일치형 혹은 친밀형은 속과 겉이 일치하여 진실한 생각과 감정을 표현한다. 진솔하고 순수한 자기 자신을 있는 그대로 드러내 놓는 대화를 한다. 상대방과 자기 자신을 모두 신뢰하는 까닭에 자기 자신과 상대방을 있는 그대로 수용한다. 자기를 수용하고 사랑하는 것만큼 상대방을 수용하고 따뜻하게 배려하고 사랑한다. 따라서 상대방을 자기 기대대로 행동하게 하려고 노력하거나 상대방을 내 뜻대로 교정하려는 마음이 없다. 노자의 말처럼 "온전한 생명체는 다른 생명체에 간섭하지 않는다." 다른 생명체에 간섭하면 피차가 상처를 받게 되기 때문이다. 프리츠 펄스의 시처럼 "나는 이 세상에 당신의 기대대로 살려고 태어난 것이 아니고, 당신도 이 세상에 나의 기대대로 살려고 태어난 것이 아니다. 그러나 만약에 우리가 서로 만날 수 있다면 그건 아름다운 일이다."라고 믿고 산다. 상대방에게 경청하고 공감할 줄 알기 때문에 '만약 내가 당신이라면 나도 당신처럼 말하고 행동할 것입니다. 나는 당신이 왜 그런 기분인지 이해합니다.'라는 태도와 말로 부부 사이에 진실한 의사소통을 할 수 있다.

일치성 있는 대화는 참만남을 가능하게 함으로써 진실하고 돈독한 부부관계 및 인간관계를 맺는데 필수 요소이다(김영애, 2010; Rogers, 1970). 원가족에서 다음과 같은 대화 방식으로 자녀들에게 모범을 보여야 자녀들은 일치성 있는 대화를 배울 수 있다.

- 부부는 진실한 생각과 감정을 표현하는 데 익숙할 만큼 자기존중감과 자신감이 있어야 한다. 그런 부부는 서로에게 진솔한 생각과 감정을 표현할 수 있다. 자녀들은 일치성 있는 부부의 대화를 모방하며 성장한다. 부부 사이에 숨기는 것이 많거나 자신을 솔직하게 표현하지 않으면 두 사람 사이의 심리적 거리가 멀어지고 오해가 생기며 친밀감이 사라진다. 자녀들도 부모의 겉과 속이 다른 비일치성 대화를 배우게 된다는 점을 명심하여야 한다.

- 상대방의 말과 행동을 수용하고 존중한다. 사람마다 서로 다른 주관적 경험세계 속에 존재하고 가족문화가 서로 다른 사람끼리 만났으므로 부부는 저마다 독특한 존재이다. 자기 자신과 다른 상대방의 말과 행동을 수용하고 존중하는 것이 중요하다. 서로 다를 뿐 누구도 틀린 것이 아님을 이해하는 생활태도인 자기긍정−타인긍정의 자세를 지녀야 한다.

- 공감적으로 이해하려고 노력한다. 자기 기준으로 상대방을 평가하지 말고, 상대방의 입장에서 느끼고 생각해 보고 이해해 준다. 역지사지하는 생활태도를 갖추어야 한다. 공감적 이해 능력은 혼자 사는 세상이 아니고 더불어 살아가는 세상에서 관계를 잘 맺을 수 있는 바람직한 성품이다.

- 교정 반사를 더디게 하자. 상대방을 자기 기준에 따라 바람직한 방향으로 변화시키려고 사용하는 어법을 교정 반사(correction reflex)라고 하는데 충고, 훈계, 명령, 지시, 금지, 비난하여 상대방을 교정하려는 의도가 들어 있다.

사람마다 자신의 길을 가려는 실현경향성을 타고난 자주적인 존재임을 수용하여야 한다. 그런데 자기가 원하는 방향으로 상대방을 오게 만들거나 뜯어고치려 하면 상대방의 무의식적인 자기방어나 의식적인 반항에 부딪치게 된다. 대체로 교정 반사는 자기방어와 반항에 맞부딪쳐서 헛수고로 끝나고 두 사람의 관계는 악화되기 쉽다(Miller & Rollnick, 2002).

친밀한 부부 사이에 말다툼을 하는 것은 있을 수 있는 일이다. 우리 문화는 부부가 싸운다는 말에 강한 부정적인 태도가 형성되어 있어서 싸우면 안 되는 것으로 믿는 이들이 있다. 그러나 진솔한 감정을 표현하며 가끔 다투는 가정은 부부가 함께계속 살아갈 가능성이 있지만, 솔직한 대화를 회피하고 '뜨거운 토론'을 할 줄 모르는 가정은 부부관계 만족도가 떨어지고 결혼생활의 의미를 상실하거나 이혼에 이르기가 더 쉽다는 것이 부부상담 전문가들의 연구 결과이다.

전통적인 부부관계에서는 예의를 지켜야 한다고 믿은 나머지 저마다 솔직한 감정이나 생각을 억압하고 말싸움이나 토론을 회피해 왔다. 자녀들이나 남들 앞에서는 다툼을 금기시하고 불편한 감정을 참고 살아왔다. 불편한 감정을 표현하지 않고 얼버무리거나 억압하는 부부는 말다툼을 회피하니까 외견상으로는 별문제가 없는 것처럼 보인다. 그러나 세월이 지남에 따라 부부 사이의 열정은 사라지고 정서적 교류가 부족하여 권태를 느끼게 된다. 정서적으로 차단되면 부부 사이의 육체적인 거리가 멀어지고 성적인 매력이 없어지면서 무미건조한 삶에 끌려가게 된다.

　가정법원에 가서 이혼신청을 하면 미성년 자녀가 있는 부부에게는 숙려기간을 주고 상담을 받도록 한다. 혹시 이혼을 재고하고 화합할 수 있는지 탐색할 기회를 주고, 어린 자녀들의 양육을 고려해서 부부가 협력이 이루어질 방안을 찾아보자는 의미에서 나온 방침이다. 그런데 많은 경우 한때 그토록 사랑하던 부부가 철천지원수가 되어 상담실을 찾아오는 경우가 종종 있다. 진실한 대화를 하며 소통을 잘했더라면 혹은 '뜨거운 토론'을 종종 하면서 서로를 이해하고 용서하고 타협했으면 충분히 예방할 수 있는 마찰이나 갈등이었다. 그런데 겉과 속이 다르게 행동하고 불신이 누적되어 사랑하던 부부가 세월이 지나면서 원수로 전락하게 된 경우가 자주 있다.

　농경사회의 가부장적인 가정에서는 아내가 참고 견디고 순종하는 미덕을 발휘해야 된다고 믿게 만들었으나 이제는 양성이 보다 더 평등한 사회로 가고 있다. 성별에 관계없이 인간은 존엄한 존재이고 저마다 남다른 개성과 능력을 가지고 태어나서 자기실현을 위해 한평생 살아가는 세상이다. 자유 민주주의 사회의 남녀는 서로 신뢰하고 이해하며 존중하고 협력해서 살아가야 저마다 자기실현을 꿈꿀 수 있다. 어느 한 성이 다른 성 위에 군림하던 사회를 지나서 상호 존중하며 협력하여 아름다운 가정을 이루려는 것이 현대사회의 건전한 부부들의 소망이다.

200

부부생활의 걸림돌을 알아내자

1. 부부관계 개선방안

2. 낮은 자존감과 부부관계

3. 상처받은 내면아이

행복한 부부도 A/S가 필요하다

1. 부부관계 개선방안

행복한 부부관계를 원하면서도 어디서부터 어떻게 시작해야 좋을지 몰라 은근히 애태우는 부부들이 있다. 부부가 여행을 떠나 보기도 하고 분위기 있는 식당을 찾거나 영화관이나 운동경기장을 찾아가 보기도 한다. 많은 시간과 에너지를 투자하여 자기 계발을 위해 노력하거나 부부관계 애프터서비스를 시도하는 이들도 있다.

그러나 인간의 성장발달이나 변화에 대한 오해가 부부관계 개선의 걸림돌이 될 때가 종종 있다. 부부관계 개선에 걸림돌이 되는 잘못된 믿음과 태도를 검토하고 우선적으로 고려해야할 몇 가지 원칙을 제시하려고 한다.

1) 부부관계 개선의 원칙

인간의 변화 가능성을 믿어야 한다

상담실에 들어와서 결혼생활의 고통을 하소연하는 이들은 부부관계 개선방안을 궁리하는 과정에서 "그 사람은 변할 사람이 아니다!"라고 딱 잘라 말한다. 그의 못된 버릇을 고쳐 보려고 한두 번 노력한 것이 아니라면서 그 사람은 변할 가능성이 없는 사람이라고 단정하는 이들도 있다. 그러나 이 하늘 아래 생명체가 변하지 않는 것이 없다. 인간의 자율성은 외부의 압력에 대해서는 저항하거나 반항하는 까닭에 변하지 않는다고 속단하기 쉽다. 탈선하는 청소년이나 신뢰가 무너진 부부가 서로 지시하고 명령하거나 훈계하는 대로 선뜻 변하지 않기 때문에 인간은 변하지 않는다고 믿고 포기하는 경우가 자주 있다.

그러나 분위기가 조성되면 인간은 자율적인 변화동기가 유발되어 변하는 존재이다. 한 사람이 상대방을 타율적으로 교정하려고 덤비면 오히려 어깃장을 놓기도 하고, 두 사람의 관계는 더 악화될 수도 있다. 사실은 악화되는 것도 변화는 변화다. 남들이 바라고 기대하는 방향이나 속도로 변하는 것이 아닐 뿐, 인간은 그가 처해 있는 상황에서 자신의 실현경향성에 따라 자율적으로 변하게 되어 있다. 인간의 변화 가능성을 믿어야 부부관계 개선을 기대할 수 있다.

부부관계를 개선해야 할 이유가 있음을 시인하자

우리는 자신에게 문제가 있다는 것을 시인하기를 싫어한다. 저마다 자기는 아무런 문제가 없는 양 남들이 수용해 주기를 바라며 살아간다. 사람마다 타인들로부터 인정받고 싶은 욕구가 강하고 부정적인 평가를 싫어하다 보니 자기가 문제가 있음을 시인하기를 두려워하는 것이 부부생활 개선에 걸림돌이 된다. 그래서 문제가 있음을 감지하고서도 서로 말을 꺼내지 못하고 몇 주, 몇 개월 혹은 수년간 그냥 지내는 부부들이 적지 않다. 자존감이 낮은 사람일수록 자기는 이미 부족하고 모자라는 사람인데 또 문제가 있다고 고백하려니까 상대방의 부정적인 평가나 비난이 두려워서 시인할 용기가 나지 않는 것뿐이다.

이 땅 위에 온전한 사람은 없고, 완전한 부부관계도 있을 수 없다. 살다 보면 크고 작은 문제가 발생하는 것은 지극히 정상이다. 따라서 믿을 만한 친구나 은사를 만나서 도움을 청하거나 정신건강 전문가를 만나서 자신에게 문제가 있음을 시인하는 용기와 겸손한 태도는 문제해결의 좋은 신호이다. 우리가 완전하지 못한 존재인 것을 시인하기를 두려워하지 말자. 문제가 있음을 인정하고 해결하고 싶은 의지를 보여야 발전할 희망이 있는 사람이다. 심리적으로 건강한 사람들은 자기노출을 두려워하지 않는다(Jourard, 1971; Rogers, 1961). 자신의 생각이나 감정을 진실하게 표현하고 있는 그대로 자신의 장점과 약점을 시인할 수 있는 사람이 건강한 사람이다.

상대방이 먼저 변하기를 기대하면 성공하기 어렵다

인간 등 생명을 가진 존재는 실현경향성을 타고나서 일정한 방향으로 자율적으로 나아가려는 힘을 가지고 있다. 외부로부터 타율적으로 변화를 강제할 때는 오히려 변하지 않으려고 회피하거나 저항한다. 자주적인 존재일수록 외부의 통제를 거부한다. 부부관계에서도 일방적으로 상대방을 뜯어고치려고 작정을 하고 나서면 저항에 부딪쳐서 기대하는 변화가 오지 않는다.

부부관계 개선에 성공하려면 자신이 먼저 달라지고 변해야한다. 한동안 잔소리를 줄이거나 화내기를 멈추면 그것이 의미 있는 자기변화이다. 늘 찡그리고 살다가 밝은 모습으로 대하면 그것이 중요한 변화이다. 모든 사람이 완전할 수 없음을 깨닫고 상대방을 용서하면 그것이 의미심장한 변화의 시작이다. 자신이 먼저 변하면 상대방도 변하기 시작한다. 남을 자기 뜻대로 바꾸려고 하는 것은 인간의 자율성에 위배되는 일이어서 피차가 실망하고 관계가 악화될 수 있다. 부부관계에서 자기가 먼저 깨닫고 스스로 변하는 것이 상대방의 변화를 촉구하는 것보다 더 효율적인 방법이다.

문제를 이해하기 위해 시간을 내서 대화하자

우리는 일 중심 사회에서 저마다 분주하다. 직장에서 경쟁하고 살아남기 위해서는 과로하는 경우가 적지 않다. 따라서 부부 사이에 혹은 가족들끼리 대화할 시간이 부족하다. 아니 대화할 마음 없이 지내는 이들도 있다. 대화가 부족하면 서로 이해하기가 어렵고 함께 협력해서 선을 이루기가 힘들어진다. 자주 대화를 나누고 경험을 공유해야 문제가 무엇인지 깨닫게 되고 서로를 이해하게 되며 협력할 여지가 생긴다. 부부 사이에 대화가 활발해야 개선해야 할 문제점을 빨리 알아차릴 뿐 아니라 해결해야 할 적기를 놓치지 않게 된다.

공감적 이해와 용서를 실천하자

서로 상대방의 입장에서 역지사지하는 태도는 성숙한 인간관계의 기본이다. 저마다 남다른 주관적인 경험세계에서 보고 듣고 생각하며 행동하는 까닭에 상대방의 입장에 서 보지 않으면 이해하기가 그만큼 더 어렵다. 이해할 수 없는 사람과 더불어 살아간다는 것은 무미건조하고 고달픈 인생행로이다. 그리고 자신의 가치기준에 따라 상대방을 평가하고 판단하는 것은 상대방을 무시하는 처사이므로 함부로 비난하지 않아야 마땅하다. 불완전한 인간끼리 만나서 사는 것이 인생이므로 상대방을 수용하고 이해하려고 노력하고 공감하기에 힘써야 한다. 상대방의 잘못을 수용하고 용서하는 것은 자기 자신도 완벽하지 못한 인간임을 시인하는 일이나 다름없다. 자기 자신이 온전하지 못한 인간임을 스스로 인정하거나 배우자에게 진정으로 고백하고 나면 우리는 편안해지고 자유로워지며 생명력이 살아 움직인다.

배우자의 성격을 모두 바꾸려 하지 말고 구체적인 문제 하나에 우선 초점을 맞추자

한 인간의 성격을 온통 다 바꾸고 싶어 한다면 결국 자기 자신이 실패의 쓴맛을 보게 된다. 왜냐하면 불가능한 일에 도전하는 것이므로 쓰라린 좌절을 경험할 수밖에 없다. 성격은 아주 어려서부터 형성되어 오늘에 이르는 것이므로 그것을 다 바꾸고 싶다는 말은 한평생을 다시 살기를 바라는 비현실적이고 허황된 기대에 불과하다. 상대방이 마음에 안 든다면 원망만 하지 말고, 자신도 마음에 안 드는 면이 있는 존재임을 자각해야 한다. 그리고 하루에 모든 문제를 해결하려고 덤비지 말고,

구체적인 문제 하나에 초점을 맞추어 점진적으로 노력하는 것이 지혜로운 일이다. 천 리 길도 한 걸음부터가 부부문제를 개선하는 데도 적절한 방책이다.

혼자서 이기려 하지 말고 부부가 한 팀이 되어 함께 이겨 내자

남편과 아내가 서로 상대방을 정죄하고 저마다 자신이 옳고 정당했음을 확인하고 싶어서 싸우는 경우가 많다. 상담실에 와서 상담자가 자기편을 들어주기를 바라고 배우자가 잘못됐다는 말을 듣고 싶어 찾아오는 내담자들이 있다. 부부문제를 어떻게 해결할 것인지에 관심을 가져야지 누구의 잘잘못인지를 따지며 끝까지 파헤치려 하면 부부관계는 개선되기 어렵다.

말하자면 부부는 운동경기에서 한 팀이어서 이기면 함께 만세를 불러야 하는 운명이고, 진다면 함께 패하는 게임인 것을 깨달아야 한다. 역기능 가정의 부부는 선과 악의 싸움이라고 생각하고 자기 자신은 선이고 상대방은 악이라고 주장한다. 그러나 선과 선의 경쟁이거나 악과 악의 싸움이라고 생각해야 옳다. 곰곰이 들여다보면 남편과 아내는 온전히 선한 존재도 완전히 악한 존재도 아니다. 구태여 답을 하자면 그 둘 다이다.

어느 의존적 사랑욕구가 강한 아내가 남편으로부터 충분한 사랑을 받지 못해서 불평불만과 잔소리를 많이 한다. 남편은 아내의 잔소리와 불평이 이해되지 않아 짜증이 나고 부담스러워 술집에서 시간을 보내다 밤늦게 취해서 귀가한다. 술에 취해서 늦게 들어오니 아내의 잔소리는 정당화된다. 아내의 잔소리가 지긋지긋하여 그다음에도 남편은 또다시 곤드레만드레 취해서 돌아온다. 이번에는 아내의 잔소리가 남편의 곤드레만드레 취한 행동을 정당화한다. 이렇게 반복되는 악순환은 잘잘못을 따져 보아야 끝이 보이지 않는다. 어느 한쪽이 먼저 단호하게 자신의 행동을 멈춰야 해결의 실마리를 찾게 된다. 아내가 늘 하던 잔소리를 멈추거나 남편이 자주 마시던 술을 안 마시는 행동은 매우 중요한 변화의 시발점이고 두 사람의 관계를 개선하는 실마리가 될 수 있다.

이와 같이 부부싸움은 어떤 쪽이 선이고 누가 악인지를 가리려 하지 말고 어떻게 당면한 문제를 해결할 것인지에 초점을 맞추어야 한다. 부부 사이에서 한쪽은 승리하고 다른 쪽은 패배하는 제로섬 게임을 배제하고 상생하는 방법을 배우자는 것이 요지이다.

209

2) 부부관계 평가척도

몸에 이상이 있어 보이는데도 병원에 진단받으러 가기를 싫어하는 경우가 있다. "괜찮을 거야. 병원에 가서 공연히 긁어부스럼 만들 필요가 없지."라고 회피하려는 경향이 있다. 부부관계도 감지되는 의논거리가 있음에도 불구하고 직면하기를 회피하는 이들이 적지 않다. 문제의 경중에 따라서 스스로 개선하려고 노력하거나 가까운 친구들이나 정신건강 전문가 등을 만나서 도움을 받으면 해결할 수 있다. 그냥 시름에 잠겨 세월만 보내고 현실을 외면하는 이들이 적지 않다는 것이 안타까운 일이다. 자동차나 냉장고처럼 부부관계도 살아가면서 필요에 따라 애프터서비스를 받아야 한다. 그래야 관계가 개선되고 오랫동안 건강하고 행복한 부부생활을 유지할 수 있다.

마크맨 등(Markman et al., 1994)이 고안한 부부관계 평가는 7개 문항으로 구성되어 있는 간단한 척도이다. 솔직하게 응답하여 점수를 합하면 지금 부부관계가 어떤 단계에 있는지 짐작할 수 있다. 부부가 따로 앉아서 체크해 보고 나중에 한자리에 모여서 그 결과를 놓고 대화하는 것도 유익한 시간이 될 수 있다.

부부관계 평가척도

다음을 읽고 당신 부부가 해당된다고 판단되는 번호에 ✔로 표시한다.

①점: 거의 그렇지 않다.

②점: 어쩌다 한 번씩 그렇다.

③점: 자주 그런 편이다.

1. 사소한 논쟁이 욕설, 비난 혹은 과거의 상처를 다시 떠올리는 험한 싸움으로 발전한다.

    ①   ②   ③

2. 나의 배우자는 나의 의견, 느낌 혹은 욕구를 비판하거나 하찮게 여긴다.

    ①   ②   ③

3. 나의 배우자는 나의 말이나 행동을 내가 의도했던 것보다 더 부정적으로 해석한다.

    ①   ②   ③

4. 해결해야 할 문제가 있을 때, 우리는 서로 상반된 견해나 태도를 보인다.

① 　　　 ② 　　　 ③

5. 나는 배우자 앞에서 진실한 감정을 드러내길 주저한다.

① 　　　 ② 　　　 ③

6. 나는 우리 부부관계에서 외롭다는 느낌이 든다.

① 　　　 ② 　　　 ③

7. 우리는 논쟁거리가 있을 때, 둘 중에 한 사람이 회피한다. 그것에 대해 더 이상 말하기를 원하지 않는다.

① 　　　 ② 　　　 ③

***합산 점수　 7~11점: 파란 불,　 12~16점: 노란 불,　 17~21점: 빨간 불

(연문희, 2012, p. 205)

　　마크맨 등의 연구에 의하면 각항에 표시한 합산 점수가 7~11점에 해당되면 현재 당신의 부부관계는 매우 좋다고 볼 수 있다. 파란 신호등이 들어온 상태이므로 좋은 부부관계를 계속 유지하도록 관심을 가지면 된다. 합산 점수가 12~16점이면 노란 신호등이 들어온 상태로 현재는 행복하다고 느낄 수도 있으나 조심해야 한다. 관련 서적이나 믿을 만한 친구 혹은 정신건강 전문가를 만나서 부부관계 A/S를 받을 수 있다면 더욱 행

1. 부부관계 개선방안

복한 부부가 될 것이다. 합산 점수가 17~21점으로 빨간 불에 해당되면 잠시 멈춰서 두 사람의 관계가 현재 어디로 향하고 있는지 생각해 보아야 한다. 이미 부부관계가 어려움에 처해 있거나 머지않아 문제에 봉착하게 될지도 모른다. 희소식이 있다면 현재의 관계를 개선하기 위해서 둘이서 관련 서적 등을 통해서 부부관계 개선방안을 학습하거나 상담심리 전문가들의 도움을 요청할 수 있다는 점이다. 혼자서 노력하기보다는 부부가 함께 노력하여야 더 좋은 성과를 거둘 수 있다(연문희, 2012).

부부관계 평가척도를 통해 점수를 알아보는 것은 말하자면 건강진단을 해 보는 것과 같은 효과가 있다. 모르고 지내다가 더 심각한 문제에 봉착하여 어려움을 겪기보다는 부부관계에 관심을 가지고 사전에 문제를 예방할 수 있는 기회를 갖게 하는 데 그 목적이 있다. 변화가 필요한 가정은 먼저 문제가 있음을 시인하고 개선할 마음을 먹어야 비로소 변화를 준비하고 계획하고 실천할 수 있게 되기 때문이다.

3) 원가족의 삼각관계

인간은 자기가 태어나서 성장한 가정, 즉 원가족의 아버지와 어머니의 생활태도와 사고방식을 답습하는 성향이 있다. 어린 시절의 성격 형성에 가장 영향을 많이 주는 아버지와 어머니와 본인의 삼각관계가 어떠했는지에 따라서 긍정적 혹은 부정적인 감정 표현 양식을 형성하기도 하고, 인간관계의 기본 성향이 발달하기도 한다.

결혼한 부부가 저마다 자기 원가족과의 관계에서 터득한 사고방식이나 행동양식을 그대로 지속하다 보면 부부간에 오해와 갈등이 생길 수 있다. 남편과 아내는 저마다 다른 가정문화에서 자랐기 때문에 사고방식, 생활습관, 남편과 아내의 역할, 부모-자녀관계의 행동방식 등이 다를 수밖에 없는데 자기의 원가족관계에서 하던 방식을 고집하다 보면 부부갈등이 생길 수 있다.

따라서 원가족 세 사람의 관계를 삼각형으로 그려 놓고 그 관계를 탐색해 보는 것은 한 인간의 성격과 행동양식을 이해하는 데 크게 도움이 될 수 있다. 우리는 부모를 보고 남자 혹은 여자의 성역할을 학습하고 부부관계의 스타일을 모방하기 때문에 원가족의 삼각관계는 나중에 결혼해서 남편과 아내로서의 행동을 예측하는 데도 참고자료가 된다.

부부관계가 원만하면, 다시 말해서 서로 신뢰하고 존중하고 이해하고 협력하고 배려하면 부부 사이에 실선을 긋는다. 두 사람의 관계가 돈독하다는 것이다. 부부관계가 좋으면 아버지와

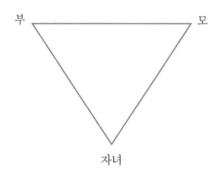

[그림 4-1] 순기능 가정의 삼각관계

자녀관계, 어머니와 자녀관계도 십중팔구 좋게 마련이다. 그래서 실선으로 삼각형을 그리게 되는데 이것은 가족이 원만하게 상호작용하는 순기능 가정의 삼각관계([그림 4-1])이다.

만약 부부가 서로 불신하고 갈등이 많으며 협력이 안 되고 서로 싫어하면 부부 사이에 점선을 긋는다. 부부관계에 점선이 생기면 정서적 교류가 잘 안 되고 의사소통은 지극히 사무적이거나 다툼으로 이어지는 관계이다. 부부관계가 원만하지 못한 역기능 가정의 삼각관계는 두 변이 점선이 된다.

부부 사이에 정서교류가 단절되면 외로운 배우자가 먼저 자녀들을 자기편으로 만든다. [그림 4-2]에서 왼쪽의 삼각형처럼 어머니가 자녀들을 헌신적으로 돌보고 배려하며 사랑하여 자기편이 되게 한다. 그래서 어머니와 자녀들 사이에 실선이 그어진다. 자녀들과 한편이 된 어머니는 기회가 있는 대로 아버지에 대하여 부정적인 말을 하여 자녀들이 아버지를 싫어하거나 두려워하게 만든다. 결과적으로 그 집안에서는 아버지가 '왕따'가 되어 아버지와 자녀 사이는 자연스럽게 점선이 이루어진다. 일과 후 집에 와도 마음이 통하는 사람이 없게 된 아버

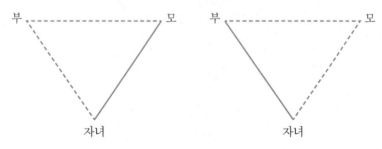

[그림 4-2] 역기능 가정의 삼각관계

지는 자녀들이 어머니 편인 것을 감지하고 소외감을 느끼면서 자신도 모르는 사이에 자녀들에게 엄하고 혹독하게 대하기 쉽다. 아내에 대한 원망과 분노를 남편은 자녀들에게 터뜨리는 것이다. 사소한 실수에도 자녀들을 벌하거나 심하게 꾸짖는 것은 간접적으로 아내를 고문하고 힘들게 하려는 남편의 의식적 무의식적 동기에서 나온 행동이다.

어떤 가정에서는 부부 사이에 거리가 멀어지고 갈등이 심해지면 부부관계에서 외로워진 아버지가 선수를 쳐 자녀들을 자기편으로 삼아 심리적 동맹을 형성하기도 한다. 자녀들에게 용돈을 선뜻선뜻 건네주고 놀이터, 운동 경기장, 영화관 등 주말에 자녀들이 원하는 곳에 데리고 다니며 아버지와 자녀들이 한 덩어리가 된다. 이런 경우 아버지와 자녀 사이에 실선을 그을 수 있다. 관계가 돈독하다는 의미이다. [그림 4-2]의 역기능 가정의 삼각관계에서 오른쪽 그림에 해당된다. 그러면 외로워진 어머니는 남편과는 이미 정서적으로 단절되어 있고, 자녀들마저 아버지와 한 덩어리가 되니 자녀들은 은연중에 외로운 어머니 눈 밖에 나게 된다. 어머니와 자녀 사이에는 점선이 이루어진다. 성장과정에서 자녀들이 실수하거나 잘못하는 일이 생기면 이번에는 어머니가 자녀들을 냉랭하게 대하거나 혹독하게 나무라고 미워하며 벌주게 된다. 자녀들이 어머니의 적이 된 아버지 편이므로 어머니가 그들을 꾸짖고 나무라며 괴롭히는 것은 아버지에게 보복하고 고문하려는 의식적이거나 무의식적인 심리전이다.

역기능 가정의 악화된 부부관계에서 자녀들은 갈등을 느끼면서 정서적으로 불안해질 수 밖에 없다. 아버지 편에 들면 어머니의 싸늘한 눈총이 마음에 걸리고, 어머니 편에 들면 아버지의 무관심이나 엄격한 벌이 무섭다. 자녀들은 부모 중 어느 한쪽과 한편이 되면 다른 편의 눈 밖에 나게 되어 이런 가정의 청소년 자녀들은 심리적으로 진퇴양난의 갈등과 불안을 겪게 된다.

가정에서 불안과 갈등 속에 시달리던 청소년은 마침내 문제행동을 야기하게 된다. 부부가 행복하지 못하거나 별거 혹은 이혼하면 자녀들도 심리 정서적으로 불안하고 갈등, 죄책감, 수치심, 분노 등에 휘말려서 가정, 학교 혹은 사회에서 문제의 청소년이 되기 쉽다. 청소년의 문제행동은 거시적으로 보면 어른들과 사회에 보내는 일종의 SOS(긴급구조신호)로 보아야 한다. 갈등이 심각한 가정에서 성장한 자녀들은 아버지 혹은 어머니에 대한 불신과 적개심이 뿌리내려 성장한 후에 결혼이나 가정생활의 가치를 최소화할 가능성이 있다.

가정에서 부부관계 A/S를 통하여 남편과 아내관계를 정상궤도에 올려놓고, 부모-자녀 간에 원만한 관계를 유지하는 것이 청소년의 문제행동을 예방하기 위한 급선무라 하겠다.

자녀들을 위해서도 부부관계는 원만하고 행복해야 한다. 우리가 다시 명심할 것은 아버지가 자녀들에게 줄 수 있는 가장 귀중한 선물은 자녀들의 어머니인 아내를 진정으로 사랑하는 일이고, 어머니가 자녀들에게 줄 수 있는 가장 귀한 선물은 자녀들의 아버지인 남편을 진정으로 존중하는 일이다(최수호, 2002). 그렇게 되면 우리 가정은 눈에 보이는 낙원이 될 수 있다.

2. 낮은 자존감과 부부관계

낮은 자존감을 가진 사람은 남들의 칭찬을 받아들이지 못하고 당황스러워한다. 자기존중감이 부족한 사람은 자기 자신을 비하하며 자신은 매력이 없고 남들에게 짐스러우며 가치가 없는 존재라고 믿고 산다. 자기가 주위 사람들의 칭찬을 받을 만큼 존재가치가 있거나 자랑거리가 되지 못한다고 스스로 믿고 있다. 그들은 어려서 신뢰와 따뜻한 돌봄을 받거나 무조건적인 수용을 받거나 인정과 칭찬을 받은 경험이 없어서 자기존중감이나 장점을 모르고 사는 사람들이다. 그래서 많은 사람 앞에 서는 것이 수줍고 부끄러워서 피하는 성향이 있다(Jongsma & Peterson, 2006).

낮은 자존감을 가진 사람은 자기 자신에 대하여 부정적인 생각이나 믿음을 가지고 있다. 즉, 자기개념이 부정적이다. 자기개념이 부정적인 사람은 정서적으로 불안하고 자신감이 없으며 매사에 소극적이고 인간관계가 어렵다. 그는 삶의 목표가 없거나 지나치게 낮은 목표를 세우고 산다. 다른 사람들이나 친구집단이 자기를 거절할까 봐 두려워서 눈치를 살피고 그들의 제안, 지시, 부탁을 거절하지 못하고 마음에 안 들어도 남들이 하자는 대로 따라 다닌다. 이와 같은 성격은 결혼생활이나 직장생활에서 건전한 관계를 맺기가 어렵고 맡은 일에서도 성공할 확률이 적은 편이다.

어린 시절에 부모 등 양육자와의 관계에서 신체적으로 정서적으로도 상처받고 자라면 성장해서도 그 상처받은 어린아이의 감정이나 생각이 무의식 속에 존재한다. 우리 속에 어려서 경험한 부적절감, 불안감, 열등감, 죄책감 등을 억압하고 있는 어린아이 상태를 '내면아이(inner child)'라고 부른다. 많은 사람이 품고 있는 상처받은 내면아이는 낮은 자존감을 보인다.

볼비(Bowlby, 1980)나 에인스워스와 블레어(Ainsworth & Blehar, 1978)는 인간됨이나 성품은 주로 태어나서 3세까지 양육자와의 관계에서 긍정적인 애착을 경험했는지 여부가 결정적인 요소라고 주장한다. 어린아이와 눈을 맞추어 주고 옹알이를 해 주고 안아 주거나 마사지를 해서 신체적인 접촉을 자주 하며 어린아이의 필요와 욕구를 잘 보살펴 주는 어머니와 아이들은 안정적인 애착을 경험한다. 반면에, 어린아이를 아끼고 사랑하는 마음이 없이 쌀쌀맞고 무관심하고 매몰찬 언행으로 학대하는 어머니에게는 어린아이는 불안한 애착이나 회피하려는 반응을 보인다. 불안한 애착이나 회피애착을 경험한 어린아이는 나중에 성장해서도 인간관계가 원만하지 못하다. 어려서 경험한 정서적 불안, 열등감, 부적절감, 죄책감 등은 낮은 자존감의 원인이고, 대인관계에서 소극적이거나 무관심하거나 공격적일 수 있다.

우리 자신이 귀하고 독특하다고 느낄 수 있으려면, 즉 자존감이 높은 사람이 되려면 양육자인 부모의 눈을 통해서 그 느낌이 전달되어야 한다. 우리를 돌보는 사람들이 그들 자신을 수용하고 사랑할수록 그들은 어린아이를 있는 그대로 수용할 수 있다. 그들은 아이들의 충동, 느낌, 필요 등 모든 것을 받아

주며 어린아이 곁에 몸과 마음이 함께 있어 줄 수 있다. 성숙하고 자존감이 있는 부모는 자기 자신이 힘있는 사람, 적절감과 안전감을 느끼는 사람이기 때문에 그들의 필요충족을 위해 자녀를 이용하거나 조작할 필요가 없는 사람이다(오제은, 2006; Bradshaw, 1988; Tsabary, 2010).

낮은 자존감의 원인이 되는 부적절감, 불안감, 열등감, 죄책감 등을 느끼게 하는 어린 시절의 상황을 성격심리학자 카렌 호나이(Karen Horney, 1942, 1945)는 일찍이 '기본적 악'이라고 규정하였다. 부모 혹은 양육자의 ① 무관심, 무시 및 학대, ② 일관되지 않은 행동, ③ 과잉보호, ④ 부모의 불화, ⑤ 자녀에 대한 자상한 돌봄과 지도의 결핍, ⑥ 격려와 애정의 결여는 아이들의 건전한 성격 형성에 장애가 되고 상처를 남긴다. 여섯 가지 잘못된 양육환경이 자녀들의 낮은 자존감, 정서적 불안, 부정적인 사고방식의 뿌리가 된다고 해서 '기본적 악'이라고 한 것이다. 기본적 악을 경험한 사람들의 낮은 자존감이 부부관계를 비롯한 인간관계에 장애물이 되고 건전한 성장발달에 방해가 되는데 임상심리학자 에드먼드 번(Edmund Bourne, 2005)은 낮은 자존감이 어떻게 생기는지 그 연유를 다음과 같이 설명한다.

1) 낮은 자존감의 원인

지나치게 비판적인 부모

자식에 대한 부모의 높은 기대 때문에 자녀들은 '늘 부족한 아이'라는 느낌과 '죄책감'을 갖고 산다. 이런 자녀들은 성장하면서 열등감을 극복하려고 완벽주의자가 되거나 자기비난이 심한 사람이 된다. 어른들의 눈높이에서 자녀들을 평가하고 기대에 어긋날 때마다 꾸짖고 나무라기를 자주 하면 자녀들은 어른들이 모르는 사이에 '늘 모자라는 아이'가 되고 죄책감과 열등감 속에서 살게 된다. "왜 난 이 모양이지? 난 또 틀렸어. 난 안 된다니까. 난 아직 멀었어. 늘 부족해. 난 제대로 되는 일이 없어."와 같이 자기 자신을 부정적으로 평가한다. 이런 사람은 인정과 칭찬에 굶주려서 매사에 칭찬을 듣기 위해 살고, 거절당하지 않으려고 남들에게 매우 민감하게 반응한다. 남들의 눈치에 너무 민감하게 반응하거나 존재가치를 인정받기 위해서 물불을 가리지 않고 노력하지만 늘 삶이 힘겹게 느껴진다. 비난과 꾸지람이 많은 부모 밑에서 자라서 죄책감이나 열등의식이 강한 사람은 지나치게 강한 인정과 사랑욕구 때문에 부부관계나 직장생활 등에서 문제를 야기할 수 있다. 부부관계에서도 "당신, 날 사랑하느냐?"를 아침저녁으로 추궁한다면 배우자는 피곤해질 것이다.

중요한 타인의 상실

부모 중 한 사람 혹은 양부모가 조기 사망하였거나 부모의 이혼으로 아버지나 어머니를 상실한 경우에는 어린 자녀들은 '버려졌다는 느낌'을 받게 된다. 어떤 경우에는 자기가 잘못해서 부모님이 헤어졌다고 생각하거나 떠나는 아버지나 어머니를 붙잡지 못한 것에 대하여 자기 잘못이라고 자책하기도 한다. 그래서 외로움, 불안감, 공허감, 죄책감, 무기력감 등이 내면에 자리 잡는다.

버려진 느낌을 극복하기 위해서 혹은 또 다시 버림받게 될까 두려워서 그런 환경에서 자란 사람은 누군가에게 지나치게 매달리고 의존하거나 일중독, 과식, 약물 중독 등을 나타내기도 한다. 일중독에 걸려서 사회적으로 남다른 성취를 하는 경우도 있으나 사랑하거나 친밀한 인간관계를 맺을 줄 모르는 단점이 있다. 당연히 부부관계에서도 문제가 된다.

부모의 학대

거친 욕설이나 육체적 혹은 성적인 학대를 받고 자란 내면 아이는 부적절감, 불안감, 불신, 죄책감, 분노의 감정을 가지고 산다. 폭행을 당한 어린이는 성인이 되면 계속해서 자기주장을 못하고 이용당하는 희생자로 살거나 늘 피해 보고 사는 사람이 된다. 어떤 경우에는 자기를 학대한 사람을 동일시하거나 그의 행동을 모방하여 자기 자신도 남들을 학대하는 사람이 되기도 한다.

성폭행을 당한 어린이는 자라서 분노의 분출로 강간 등 타인 학대성향을 보이기도 한다. 부모에게 자기가 당하고 경험한 대로 다시 반복하는 삶을 살 수도 있다. 성인이 되어서도 마음속에 억압한 분노가 자기증오와 부적절감을 갖고 살게 한다. 이런 사람의 자기증오는 타인 불신과 증오로 이어지기 때문에 돈독한 부부관계나 친밀한 대인관계를 유지하지 못하고 좌충우돌하게 만든다.

부모의 약물/알코올 중독

혼란스럽고 신뢰할 수 없는 가정 분위기에서 자라면 자녀들은 안정감이나 신뢰감을 형성하기가 어렵다. 약물 중독이나 알코올 중독인 부모가 자녀 양육에 무관심하거나 돌봄이 부족한 경우 자녀들은 가정생활에 대한 자신의 부정적인 감정이나 고통을 부인하는 내면아이가 된다. 기다리다 지쳐서 부모의 관심이나 사랑받을 마음을 포기하고, 자신의 감정이나 고통을 억압하고 부인한다. 그래서 가정에서 어렸을 때 경험한 슬픔, 외로움, 분노, 적개심, 불안 등을 전혀 감지하지 못하며 지낸다. 누군가 부정적인 감정을 느끼고 있지 않은지 물어봐도 "그런 걸 느껴 본 적이 없는데요."라고 부인한다. 이렇게 성장한 사람은 나중에 '내가 무엇을 위해 어떻게 왜 살아야 할 사람인지, 내가 과연 누구인지'를 모르고 사는 사람이 될 수 있다. 중독가정에서 뼈아픈 경험을 하며 성장한 사람은 믿고 따르며 동일시할 대상이 없었기 때문에 성장 후에 산만하고 혼란한 개인 정체감이 형성되거나 낮은 자존감을 갖게 된다. 바람 부는 대로 물결치는 대로 살아가게 되어 결혼생활에서 신뢰하기 어려운 무책임한 배우자가 될 수 있다.

부모의 양육 소홀

부모가 자신의 일이나 관심사에 몰두하여 자녀들을 제대로 돌보지 않을 경우 자녀들은 불안감, 무가치감, 외로움을 느끼게 된다. 부모가 신체적 접촉, 눈 맞추기, 어르기 등이 부족하면 신생아는 마라스무스(소모병, marasmus)로 사망할 가능성이 높다(Rene Spitz, 1945). 르네 스피츠의 연구에 의하면 제2차 세계 대전 후에 고아원에 수용된 아이들은 다른 조건에서는 일반 가정에서 자란 아이들과 똑같았지만 어머니처럼 사랑으로 돌볼 사람이 부족하고 눈 맞추고 어르고 신체 접촉할 기회가 아주 적었을 뿐인데 유아사망률이 훨씬 더 높았다. '양육 소홀'로 인해 아이들의 면역력이 떨어져서 사망률이 높았다는 연구 결과이다. 보모 한 사람이 돌봐야 할 신생아가 너무 많아서 만져 주고 안아 주고 눈 맞출 겨를이 없는 환경이어서 양육 소홀이 된 것이고, 양육 소홀은 신생아들의 면역력이 떨어지게 하는 요인이어서 결과적으로 사망률이 높았다는 것이다.

롤로 메이(Rollo May, 1961)나 아트 그리어(Art Greer, 1975) 등의 심리학자들은 "사랑의 반대는 증오가 아니다. 사랑의 반대는 무관심이다."라고 말한다. 그래서 대중가요 가수들조차 사랑이 아니면 '차라리 미워해 달라'고 노래한다. 부모가 무관심했거나 돌봄에 소홀했을 경우 사람들은 '사랑이 아니면 차라리 미워해 달라'고 애원하는 것이다. 미워하는 것은 무관심보다 더 낫다는 심정의 하소연이다. 그만큼 아이들은 관심과 돌봄과 사랑을 갈망한다. 따뜻한 양육자의 보살핌을 받지 못하고 성장하면 자기 자신의 욕구 충족에 소홀하거나 전혀 무관심한 성향을 보이는 성격이 되거나 신경증적으로 의존적인 사랑에 매달리기도 한다. 어렸을 때의 불안감, 무가치함, 외로움을 지닌 내면 아이는 배우자에게 지나치게 의존적인 사랑을 갈구할 수 있어서 부부관계에서 채워지지 않는 불만의 원인이 될 수 있다.

부모의 거절

육체적, 성적, 언어적 폭력 외에 부모가 어린 자녀에게 '필요 없는 아이, 태어나지 말았어야 할 아이'라는 느낌을 주는 경우가 있다. 부부싸움이 심한 가정이나 한부모 가정에서 자녀를 양육하면서 분노, 불안, 심신의 피로, 경제적인 부담 등으로 자녀를 거부하거나 싫어하면 무의식적으로 '난 필요 없고 없어져야 할 존재'라는 느낌을 가지게 된다. 따라서 자라면서 존재가치를 의심하게 되고, 자신을 불신하며, 자기 파괴적인 행동을 하게 된다.

존재가치를 못 느끼는 내면아이는 부모가 주지 못했던 돌봄, 사랑, 이해, 격려를 제공해 주는 친인척, 교육자, 성직자 혹은 초월자와의 참만남이 이루어져야 낮은 자존감을 높일 수 있게 된다. 젊은이들이 결혼생활 이전에 해결해야 할 중요한 문제는 믿고 따르고 존경할 만한 사람을 만나서 신뢰하는 인간관계를 체험하는 일이다.

부모의 과잉보호

온실 같은 환경에서 과잉보호를 받고 자라면 모험할 줄 모르고, 자주 독립심이 부족하며, 세상에 나가면 불안하고, 가족 이외의 사람을 불신하게 된다. 따라서 가정에서 경험한 것과 색다른 인간관계나 사회생활에 적응하기가 어려워진다. 부모의 과잉보호는 부모의 자기 자신에 대한 불신과 불안에서 나온다고 본다. 자기 자신에 대한 신뢰가 부족하면 불안하여 그 불안을 완화시키기 위하여 무언가를 열심히 해야 하는데 그것이 자녀들에 대한 간섭과 과잉보호로 나타날 수 있다. 적절히 돌보아 주면 스스로 살아갈 수 있는 인간의 실현 가능성을 신뢰하지 못하고, 사사건건 돌보고 보호하고 간섭하는 양육방식은 어린 자녀에게 자기불신을 심어 주고, 자주 독립심을 훼방하는 결과가 된다. 자신의 기본 욕구를 자각하고 돌보는 법을 스스로 배우기 시작하면 점점 세상이 험악하지 않다는 것을 경험하고 깨닫게 된다. 자주 독립심이 부족하고 매사에 남들이 해결해 주기를 바라는 참을성 없는 배우자와 함께 사는 일은 힘겨운 결혼생활의 원인이 될 수 있다.

부모의 과잉방임

과잉보호와는 정반대로 자녀를 양육하는 어른들도 있다. 부모의 지나친 방임으로 '버릇없이 제멋대로 자란 아이'는 만족지연, 환경의 한계를 모르고 자라서 인내심 부족, 노력 부족, 끈기 부족 등으로 부적절감을 겪게 된다. 타고난 잠재능력을 구현하는 데 필요한 인내심, 노력이나 끈기가 부족해서 타고난 자신의 능력을 발휘하지 못한다.

가정에서는 부모의 보살핌으로 자기 자신을 쉽게 만족시켰지만 사회에 나가면 책임감이나 주도능력의 부족으로 부적응 행동을 보이게 된다. 과잉보호를 받고 자란 사람은 자기의 필요를 즉각적으로 만족시켜 주지 않는 세상을 원망하고 남의 탓을 하며 불평불만 가운데 살아가게 된다.

과잉방임 속에 자란 자녀는 결혼한 후에 남편과 아내로서의 책임과 의무를 다하기가 어려울 수 있다. '제멋대로 버릇없이 자란, 참을성 없는' 사람은 원가족과는 구별되는 결혼생활에 적응할 능력이 부족하기 쉽다. 부모의 지나친 방임 속에 자라서 인내심, 끈기, 노력이 부족하면 사랑하는 사람을 만나 결혼하더라도 자기의 필요와 욕구를 알아서 충족시켜 주지 못하는 배우자를 원망하게 된다. 그는 불평불만이 많고 상대방에게 탓을 돌릴 것이므로 원만하고 행복한 결혼생활을 기대하기 어렵다.

2) 자유와 자존감

행복한 결혼생활과 부부관계를 위해서는 건전한 성격, 인간적인 성장이 준비되어야 한다. 성장하는 과정에서 자존감과 자기통합을 조장하려면 다음과 같은 자유가 가정과 교육기관에서 허용되어야 한다(오제은, 2006; Bradshaw, 1988; Satir, 1988).

지금-여기에 있는 것을 지각할 수 있는 자유가 있는 분위기라야 한다

자기존중감이 낮으면 미해결 과제가 우리의 관심을 과거나 미래로 회피하게 만든다. 그동안 해결하지 못하고 억압하고 지내 온 부정적인 감정이 많을수록 지금-여기에 충실하지 못하고 과거에 집착하여 후회나 자학을 하게 된다. "학창시절에 공부를 열심히 했더라면 내가 이렇게 되지 않았을 거야." "왜 내가 그렇게 판단하여 이 모양이 됐을까?" "그때 그렇게 말하는 것이 아니었는데 참으로 내가 바보 같았어."와 같이 지나간 일을 후회하는데 많은 시간을 보낸다. 아니면 현재에 직면하지 못하고 먼 미래로 회피하여 허황된 꿈속에 산다. "언젠가는 사업이 잘되어 빚을 갚게 될 거야" "애들 잘 키워서 내가 못 간 일류 대학에 보내서 한을 풀어야지."

과거에 얽매이거나 미래의 허황된 꿈에 집착하지 말고 '지금—여기' 자유로운 환경에 존재해야 한다. 그러기 위해서는 어린 시절부터 누적된 미해결 과제를 해소하고 지금—여기에 충실한 삶을 살아야 자기수용이 가능해지고 자기존중감이 소생한다.

생각나는 것을 생각할 수 있는 자유가 중요하다

'마땅히 해야 한다, 하지 않으면 안 된다'와 같은 강박적인 생 각은 엄격한 가정 분위기와 융통성 없는 부모의 사고방식에서 학습된 것이다. 권위주의적인 부모나 가정 분위기는 자녀들에게 불안과 죄책감을 느끼게 한다. 그 불안과 죄책감에서 자유로워야 자신의 마음속에서 우러나오는 내발적 동기가 유발되어 생동감 있는 생활이 가능하고 자존감이 높아진다. 불안하기 때문에 하거나 남들의 평가를 의식해서 하는 것이 아니라 자유롭게 선택할 수 있는 분위기라야 자기를 실현하는 방향으로 나아가게 된다. 관례나 규정에 따라 당위성을 강조하거나 혹은 남들이 시켜서 의무적으로 하는 것이 아니라야 한다. 자주적으로 하고 싶어서 자유롭게 하는 일은 만족감, 효율성, 성취감을 더해 주고 자존감을 향상시켜 준다(연문희, 2011; Rogers & Freiberg, 1994).

자연스럽게 느껴지는 것을 느낄 수 있는 자유라야 한다

타인의 기대대로 사는 삶은 버겁고 힘들고 능률이 나지 않는다. 인간의 감정은 생각이나 행동보다도 더 자연 발생적이어서 순간순간 경험하는 대로 지각하고 표현할 자유가 있어야 살아 있는 사람이다. 만일 "행복하라", "슬퍼하라" 혹은 "우울하라"라고 상대방으로부터 느낌을 강요당한다면 인간으로서의 존엄성과 자존감을 상실하게 된다. 무미건조하고 공허하고 권태로운 나날을 지낼 것이 아니라 자유로이 느낄 수 있는 가족관계와 분위기라야 생동감 있고 존재가치가 있는 사람이 될 수 있다. 남편과 아내는 어려서 어떤 가정 분위기에서 어떻게 성장했는가를 살펴보고, 자기성찰의 시간을 가지면서 인간적인 성장을 위해 노력할 필요가 있다.

알고 싶은 것을 물어볼 수 있는 자유가 있어야 한다

자존감이 높은 사람은 자발적인 삶을 산다. 아인슈타인은 "친부적인 호기심은 주로 자유를 필요로 하는데 자유 없는 호기심은 반드시 말라 죽는다."라고 하였다(연문희, 2011; Rogers, 1983). 살아 있으되 죽은 사람과는 달라서 호기심과 궁금증을 표현하는 사람은 끊임없이 질문하고 학습하며 성장할 가능성이 높다. 5~6세 되는 건강한 아이들의 끈질긴 질문에 경청해 보라. 알고 싶은 것이 많고 궁금증을 풀기 위해 그때그때 탐구하며 배울 자유가 있으면 생동감 있는 삶이며 자존감이 높아질 수 있다. 그런 자유가 있는 가정과 학교 혹은 사회에서 우리가 성장했는지 자문해 볼 필요가 있다.

경쟁적으로 점수를 올리는 학교생활은 경험했지만 자발적으로 호기심에 따라 탐구하고 터득하여 의미 있는 학습을 해왔는지를 반성해 보고, 자존감을 향상시킬 수 있는 자기주도적인 학습에 우리가 익숙한지 반문해 보자. 예를 들면, 아름다운 가을 단풍을 그리고 싶어서 혹은 낙엽이 되어 다 떨어지기 전에 화폭에 남기고 싶어서 내발적 동기에서 그림 그리는 학생과 숙제를 해서 높은 점수를 받으려는 학생의 그림 그리는 시간은 자존감을 높이는 데 질적으로 차이가 있다.

모험을 할 수 있는 자유가 있어야 한다

불안하고 열등감이 심하면 새로운 일에 도전하기가 두렵다. 모험을 회피하고 안전한 길을 선택하기 때문에 새로운 것을 학습할 기회가 적어서 발전을 기대하기 어렵다. 자존감이 낮은 상처받은 내면아이는 이미 실패의 경험이 많은 까닭에 더 이상 실패하지 않기 위해서 되도록 소극적이고 수동적인 삶을 살게 된다.

"돌다리도 두들겨 보고 건너라."고 신중하게 행동할 것을 자주 훈계하는 가정 분위기와 "실수하는 건 재미다."라고 교실 벽에 써 붙인 초등학교 교실을 비교해 보면 자유로운 학습 분위기 조성에 큰 차이가 있음을 알 수 있다. 불안하고 조심스러워서 새로운 것이나 미지의 세계에 도전하지 못하면 그만큼 문제해결 능력이나 창의력이 뒤질 수밖에 없다. 실수하는 것은 처벌받을 일이 아니라 새로운 것을 경험하고 배울 기회라고 강조하는 분위기가 훨씬 더 우리에게 자유와 용기를 북돋아 주는 학습 분위기이다. 도전했다가 실패하면 쓰라린 경험이 될 수 있지만 실패를 통해서 새로 깨닫고 배우는 것을 중요시하는 것이 앞서가는 사람들의 생활태도이다.

자기존중감과 개인의 엄청난 힘은 앞에 기술한 것과 같은 자유에서 나온다. 순기능적인 가족은 갈등과 견해 차이를 경험하지만 서로 남다를 수 있는 권리가 있음을 이해한다. 다른 사람의 가치를 함부로 판단하고 무시하지 않는다. 갈등과 견해 차이를 비난하고 좋다거나 나쁘다로 평가하지 않으며 있는 그대로 수용하고 서로 대화를 통해서 이해하려고 노력한다. 자존감이 높은 사람은 상대방의 언행을 "그럴 만한 이유가 있었겠지. 사연을 들어보고 이해할 기회를 만들자."라고 긍정적으로 수용하고 상호작용한다. 그들은 저마다 다른 사람과 다를 자유와 권리가 있음을 기본적으로 인정하는 가정에서 성장한 사람들이다.

"무조건적인 자기수용은 온전함에 이르는 왕도다. 당신 자신이 실제로 느끼고 원하고 지각하고 생각하고 상상하는 바로 그것을 느끼고 원하고 지각하고 생각하고 상상하지 못한다면 당신은 자신으로부터 분열되어 있는 것이다"(오제은, 2006; Bradshaw, 1990). 역기능적인 가족은 '해야만 한다'는 규칙을 정해 놓고 그것에 의해 모든 지각, 생각, 감정, 결정, 상상을 평가한다. "넌 그렇게 느끼면 안 돼, 왜 그런 걸 원하니?" "넌 어쩌면 그렇게 바보 같니?" "애들 돌보기가 힘들다니 주부가 그게 말이나 돼?" 등 경직된 환경에서 성장한 사람들은 자연 발생적으로 솟아오르는 힘들이 계속해서 무시되어 좌절하고 만다.

인간의 내면에서 솟아 나오는 솔직한 느낌을 억압하거나 차단하기 때문에 자기존중감이 향상되기가 어렵다.

3) 자존감과 성숙한 인간

각자 잘 분화되어 자존감이 높은 부부는 다음과 같은 것을 인식할 줄 안다.

그들은 자신의 생각과 감정을 구별할 줄 안다
자기 자신을 많이 알고 이해하고 있어서 대인관계나 일 처리 과정에서 이성과 감성을 구분할 줄 알고, 필요에 따라 상호 조절할 줄 안다. "지금 나는 직장 일 때문에 화가 났으나 배우자에게 화풀이를 할 일이 아닌 것도 안다." "아내를 포옹하고 싶지만 지금 당장은 때가 아닌 것을 알아차린다." 등으로 감정과 생각을 구분하여 적절하게 행동할 수 있다.

그들은 신체적, 정서적, 지적 자기는 배우자의 자기와 다르다는 것을 인정한다
친밀한 부부 사이에도 두 사람 사이에는 경계가 있어서 서로 신체적, 정서적, 지적인 면에서 저마다의 정체성을 존중하고 인정한다. 사랑하는 사람들 사이에도 미세한 경계선이 있고 그것을 존중하고 침범하지 않는다.

그들은 자신의 행복을 스스로 책임진다

자신의 필요와 욕구 충족의 수단으로 상대방을 이용하지 않는다. 윌리엄 글래서의 주장대로 '배우자의 필요와 욕구 충족을 방해하지 않는 범위 안에서 스스로의 문제를 해결할 수 있는 성숙하고 책임감 있는 사람'이 되어야 한다. 결핍욕구를 충족시키려고 상대방으로부터 받을 것을 기대하고 교환 조건으로 배우자를 사랑하는 것이 아니라, 성숙한 부부는 주고 베푸는 기쁨으로 사랑할 수 있다.

든든한 자존감을 가진 사람들은 의존적이지 않고 매우 개별화되어 있다. 개별화되어 있고 의존적이지 않다고 해서 배우자끼리 서로 돌보지 않는다는 것이 아니다. 이들은 서로 사랑하고 돌보고 싶어 하는 동시에 사랑받고 돌봄을 받고 싶어 하지만, 기본적으로 혼자서도 살아갈 수 있는 자주 독립적이고 책임감 있는 사람이다.

릴케(Rilke)나 칼릴 지브란(Kahlil Gibran) (류시화, 2018)도 같은 생각이지만 건강한 부부는 상대방에게 성장할 수 있는 넉넉한 사적인 공간과 혼자만의 시간을 제공해 줄줄 안다. 그리고 상대방을 조종하고 비난하며 탓하고 판단하는 일을 포기함으로써 상대방의 자율적인 성장을 도울 줄 안다.

자기존중감이 높은 부모는 "나는 기분이 나쁘다."라고 말하지만, 자신의 화난 감정을 자녀들에게 퍼붓지는 않는다. 자신의 감정을 "넌 공부도 안 하고 왜 그 모양이니?" "넌 멍청해, 이것도 못하니?" 등으로 화풀이를 하거나 판단하지는 않는다. 한 여성이 직장에서의 좌절감, 분노, 상처를 안고 집으로 돌아왔다고 가정해 보자. 자존감이 높은 그녀는 아이들에게 이렇게 말할 것이다.

"엄마는 혼자 있고 싶구나. 난 오늘 직장 일 때문에 실망스럽고 화가 나고 상처받았거든." 이것은 자아존중감이 높은 부모의 순기능 가정에서 경험할 수 있는 일치성 있는 대화이다. 속마음과 겉으로 표현된 행동이 일치하고, 자기 자신과 타인에게 정직한 사람들이 하는 대화이다. 그런데 그 어머니가 아이들의 지저분한 방을 돌아다니면서 "너희들은 이기적이야! 엄마 생각은 전혀 안 하고 너희들 하고 싶은 대로 벌려 놓았잖아!"라거나 "엄마는 돈 버느라고 고생하는데 너희들은 하라는 공부는 안 하고 휴대전화 게임이나 하고 있었니?"라고 소리 질렀다고 하자. 그녀는 직장에서 경험한 자신의 좌절감, 분노, 상처를 아이들 탓으로 책임을 떠넘기려는 것이다. 이것은 역기능 가정에서 흔히 목격할 수 있는 비난형 대화이다. 아이들의 자존감을 공격하는 것이기에 언어적 학대라고 할 수 있다. 순기능적 가족과 역기능적 가족을 구분하는 가장 중요한 문제는 부부 사이에 혹은 부모와 자녀 사이에 효율적인 의사소통을 할 수 있는 능력에 달려 있다(오제은 2006; Bradshaw, 1990). 부부 사이에 혹은 부모–자녀 사이에 일치성 있는 대화를 일상적으로 하는 가정은 구성원들의 자기존중감이 높다.

자기 자신이 태어나서 자란 가정의 부모와 자기와의 관계, 즉 원가족관계에서 건전한 인성을 형성하지 못한 채로 성장하여 결혼하게 되면 건전하고 화목한 새로운 가정을 구성하기가 쉽지 않다. 부모의 양육 부실로 낮은 자존감을 가지고 성장하여 결혼한 부부는 최선을 다한다고 노력하지만 행복한 부부관계나 자녀들의 인성교육에서 성공할 가능성이 적다(Satir, 1972; Tsabary, 2010). 자존감이 낮은 내면아이는 성장해서도 어린 시절에 받은 상처와 연관된 감정이 자신도 모르는 사이에 표출되어 남녀관계, 부부관계, 부모-자녀관계, 스승과 제자관계, 친구관계, 상담자와 내담자관계 등 친밀한 인간관계 형성에서 신뢰감 부족과 불안 때문에 갈등을 겪게 된다.

성인이 되어서도 자존감이 낮은 내면아이를 품고 사는 어른들을 '성인아이'라고 부르기도 한다. 육체적으로나 생활연령으로는 어른이 되었지만 심리 정서적으로는 어른답지 못한 성인을 두고 하는 말이다. 어렸을 때 받은 상처를 치유받지 못하고 그대로 가슴속에 묻어둔 채로 어른이 되었으니 성인아이가 된 것이다. 가정이나 직장에서 성인아이는 여러 가지 문제행동을 야기하여 부부관계는 물론 다른 인간관계에서도 스트레스를 가중시키고 자신의 능력을 제대로 발휘하지 못하며 살아간다.

낮은 자존감을 가진 사람은 부부생활에서 마찰이나 갈등의 원인 제공자가 될 수 있고, 살다 보면 부부 사이에 쌓이게 되는 스트레스를 해결하거나 문제를 풀어 갈 적응능력이 부족하다. 결혼을 앞두고 아파트나 결혼 비용을 준비하는 것도 필요하지만 자기존중감 있는 신랑과 신부로 성장하고 있는지를 점검하는 것이 더 중요한 일이다. 부부관계의 만족도와 행복한 가정에 우선적인 가치를 두는 사람들에게는 자기존중감이 있는 성품의 소유자인가 여부가 결혼의 전제 조건이 되어야 할 것이다.

3. 상처받은 내면아이

우리 속에 있는 어린아이다움을 '내면아이'라고 부르는데 에 밋 폭스(Emmet Fox)는 '신성한 아이(divine child)'라고 지칭하 였고, 칼 융(Carl Jung)은 '경이에 찬 아이(wonder child)'라고 불 렀다. 천부적인 호기심과 놀라운 창의력을 가진 순결하고 맑 고 아름다워 신성하다고 할 만한 부분이 내면아이이다.

우리는 어렸을 때 충분히 신뢰, 이해, 인정, 격려, 칭찬받으 며 성장했어야 하는데 그것이 부족한 상태로 성장하는 이들이 많다. 그런 경우 어른이 되어서도 그 어린 시절의 욕구 충족에 급급하여 자기중심적이고 유치한 어린아이 같은 행동을 하게 된다. 우리 내면에 존재하는 이 어린아이를 '상처받은 내면아 이'라고 부른다. 상처받은 내면아이를 치유하지 않고 그냥 성 장하면 성인이 된 다음에도 우리는 자신도 모르게 부부관계를 비롯한 다른 인간관계에서 문제행동을 야기하기 쉽다.

정신분석가가 되려고 노력하다가 좌절하고 교류분석이론을 정립하여 유명해진 에릭 번(Eric Berne)은 우리가 가지고 있는 어린이 자아상태를 세 측면으로 나누어 설명한다. 첫째, 타고 난 그대로의 모습으로 자유롭고 행복하고 순수하고 장난과 재 미를 끊임없이 추구하는 어린이로 그를 '천진이(natural child)' 라고 부른다. 둘째, 어른들이 문제를 분석하고 이해하고 해석 하고 조직하려고 애쓰고 있는 동안에 직관력, 상상력, 창의력 을 발휘해서 순간적으로 문제를 해결하는 순발력과 지혜가 번

쩍이는 천재 같은 어린이를 '꾀돌이(little professor)'라고 부른 다. 셋째, 자기가 처해 있는 상황에서 살아남기 위해 남들의 눈 치를 보며 배운 대로 어른처럼 행동하고 순응하는 어린이를 '눈치꾼(adapted child)'이라고 부른다. 그래서 '애늙은이'라는 호칭도 있다. 눈치꾼은 부모와 어른들에게 순종하며 어른스럽 게 행동하는 까닭에 모범생으로 인정받기도 한다. 그러나 어 른들에게 순응하느라고 휘이고 굽어진 어린이는 천진이와 꾀 돌이의 모습과는 거리가 멀다. 자신 속에 있는 상상력이나 창 의력 혹은 유기체의 지혜와 단절되어 있어서 호기심이 무디고 장난과 재미를 모르고 살거나 부정적인 감정도 억압하고 살아 간다.

에드먼드 번(Bourne, 2005)은 우리 속에 있는 내면아이를 이 렇게 설명한다. 첫째, 나의 일부가 '어린애', '어린아이다운' 면 이 있다. 둘째, 내 속에 안전감, 사랑, 신체적 접촉을 원하는 정 서적인 필요를 느끼는 부분이 있다. 셋째, 내 속에 생동감, 창 의력, 열정이 솟아나고 즐거움과 놀이를 즐겨하는 부분이 있 다. 넷째, 내 속에 어린 시절의 외상(trauma), 즉 불안, 외로움, 두려움, 분노, 수치심, 죄책감 등이 존재한다. 어떤 상황에서 는 현재도 그 감정이 튀어나온다. 성인이 되어서도 우리의 감 정은 어린 시절에 억압했거나 자주 표현했던 그 감정과 유사 하다.

상처받은 내면아이 치유방법은 그동안 내면에 억압해 온 불 안, 외로움, 두려움, 분노, 수치심, 죄책감 등과 접촉하여 그 감 정을 표현하고 슬퍼하며 애도하는 것이 치유의 시작이다. 그런데 난처한 문제는 무의식적으로 자녀들에게 상처를 주면서도 부모들은 그것을 자각하지 못하고 지내고, 어린 자녀들은 자신들의 인성발달에 어떤 영향을 받게 될지 모르는 채 성장한다는 사실이다. 어린 시절에 표현하지 못하고 해결하지 못한 감정을 다시 경험하거나 억압된 감정들과 접촉하여 표현하는 작업이 치유의 출발점이 된다(오제은, 2004; Bourne, 2005).

역기능 가정의 아이들은 내면아이가 상처를 받을 가능성이 높다. 그 이유는 가정에서 아이의 감정을 공감해 줄 사람이 없거나 아이가 감정을 표현할 대상이 곁에 없거나 아이가 진실한 감정을 표현하면 꾸지람이나 벌을 받게 되니까 두려워서 억압하고 살게 되기 때문이다. 그들에게 유일한 방법은 감정을 억압하거나 파괴적인 언행으로 표출하거나 자신을 학대하는 방법으로 표현하게 된다는 것이다.

정서적 감수성이 크게 떨어지는 부모나 성인아이가 된 부모 밑에서 자라거나 맞벌이하는 가정에서 양육 소홀로 '기본적 악'을 경험하는 아이들은 상처받은 내면아이를 다시 전수받게 되는 것이나 다름없다. 그러므로 건강하고 행복한 자녀 양육은 가정과 사회의 커다란 책임이 아닐 수 없다.

부부관계를 개선하기 위하여 미국 시애틀에서 '사랑의 실험실(Love Lab)'을 운영하는 가트맨(Gottman & Gottman, 2006) 교수는 남편들을 위한 특별 메시지라면서『부부를 위한 사랑의 기술(10 Lessons to Transform Your Marriage)』에서 상담사례를 하나 소개한다.

어느 날 60대 아내가 그동안 입 밖에 내지 않던 솔직한 감정을 표현하기 시작하여, 남편이 한편 놀라면서도 민감하게 알아차리고 경청하기 시작하였다. 모임에 참석할 때마다 남자들은 여자들의 말에 경청하지 않고 남자 중심적으로 대화를 한다는 불평으로 시작하였다. 한평생 여자는 남자 말만 들어야 하느냐는 등 이제까지 품고 살아온 자기감정을 솔직하게 표현하였다. 그 이후로 남편이 아내의 감정에 진정으로 경청하고 이해하며 공감해 주기를 계속하였더니 부부관계가 한층 더 친밀해지기 시작하였다. 그리고 두 사람 사이의 열정, 재미, 성관계가 180도로 향상되었다고 보고하고 있다. 성장과정에 부모나 중요한 타인들로부터 존중받지 못하거나 이해받지 못하며 성장한 여성들은 노여움을 품은 내면아이를 가지고 살아가는데, 그것은 여성들 자신에게도 불행한 일이지만 함께 사는 남성들을 위해서도 불행한 일이다. 그 내면아이를 수용하고 이해하며 존중해 주면 여성들이 해방되어 생동감을 얻기 시작한다.

여성들이 자기주장을 하면 흔히 '거세다', '정 떨어진다' 혹은 '무례하다' 등으로 보는 시각이 서양에서도 우리 사회에서도 일반적이다. 감정을 진솔하게 표현하는 것은 전통적인 여성상과 다르다는 것이다. 소위 착한 여자는 분노를 느끼지만 억압하는 데 익숙한 사람일 뿐이다. 그런데 오랫동안 억압된 여성의 노여움은 부부 사이의 열정, 애정, 로맨스를 식혀 버린다는 것이다. 따라서 아내가 노여움을 표현할 때 그 노여움을 받아주고 이해해 주고 공감해 주면 그것이 부부관계 개선의 촉매작용을 한다.

04 부부생활의 걸림돌을 알아내자

억압된 감정은 그것이 내면아이 상태로 우리 속에 숨어 있든 '착한 사람'의 가면 속에 억눌려 있던 간에 겉과 속이 일치한 삶을 살지 못하게 만든다. 그러나 사람이 자신의 솔직한 감정을 자각하고 자유로이 표현하고 상대방으로부터 수용과 공감적 이해를 받게 되면 시들어 가던 심리적 육체적 생명력이 생기를 되찾게 된다.

다니엘 골먼(Daniel Goleman, 1995)은 『감성지수(Emotional Intelligence)』에서 감정이 인체에 미치는 영향과 대인관계 향상에 이바지하는 면을 자세히 설명하고 있다. 긍정적인 감정과 부정적인 감정이 인체에 미치는 영향에 대하여 성경에도 언급되어 있다. "마음의 즐거움은 좋은 약이지만 마음의 근심 걱정은 뼈를 마르게 한다."고 잠언에 기록되어 있다. 그만큼 우리의 정서가 건강에 미치는 영향이 크다는 것을 알 수 있다. 다니엘 골먼이 강조하는 우리의 감정이 몸과 마음에 미치는 영향을 정리해 보면 다음과 같다.

- 기쁨, 분노, 슬픔, 즐거움 등의 감정은 면역기능에 영향을 주기 때문에 긍정적인 감정은 우리 건강에 보약이나 다름없다.
- 슬픔, 분노, 짜증, 긴장감 등은 우리의 면역기능을 억압하고 저하시켜서 질병에 걸릴 확률이 높아지게 한다.
- 장기간 불안, 슬픔, 증오를 느끼면 천식, 두통, 심장병, 관절염, 위계양의 발생률을 두 배로 증가시킨다.
- 분노, 불안, 우울은 건강에 제일 해로운 감정이다.

3. 상처받은 내면아이

- 부정적인 감정은 담배, 고혈압, 높은 콜레스트롤만큼이나 건강에 해롭다.
- 사람들의 분노, 걱정, 불안, 우울, 외로움을 해결해 주면 질병을 예방할 수 있다.
- 사회적인 고립, 외로움을 느끼면 병에 걸릴 확률이나 사망할 확률이 배로 증가한다.
- 입원한 환자들에게 그들의 두려움, 고통, 분노, 불안 등을 이야기할 수 있도록 도와주고 이해해 주면 어느 약보다도 더 효과적이다.
- 장기 입원 환자들에게 매일 그들의 감정을 고백하는 일기를 20분씩 쓰게 했더니 그렇지 않은 집단보다 건강이 더 빨리 향상되었다.

부정적인 감정을 품고 살거나 억압하지 말고 건설적으로 표현하면서 생활하는 것이 건강을 지키고 향상시키는 지혜로운 삶이다.

브래드쇼는 "과거에 무시당하고 상처받은 내면아이가 바로 사람들이 겪는 모든 불행의 가장 큰 원인이라고 믿는다."라고 주장하였다(오제은, 2004, p. 31 재인용). 우리가 그 아이를 잘 발견해서 상처받은 부분을 회복시켜 주고 적절하게 돌보아 주지 않으면, 그 아이는 성인이 된 우리의 인생에 계속적으로 악영향을 끼치며 모든 것을 파국으로 몰아갈 수도 있다는 것이다.

열정적으로 사랑하고 행복하여 혼인을 결심한 남녀가 결혼생활에서 어려움이 생길 때마다 배우자를 원망하고 상처를 주고받게 되는 이유는 무엇인가, 왜 비슷한 주제를 가지고 부부는 반복해서 다투게 되는가를 되짚어 볼 필요가 있다. 피차가 어린 시절부터 형성된 성격을 이해하지 못하면 갈등의 원인을 알아차리기가 쉽지 않다. 원가족과의 관계에서 '기본적 악'(Horney, 1942, 1945)을 경험하면서 자랐거나 상처받은 내면아이를 품고 성장했다면 그 부분을 이해하고 잘 돌보아 주며 스스로 치유하는 길이 부부관계 A/S의 중요한 작업 중의 하나이다.

오제은(2004)이 번역한 『상처받은 내면아이 치유』에서 브래드 쇼는 성인으로서 당신의 인생을 방해하거나 파괴시킬 수 있는 내면아이의 특성을 이렇게 정리하였다. 상호의존성, 공격적인 행동, 자기애성 성격장애, 신뢰의 문제, 표출된 행동, 마술적 믿음, 친밀감 장애, 무질서한 행동, 중독적이고 강박적인 행동, 왜곡된 사고, 공허감, 무관심, 우울 등이 내면아이를 가진 사람들이 보이는 문제의 성격특성이다. 이 성격특성을 간단히 소개하면 다음과 같다.

1) 상처받은 내면아이의 성격특성

상호의존성

상호 의지하게 된다는 것은 바람직한 생활자세로 생각하기 쉬우나 개인의 정체성 상실(loss of identity)을 가져올 수 있다. 사람들이 자기 자신의 감정이나 욕구, 바람 등을 포기하고 상대방에게 의지하여 그의 기대대로 살아야 된다는 것을 의미하기 때문이다. 과잉보호를 받고 자라면 성장한 후에도 자주 독립심이 부족하여 자기 자신의 정체성을 확립하지 못하고 의존적인 삶을 추구한다. 결혼 후에도 원가족과의 관계가 밀착되어 그 힘으로 배우자를 외롭게 만들거나 심리적으로 상대를 제압하려는 부부는 행복하기 어렵다. 다음 사례는 개인의 정체감을 형성하지 못하고 살던 부인이 남편이 급사한 후에 생긴 문제이다.

> 직장생활을 열심히 하던 50대 초반의 남편이 뇌경색으로 쓰러져서 직장에서 병원으로 이송되었으나 소생하지 못하였다. 그의 사망은 평소 근무자세나 건강으로 보아서 직장 동료들도 가족들도 전혀 상상할 수 없던 충격적인 사건이었다. 그 아내는 첫날 응급실에서 남편의 얼굴을 확인한 후에 졸도하여 별도로 치료를 받았고, 장례 중이나 후에도 졸도를 여러 차례 거듭하였다. 그 아내는 남편이 떠난 지 2년이 지나도록 스스로 살아가기가 어려워서 친인척들의 도움 없이는 일상생활이 안 되었다. 그 이유는 아내가 남편에게 지나치게 의존적인 삶을 살아왔기 때문에 남편의 사망은 감당하기 어려운 충격이었고 혼자서 살아가기에는 역부족이었다.

공격적 행동

상처받은 내면아이를 안고 있는 이들은 완력과 권위를 앞세우는 부모 밑에서 대부분 조용하고 착하고 잘 참고 견디는 사람으로 성장한다. 그러나 억압된 분노와 적개심은 어느 순간에 폭발적인 공격행동의 원인이 될 수 있다. 히틀러는 어렸을 때부터 아버지에게 상습적으로 매를 맞고 자랐다. 폭력적인 아버지에게서 학대받으면서 자란 히틀러는 결국 인류 역사상 죄 없는 수백만의 유태인을 공격하는 극단적인 잔인성을 자행하였다.

인간성을 파괴하는 주 요인인 공격적 행동은 어린 시절의 폭력과 학대, 해결하지 못한 슬픔의 결과물이다. 가정에서 심리적으로나 육체적으로 학대받고 자란 청소년이 분노, 적개심, 불안한 감정을 억압하고 지내다가 학교나 골목길에서 폭행을 자행하는 것도 상처받은 내면아이의 소행이라고 볼 수 있다.

자기애적 성격장애

모든 어린아이는 적어도 성장 초기에는 부모 특히 어머니나 양육자의 무조건적인 사랑을 받아야 한다. 의사소통이 아직 안 되는 어린 시절부터 인간의 건강한 자기애적 욕구가 충족되어야 한다. 어려서 경험한 욕구결핍 때문에 애정, 관심 및 사랑에 대해 만족할 줄 모르는 탐욕이 생겨 아무리 많은 사랑을 받아도 결코 충분하지 못하다고 느끼는 사람이 되면 배우자를 원망하게 될 것이다. 언제나 배우자를 비롯한 다른 사람들과의 관계에서 실망하고 좌절을 경험하게 되므로 늘 불만일 수밖에 없다. 그래서 물건, 돈, 명예 등으로 보상받으려 하거나 자기도취적인 욕구를 채우기 위해 자녀들에게서 특별한 관심을 얻으려고 애를 쓰기도 한다.

신뢰의 문제

양육자가 신뢰할 만한 사람이 아니었다면 어린아이는 깊은 불신의 뿌리를 안은 채로 성장하게 된다. 수유나 기저귀 갈아 주기부터 불규칙적으로 일관성 없이 아이를 대하면 아이는 자기 환경과 타인들을 신뢰할 수가 없다. 아이에게 이 세상은 아주 위험하고 적대적이며 예측할 수 없는 곳이 된다. '내가 이 모든 것을 잘 통제할 수만 있다면 아무도 날 다치게 할 수 없을 거야.'라는 초기경험 때문에 성인이 되어서도 자신이 직접 모든 일을 결정해야 하고 처리해야만 하는 성격이 형성된다.

중소기업 회장의 하소연

70대의 어느 회장이 자기는 24시간 회사 발전을 위해 노심초사하는데 직원들은 자기 기대에 미치지 못한다고 불평하였다. 그렇게 열심히 회사 발전을 위해 노력하는데도 직원들 사이에 자기는 인기가 없다고 솔직하게 불만을 표시하였다. 자세히 들어보니 그 회장은 얼마나 부지런하고 세심한지 직원이 해야 할 일. 수위가 해야 할 일. 임원들이 해야 할 일들을 모두 자신이 간섭하고 직접 챙기려고 밤낮으로 동분서주하는 성격이었다. 남을 신뢰하지 못하는 사람은 불안한 나머지 자기가 나서서 직접 감독하거나 처리해야 하니 고달플 수밖에 없고. 간섭받는 회사의 임직원들은 자신들을 믿어 주지 못하는 회장을 못마땅하게 생각할 것이 분명하다.

그 회장의 고달픈 삶은 어렸을 때 받은 상처로 인해 생긴 신뢰의 부족에서 온 문제이다. 어려서 부모로부터 신뢰받지 못하고 성장하면 자기 자신과 남들을 신뢰하지 못하는 성격이 된다. 그런 성격은 부부관계에서도 서로 믿어 주지 못하는 문제가 생길 수밖에 없다.

표출된 행동

분노는 우리가 스스로를 방어하는 쪽으로 행동하게 한다. 분노의 감정은 무조건 참아야 하는 것으로 가르치고 배우지만, 분노를 무기로 해서 자신을 보호하거나 자신의 권리를 주장하게 되는 것은 건설적인 표출방법이다. 지난날 민주화 투쟁이 그와 같은 분노의 표출이었다. 두려움은 우리로 하여금 도망가게 하거나 도피처를 찾도록 인도하고, 슬픔은 우리에게 눈물을 흘리게 한다. 그런데 눈물은 고통을 덜어 주기도 하고 정화되도록 도와주는 역할을 한다.

어렸을 때 표현하지 못하고 억압한 두려움이나 공포, 슬픈 감정을 적절하게 표현하지 못하면 비정상적인 행동으로 표출되는 데 이런 행동을 '표출적 행동(acting out)'이라고 한다. 원가족관계에서 어려서 당한 폭력으로 인한 불안, 분노, 슬픔 혹은 적개심을 억압하고 지내다가 배우자나 자녀들에게 그대로 행사하는 경우도 표출적인 행동이다. 학교폭력도 가정에서 억압된 부정적인 감정을 학교에 와서 친구들에게 표출하는 행동일 가능성이 높다.

마술적인 믿음

어떤 말이나 몸짓 혹은 행동이 현실을 바꿀 수 있다는 믿음이 마술적 믿음이다. 어린 시절에 환상적인 마법으로 가득 찬 동화나 옛날 이야기를 듣고 성장하면 마술적인 기대나 믿음을 가지게 된다. 자신의 상황을 바꾸기 위해서 스스로 뭔가를 애써 노력하기보다는 어떤 사건이나 운명이 자신의 현실을 바꾸어 줄 것이라고 믿는 것이다. 40대 초에 벌써 세 번이나 결혼한 여성이 있다. 그는 자기에게 어울리는 남자를 만나 결혼하면 자신의 모든 문제를 해결해 줄 것이라고 믿고 자신이 노력해서 개척하기보다는 행운을 가져올 새로운 남자를 찾는다. 내면아이가 상처를 입은 사람은 마술적인 믿음 때문에 충족되지 않은 욕구를 채워 줄 사람을 무작정 기다리거나 열심히 찾아 나서는 경우가 있다.

친밀감 장애

상처받은 내면아이는 혼자 버려질 것에 대한 두려움과 다른 사람들에게 휩쓸려 버리는 것에 대한 두려움 사이에서 방황한다. 어떤 이는 다른 사람들이 자기를 거절할까 봐 두려워서 사람 만나기를 거부하고 스스로를 영원히 고립시켜 버린다. 또 어떤 이는 혼자 남겨질까 두려워 자신이 속해 있는 파괴적인 집단을 떠나지 못한다.

한 여성은 2세 때 아버지에게 버림받은 후로 한 번도 아버지를 다시 볼 수 없었다. 그녀의 무의식적 첫사랑은 아버지였는데 그 사랑에서 상처를 받은 것이다. 성장해서 그녀가 마치 사랑이라고 착각했었던 현재의 남편에 대한 지나친 의존성은 사실 어려서 경험했던 버림받을 것에 대한 두려움에 깊은 뿌리를 두고 있었다.

부모가 아이들의 감정이나 욕구, 바람이 무엇인지 알아주지 않으면 그것은 곧 부모가 아이의 진정한 자아를 거부하는 것이다. 자존감과 자신감이 없기 때문에 이런 아이는 환경에 적응하기 위해서 자기 생각이나 감정에 따라 행동하지 못하고, 다른 사람들의 각본에 따라 말하고 행동하는 거짓자아를 가지고 살게 된다. 자기 자신을 잃고 거짓자아를 가진 사람은 다른 사람과 친밀한 관계를 형성하기 어렵다. 겉과 속이 일치한 삶이 아니기 때문에 부부 사이에 친밀한 관계를 맺기가 힘들다.

무질서한 행동

훈련이나 단련받지 못한 행동은 무질서한 행동이다. 우리는 가정에서 훈련을 통해 사회생활하는 데 필요한 기본적인 태도와 자세를 가르치고, 아이들이 인생을 사랑하며 풍성하게 사는 법을 터득하게 한다. 우리가 진실을 말할 줄 알고, 당장의 욕구 충족에 조급하지 않으며 인내할 줄 알고, 책임감을 가지고 있다면 인생의 즐거움과 기쁨은 더욱 커질 것이다.

부모 중에는 규율이 없이 무질서한 생활을 하거나 아니면 너무 엄격해서 지나치게 규율에 얽매인 사람이 되는 경우도 있다. 훈련이 안 된 무질서한 내면아이는 제멋대로이다. 빈둥거리거나 늑장 부리고 자기욕구가 빨리 충족되지 않으면 참지를 못하고 고집을 피운다. 반면에, 지나치게 규율적인 내면아이는 융통성이 없거나 강박관념과 부끄러움이나 죄책감에 사로잡혀 있는 성향이 있다. 상처받은 내면아이를 지닌 대부분의 사람들은 무질서한 모습과 지나치게 규율적인 모습들 사이에서 방황한다. 이런 것이 부부싸움의 원인이 되는 경우가 자주 있다.

중독적이고 강박적인 행동

어려서 상처받은 내면아이는 중독적이고 강박적인 행동의 주 원인이 된다. 어느 내담자의 고백이다.

> 알코올 중독자였던 아버지는 내가 어렸을 때 신체적으로 그리고 정서적으로 날 버렸다. 나는 아버지에게 있으나 마나 한 존재였다. 나와 함께 지낸 적도 없었고, 모범이 되는 삶을 살지 않았다. 십대에 아버지 없는 아이들과 가출도 하고 남자다움을 증명하려고 술을 마시고 매춘을 하기도 했다. 머지않아 알코올 중독이 되고 말았다. 술을 단호하게 끊었으나 나의 중독적인 방식들은 다른 방식으로 계속 이어졌다. 중독적으로 담배를 피우고 일을 하고 먹기를 반복하였다. 나는 상처받은 내면아이의 채워지지 않는 욕구 때문에 강박적인 행동을 하게 된 것이다.

중독적인 활동에는 일, 쇼핑, 도박, 섹스 등이 있다. 이런 활동들은 마음을 산만하게 함으로써 기분 전환에 도움이 된다. 모든 중독이 강박관념을 가지고 있다. 감정도 중독이 될 수 있다. 분노는 고통과 수치심을 덮어 줄 수 있는 방패막이가 될 수도 있다. 감정 중독자는 화가 났을 때 무기력하지 않고 나약하지 않으며 강하고 힘이 있는 것처럼 느껴진다. 물건 사재기도 중독이 될 수 있고, 돈도 중독의 한 예이다(오제은, 2004).

사고의 왜곡

아이들의 사고 특성은 '전부 아니면 전무'라는 양극성이다.

"당신이 날 사랑하지 않는다면 당신은 날 미워하는 것이다."라는 이분법적 사고를 한다. 착하고 선한 사람이 아니면 악한 사람이다. 모가 아니면 도로 생각한다. 그 중간을 인정할 수 없다. "만약에 아버지가 날 버린다면 모든 사람이 나를 버릴 것이다."라는 식으로 비합리적 사고를 한다. "첫사랑에 배신당했다고 판단한 사람이 한평생 어떤 이성하고도 사귀지 않는다." 이런 사고의 왜곡은 '과잉 일반화'라고 한다. 한두 번의 사건이 한평생 모든 유사한 일에서 반복될 것으로 믿으니까 지나치게 일반화하는 것이다.

어떤 사람은 불편한 감정을 회피하기 위한 방법으로 아주 사소한 일에까지 몰두한다. 부정적인 감정을 억압하고 잃어버리기 위해서 일중독 등에 빠지는 사람들이 있는데 이런 사고방식은 강박적인 완벽주의 행동을 하게 만든다.

249

공허감(무관심, 우울)

상처받은 내면아이는 인생이 무의미하고 공허하여 성인이 되어서 만성적인 우울증으로 고생할 수 있다. 이것은 양육자나 가정환경의 영향으로 아이가 진정한 자기를 억압하고 거짓 자아를 받아들인 결과이다. 진정한 자아를 버린 만큼 마음속에는 빈 공간이 생기게 마련이다. 진정한 자아를 잃었을 때 사람들은 자신의 진실한 욕구, 감정, 바람을 잃게 된다. 거짓자아를 가지고 있다는 것은 연기를 하고 있다는 것과 같다. 공허감을 느끼는 것은 만성적인 우울의 한 형태로 마치 잃어버린 자기의 진정한 자아를 애도하는 것과 같다. 성인아이는 인생이 무의미하고 재미없다는 불평을 한다. 자신의 인생이 공허한데 비하여, 다른 사람들은 왜 그렇게 흥미롭게 사는지 이해하지 못한다. 우리 안의 내면아이가 상처받았을 때 성인아이는 허전하고 우울해진다.

우리 모두 조용한 시간에 눈을 감고 자신의 내면세계로 여행을 떠나 보자. 다음 질문에 스스로 답을 해 보고 어린 시절의 그 감정을 다시 체험하며 애통해하고 그 측은한 어린아이를 수용, 지지, 격려하고 돌보는 것이 내면아이 치유의 시작이 될 수 있다. "자기 안에 슬퍼하는 어린아이, 겁에 질린 어린아이, 불안해하는 어린아이, 분노와 적개심을 억압한 어린아이, 죄책감/수치심이 가득 찬 어린아이, 외로운 어린아이가 존재하는가?"를 생각해 보자. 그 내면아이가 가정과 직장생활에서 어떤 영향을 주고 있는지 알아채는 것이 중요하다. 그 작업이 부부관계의 중요한 A/S가 될 수 있다.

2) 상처받은 내면아이의 욕구

부모와의 관계에서 아이의 안전감과 소속감을 방해하는 요소는 불안을 야기한다. 어려서 경험한 불안, 적개심, 분노, 수치심, 죄책감, 부적절감 등을 억압한 상처받은 내면아이는 대인관계에서 살아남기 위하여 자신의 필요와 욕구 충족을 위해 다양한 전략을 짜는데 그 과정에 습득한 감정, 사고 및 행동 패턴이 성격의 특징으로 자리 잡게 된다. 그 필요와 욕구가 일상생활에서 충족될 수 없을 정도로 강력하거나 비현실적이면 호나이는 '신경증적'이라고 규정했는데 그것은 내적 갈등을 유발하는 원인이 된다(Horney, 1942). 호나이는 그 욕구는 정상인과 신경증적인 사람 모두 다 공통적으로 가지고 있는 욕구이지만 단지 정도의 차이가 다를 뿐이라고 주장하였다. 예를 들어, 사랑욕구는 누구나 다 가지고 있지만 어렸을 때에 충족되지 못한 내면아이의 사랑욕구는 신경증적이어서 사랑을 받는데도 불구하고 만족하지 못하고 더 매달리고 더 갈급해한다는 것이다. 어려서 양육자와의 관계에서 상처받은 내면아이들이 흔히 가지고 있는 욕구의 특징을 살펴보면 다음과 같다.

신경증적인 사랑과 인정 욕구

남들을 기쁘게 하고 인정받고 싶어서 남들의 기대대로 사는 이들이 있다. 칭찬 듣기 위해 살고, 거절당하지 않으려고 남들에게 매우 민감하게 반응한다. 친구 집단이나 직장 동료들 사이에서도 비위를 맞추고 추종하면서 인정받고 싶어서 부단히 애를 쓴다. 언뜻 '좋은 사람'이라는 인상을 주지만 머지않아 '쓸개 빠진 사람'이 되고, 자기 자신의 삶이 없는 허전한 삶을 산다는 것을 알게 된다. 결국 지나친 인정과 사랑 욕구는 부부관계나 인간관계에서 머지않아 남들의 눈을 찌푸리게 만든다.

신경증적 의존욕구

남들에게 의지하고 기생하며 사는 이들이 있다. 어려서 양육자로부터 거절당했거나 무시당한 탓에 사랑을 지나치게 강조하며 버림받지 않으려고 신경이 곤두서 있다. 자신의 행복과 만족은 상대방의 사랑에 전적으로 달려 있다고 믿는 까닭에 의존적인 사랑욕구 충족에 매달려 산다. 의존적 사랑욕구가 너무 강해서 만족할 줄 모르기 때문에 부부 사이에 "당신은 날 사랑하느냐?"를 아침저녁으로 반복하는 애처로운 배우자는 상대방을 어리둥절하게 하거나 피곤하게 만들 수 있다.

신경증적 자기 제한 욕구

지나치게 겸손을 강조하고, 자기주장이 없으며, 작은 일에 만족하고, 남의 눈에 뜨이지 않으려고 노력하는 이들이 있다. 정당한 자기주장을 하지 못하는 까닭에 자신의 필요와 욕구를 충족시키지 못하여 생동감 없이 겨우 살아간다. 이런 사람은 어렸을 적에 가족 혹은 친구들과의 관계에서 압도당했거나 비굴함을 당했거나 이용당했을 가능성이 있다. 그 후에 누구도 신뢰할 수가 없고 자기 자신도 신뢰하지 못하는 사람이 된다. 더 이상 실패하거나 이용당하지 않으려고 두려움 속에서 사람들로부터 거리를 두고 조용히 살아간다. 부부관계에서도 자기표현이나 주장이 전혀 없이 매사에 조용히 참고 살아간다.

신경증적 권력욕구

권력을 추구하고 힘을 과시하고 약자를 경멸하며 사는 이들이 있다. 마음속 깊은 곳에 억압한 무기력감이나 열등의식을 극복하기 위해서 우월감과 의지력을 앞세워서 수단방법을 가리지 않고 못할 것이 없는 양 행동한다. 권위주의적인 성격이 되어 남들을 통제하고 좌지우지할 때 존재가치를 느낀다. 배우자 중에 한 사람이 지배적이며 다른 한 사람이 지나치게 의존적이면 맹종하는 한 쌍을 이룰 수 있지만 함께 성장하는 부부관계를 유지하기는 어렵다.

신경증적 착취욕구

사회적 지위, 힘과 권력을 앞세워 남들을 사리사욕의 수단으로 이용하는 이들이 있다. '갑질'하지 않고서는 못 배기는 성격이어서 배우자와 협력하거나 상호 존중할 줄을 모른다. 배우자를 자기 자신의 필요와 욕구 충족의 수단으로 생각하고 지극히 이기주의적으로 살아간다.

신경증적 명예욕구

수단방법을 가리지 않고 사회적 명성을 추구하며 명예와 남들의 평가로 자신의 존재가치와 삶의 의미를 찾으려는 이들이 있다. 남들의 평가를 중요시 여기므로 내면적 가치와 참자아와는 거리가 먼 타인지향적인 삶을 산다. 모든 모임에서 감투를 쓰기 위해서 노력하고, 자신이 주도권을 잡을 만한 집단을 주로 찾아다닌다. 가정생활에 충성하기가 어려운 성격이다.

신경증적인 개인적 찬양욕구

존재가치가 없다는 불안 때문에 과대망상에 사로잡혀 실제보다 더 남들이 자기를 칭찬해 주기를 갈망하는 이들이 있다. 작은 업적이나 받은 포상을 남들 앞에서 크게 선전하거나 자랑하기를 즐겨한다. 대인관계에서 아첨하는 사람을 좋아하고 허

영심 때문에 진정한, 친밀한 인간관계를 맺거나 즐길 수 없는 성격이다.

신경증적인 개인적 성취욕구

기본적인 불안 때문에 더 큰 성취를 위해서 최대한도로 자기 자신을 몰아붙이는 이들이 있다. 가족사랑이나 친밀한 인간관계를 즐기기보다 일하는 데 몰입하여 업적을 쌓는 데 심혈을 기울인다. 물질적인 성취에 급급하다 보니 일과 가정생활 혹은 개인의 삶의 균형을 이루지 못하고 성취지향적인 삶을 산다.

신경증적인 자족감과 독립심 욕구

따뜻하고 친밀한 인간관계 형성에 실패한 까닭에 다른 사람들과 거리를 두고 회피하며 '외로운 늑대'가 되어 자기 홀로 지낸다. 가족이나 친구들과 멀리 떨어져서 거리를 유지하고 깊은 산속에서 홀로 사는 이들도 있다. 친밀감의 욕구 충족을 포기하고 사람들과 거리를 두고 소외감을 느끼며 산다.

신경증적 완벽성/완벽주의 욕구

완벽주의자들은 실수나 비난을 받을까 봐 두려워서 자신을 완벽하고 확고부동하게 만들려고 노력한다. 자신의 결점을 남들에게는 숨기려고 수단방법을 가리지 않고 온갖 술책을 다 동원한다. 위선적인 삶을 살면서 긴장과 불안, 초조를 숨기려 한다(Horney, 1945; Hall & Lindzey, 1978 재인용).

이상에 언급한 10가지 욕구를 호나이(1945)는 세 그룹으로 다시 나누었다. ① 사랑욕구를 충족시키려고 다른 사람에게 가까이하려는 성향, ② 자주독립욕구를 충족시키기 위하여 다른 사람들로부터 거리를 유지하려는 성향, ③ 권력욕구를 충족시키기 위하여 다른 사람들과 경쟁하고 대항하려는 성향으로 나누었다. 정상인은 이 세 가지 성향을 적절히 통합하여 내적인 갈등을 최소한으로 해결할 수 있는 데 반해서, 어렸을 때 양육환경 때문에 불안이 심각했던 신경증적인 사람은 비합리적이고 인위적인 해결책을 동원해야만 한다. 신경증적인 사람은 유연성이 부족하여 의식적으로 한 가지 성향만을 고집하고, 다른 두 가지 성향을 억압하거나 무시하며 산다. 비현실적인 포부 수준에 맞추어 살려고 하다 보니 강박적이고 위선적일 수밖에 없다.

신경증적인 성격은 경직되어 있으나 성숙하고 건강한 사람의 성격은 유연성이 있음을 기억할 필요가 있다. 부부관계에서 다툼이나 갈등이 왜 계속 반복되는지 반성해 보면서 자신의 경직된 성격이 어디에서 왔는지 탐색하고 자각할 수 있으면 관계 개선에 도움이 된다.

어느 어머니의 내면아이

　　산촌에서 1남 3녀 가정의 셋째 딸로 태어난 또순이가 있었다. 그는 남존여비사상에 물든 마을과 가정문화에서 태어날 때부터 존재가치를 느낄 수 없었다. 그의 부모님은 아들을 보기 위해서 낳다 보니 또순이를 포함하여 딸 세 명을 먼저 낳았다. 어린 또순이는 가정에서나 마을에서 있으나 마나 한 존재였다. 카렌 호나이가 규정한 '기본적 악'을 경험하였고, '상처받은 내면아이'를 가지고 자랄 수밖에 없었다. 언니들에게 치이고 부모님의 무관심 속에서 살던 또순이는 우연히 학교에서 인정받고 칭찬받을 기회가 있었다. 선생님이 하신 질문에 답을 잘하고 공부를 열심히 하니까 선생님과 시선이 자주 마주쳤다. 교실에서 경험해 보지 못한 '힘'이 생기기 시작하였다. 중학교까지 공부하는 보람을 느꼈고 학교생활도 즐거웠다. 학교에서 성적이 좋아서 존재가치를 느끼는 또순이는 집안에서 느끼던 열등의식이나 부적절감을 보상받게 되었다. 열심히 노력하고 치열하게 경쟁하여 점수 따는데 눈이 뾰족한 학생이 되었고 언니들과는 차별화된 아이였다.

　　그런데 중학교 졸업할 때쯤 공부를 좀 한다는 다른 집 친구들은 부모들의 권유에 따라 도시의 고등학교로 진학했는데 또순이는 가정형편이 어려운데다가 부모가 딸의 진로에 무관심하여 읍내의 농업고등학교에 입학하였다. 세월이 지나고 보니 '자기만 못 하던' 친구들은 대도시의 이름 있는 대학교를 졸업하고 나서 결혼하여 잘 살고 있는데, 또순이는 학구열이 낮은 지방학교에서 젊은 날을 지냈고 결혼하고 보니 옛날 친구들과 눈에 보이게 차이가 났다.

또순이는 첫아들을 낳았는데 잘 키워서 일류 대학에 입학시키기로 작심하였다. 아들의 학교 성적을 위해 얼마나 노력을 했는지 동네에서도 소문이 난 억척같은 어머니였다. 아들이 어려서는 어머니의 성화에 따라 공부를 곧잘 하는 편이었는데 중3, 고1이 되면서 반발하기 시작하더니 학원에 보내면 친구들과 어울려 놀러 다니고는 하였다. 그때마다 아들을 신뢰하지 못하고 형사처럼 미행하던 어머니는 아들에게 분노와 비난을 퍼부었다. 자기가 입시생이라도 된 양 긴장 속에서 아들의 일거수 일투족을 감시하던 어머니는 아들과 자주 충돌하게 되었고, 모자 관계가 매우 악화되었다.

상담실에 들어온 어머니는 아들이 공부는 안 하고 친구들과 어울려 놀거나 인터넷 게임만 해서 나무라고 충고하면 물잔을 어머니를 향하여 던져 깨거나, 의자를 들어 벽에다 내던져 벽에 흠집을 내기도 한다고 말하더니 어제는 자살하려고 아파트 난간에 매달린 녀석을 끌어올려서 데리고 왔다면서 울고 있었다. "어미의 정성도 모르고 말대꾸하고 소리 지르고 물건을 내던지는 이런 불효자식이 어디 있느냐."고 아들을 원망하였다. 아들의 말을 들어 보니

"눈만 뜨면 공부하라는 어머니의 성화에 머리에 쥐가 날 것 같다." "믿어 주지 않는 어머니 때문에 가슴이 하도 답답하고 화가 치밀어서 자기가 미칠 것 같다." "가출을 해 보았지만 그마저 소용이 없고 탈출구가 없었다." "어머니의 잔소리에 견

3. 상처받은 내면아이

딜 수가 없어서 순간적으로 아파트 난간에 매달려 소리를 고래 고래 질렀다."고 상담실에서 호소하였다.

이 사례는 자존감이 낮은 어머니가 어렸을 때의 자신의 부적절감과 열등의식을 극복하기 위해 아들을 의식적으로나 무의식적으로 조작하려다 실패한 것이다. 아들이 일류 대학에 입학하여 어머니의 한을 풀어 주기를 고대하며 성화를 부렸으나 반항하는 아들의 공격에 부딪혀 모자간의 관계만 악화시킨 사례이다.

부모들 중에는 자신들의 열등의식을 극복하기 위하여 자녀들이 일류 고등학교나 대학에 합격하기를 갈망하고 밤낮으로 공부하라고 몰아세우는 경우가 있다. 자녀들의 장래를 위해서라고 강조하지만 부모들의 무의식적인 목적 달성을 위해 자녀들을 도구로 사용하려는 것으로 보인다. 그들은 자신들의 높은 기대에 못 미치는 자녀들에게 무의식적으로 병적인 죄책감이나 불신감을 심어 주는 일을 일삼고 있다는 것을 통상 자각하지 못하고 있다.

어린 시절의 자녀들을 신뢰하고 존중하며 이해해 주고 따뜻하게 돌봄으로써 건강한 성격이 형성되도록 도와주는 일이 시급하다. 그리고 자녀들의 필요에 따라 지적 호기심을 충족시켜서 적성을 개발하도록 조력하고 저마다 타고난 실현경향성을 구현하도록 돕는 것이 성숙하고 건강한 부모가 할 일이다. 부모의 철저한 통제 속에 자란 청소년보다는 자기주도적인 학교생활을 하도록 격려하는 것이 자녀들의 자존감을 향상시켜 줄 수 있는 방안이다.

부부관계의 A/S가 필요하다

1. 내면아이 만나기

2. 부부 사이의 참만남

3. 참만남의 대화 실습

행복한 부부도 A/S가 필요하다

1. 내면아이 만나기

부부관계의 갈등을 호소하는 사람들의 말을 들어 보면 다음 둘 중의 어느 하나에 해당된다.

첫째, 지금 내가 이렇게 불행한 것은 배우자 때문이라면서 서로 배우자를 원망하고 변화시키려고 한다. "당신이 변해서 나에게 맞추어 줘야 해, 당신 문제야, 당신이 변해야 해!!"라고 남편은 주장하고, 아내는 "아니야, 당신이 틀렸어!, 당신이 변해야 우리가 함께 살 수 있어!!"라고 주장한다. 상대방을 원망하고 공격하고 변화시키기 위해서 온갖 노력을 다 해 보았지만 상처만 깊어지고 좌절을 느낀 나머지 마침내 상담실에 찾아온 것이다. 그들은 저마다 배우자를 변화시켜 주기를 바라는 마음이 가득하다.

둘째, "알고 보니 우리 부부의 문제는 내 탓이니 내가 변해야 해! 내가 변해서 당신에게 맞추어 줄게."라고 생각하는 이도 있다. 그는 상대방의 사랑과 인정을 받기 위해서 자기 자신이기를 포기한 채 상대방을 기쁘게 해 주려고 온갖 노력을 다하지만 결국 지쳐 버리고 절망하게 된 것이다(오제은, 2011). 진정한 자기 자신을 수용하고 존중하며 상대방을 있는 그대로 수용하고 존중하지 못하면 그토록 친밀감과 사랑을 갈망하던 부부도 좌절하고 만다.

진정한 사랑은 자기 자신을 포기하고 상대방을 위해 살거나 상대방이 그 자신을 포기하게 만들어서 나 자신을 위해 살도록 하는 것이 결코 아니다. 서로를 있는 그대로 수용하고 존중하며 사랑하는 것이 진정한 사랑임을 우리 모두 배워야 할 때가 왔다. 여기서 프리츠 펄스의 시를 다시 상기할 필요가 있다.

> 나는 나의 일을 하고 당신은 당신의 일을 한다. / 나는 이 세상에 당신의 기대대로 살려고 태어난 것이 아니다. / 당신은 이 세상에 나의 기대대로 살려고 태어난 것이 아니다. / 나는 나이고 당신은 당신이다. / 그러나 만약에 우리가 서로 만날 수 있다면 그건 아름다운 일이다.

상대방은 나 자신과는 다른 방식으로 세상을 보고 느끼고 생각하고 의미를 부여하는 독특한 존재임을 인정해야 한다. 상대방의 고유성을 이해하지 못하면 부부관계에서 우리는 서로의 경계를 넘나들며 침범하고 상처를 주고받게 된다. 자기를 수용하고 존중하는 개별화된 두 사람이 지금-여기에서 진정으로 만날 수 있어야 서로의 성장발달을 조장하는 참만남이 될 수 있다.

루켓(Luquet)과 한나(Hannah)가 제시한 이마고 치료이론(오제은, 2011)에 의하면 우리는 부모님의 긍정적인 면과 부정적인 이미지의 합성체인 이마고(imago)가 무의식적으로 가장 잘 들어맞는 사람을 자기 배우자로 선택한다는 것이다. 그중에서도 부모님의 부정적인 이미지와 가장 많이 닮은 사람을 무의식적으로 선택하게 되는 것은 어린 시절의 부모님과의 관계에서 미처 끝내지 못했던 미해결 과제를 끝내기 위한 무의식적인 동기가 유발된 때문이라는 것이다. 따라서 자신과 배우자의 어린 시절의 상처를 이해하는 것은 부부갈등과 힘겨루기를 치유할 수 있는 가장 중요한 열쇠가 된다. 과거에 해결하지 못했던 배우자의 미해결 과제를 이해하고 억압된 욕구를 해결하도록 상호 협력하는 것이 결혼생활에서 부부가 해내야 할 매우 중요한 과업이다.

어린 시절에 부모님과 양육자의 보호와 돌봄을 받지 못하고 경험한 감당하기 어려운 고통스러운 감정은 깊이 억압되어 있다. 억압한 경험, 심층경험은 직면하기에는 고통스러우나 그것을 감당해야 마침내 성장하고 심신이 건강해진다. 인간은 성장통을 회피하지 말고 겪어 내야 제대로 성장한다. 내면아이 치유가 중요한 이유가 바로 그것이다. 우리의 관심이 생각 차원인 인지적인 자기이해에서 자신의 정서적인 차원, 즉 생각 차원에서 피상적인 감정과 심층 감정을 이해하는 방향으로 옮겨 갈수록 지속적이고 의미 있는 변화가 가능해진다 (Greenberg, 2002). 마음속 깊이 누적된 감정과 접촉하여 자기 자신을 이해하게 되면 자기이해를 바탕으로 부부관계를 비롯한 인간관계가 더 효율적으로 맺어질 수 있다.

1) 내면아이 만나기

이제까지 미처 깨닫지 못했으나 자기 속에 숨어 있는 내면아이를 자각하고 만나서 치유하는 것은 건전한 성장발달과 돈독한 인간관계를 위해 선택할 수 있는 중요한 A/S 방법 중 하나이다. 평소에 깊이 신뢰하고 진솔한 감정을 자유롭게 표현하는 돈독한 관계라면 부부가 함께 서로 내면아이 찾기를 도와주고 탐색할 수 있다. 부부가 마주 앉아 상처받은 내면아이 탐색을 함께할 용기가 없거나 자기노출을 두려워하는 마음이 크다면 가장 신뢰할 만한 친구나 이미 내면아이 치유를 경험한 사람의 도움을 받는 것이 더 효과적이다. 두렵거나 망설이는 마음 없이 자신을 드러낼 수 있는 용기와 그를 수용하고 이해해줄 사람이 곁에 있어야 내면아이 체험학습이 효과적으로 이루어질 수 있다. 가정이나 야외텐트, 펜션 혹은 호텔 등지에서 자신의 내면아이 치유를 경험하고 싶은 사람은 다음과 같은 준비가 필요하다.

내면아이 치유 활동 (소요시간 60분)

1. 주변에 타인들이 없는 조용한 방이나 장소를 찾아서 자리 잡는다.
2. 자기가 신뢰하는 가까운 친구나 내면아이 치유 유경험자 혹은 상담자가 있으면 그와 함께하는 것이 좋다.
3. 부부 사이에 기본적 신뢰가 형성되어 있다면 부부관계

A/S 차원에서 서로 도와주는 것도 색다른 체험학습이 될 수 있다.

4. 50~60분 정도 방해받지 않고 편안하게 앉아 체험할 준비를 한다.

5. 경우에 따라서는 억압되었던 감정이 쏟아져 나올 수도 있으니 그 감정을 회피하거나 억압하지 말고 그대로 느껴 보고 말로 표현할 준비를 한다. 인도자 역할을 할 배우자는 상대방을 수용하고 공감할 수 있는 태세가 되어 있어야 효과적이다.

6. (부부끼리 하는 경우) 누가 먼저 내면아이를 접촉해 볼 것인지 순서를 정한다.

7. 먼저 내면아이를 만나 볼 사람을 '탐색자'라 부르기로 한다. 탐색자는 편안한 자세로 눈을 감고 앉아 있다. 다른 배우자는 '인도자'가 되어 다음 지시사항을 천천히 읽어서 탐색자를 안내한다.

8. 인도자가 지시문을 읽어 갈 때 나타나는 (   ) 속의 숫자는 탐색자가 상상, 회고 혹은 느껴 볼 수 있도록 기다려 주는 시간이다. 인도자는 서두르지 말고 탐색자에게 그 시간을 허용해 주는 것이 바람직하다.

이제 인도자가 다음 안내문을 천천히 낭독하면 탐색자는 그 지시대로 따라 '내면아이 만나기' 여행을 떠난다.

〈안내문〉

흔들의자나 편안한 소파에 앉아 있거나 혹은 나무그늘 아래서 해먹에 누워서 자유로운 자세로 쉬고 있다고 상상해 봅니다. 조용한 자연 속에서 아무 방해도 받지 않고 혼자서 편히 쉬고 있습니다. 찾아올 사람이 아무도 없습니다. 휴대전화도 꺼 놓은 상태입니다. 해야 할 일도 모두 면제받아서 한가로운 당신만의 시간입니다.

눈을 지그시 감고 숨을 깊이 들이마시고 내뱉기를 천천히 10번쯤 반복합니다. 코로 숨을 들이마시고 입으로 내쉬고, 코로 숨을 들이마시고 입으로 내쉬기를 느리게 10번 합니다. 몸과 마음이 편안해졌는지 확인합니다. 몸의 어떤 부분이 불편하거나 긴장되어 있는지 느껴 보고 근육이완법을 이용하여 근육을 천천히 풀도록 합니다.

이제 지금부터 5년 전의 자기 모습을 마음속에 떠올려 봅니다. 5년 전이면 몇 살이었나요? 어디에서 무엇을 하고 있는 자신의 모습이 떠올랐나요?(10초) 마음속에서 그 이미지를 살펴보세요. 어떤 차림으로 무엇을 하고 있나요? 얼굴 표정과 자세는 어떠한가요? 5년 전의 당신의 그 모습이 어떤 느낌을 느끼는 것 같은가요? 피곤한 자세인가요? 고달픈가요? 외로운가요? 재미있고 행복한가요? 바쁘게 쫓기며 사는 모습인가요? 누구와 함께 어디에서 무엇을 하고 있는 자신의 모습이 떠올랐나요?(30초)

이제 다음으로 진행합니다. 지금부터 10년 전에는 어디에 있었나요? 어디에서 무엇을 하고 있는 모습이 떠올랐나요? 누구와 함께 있나요 아니면 혼자 있나요? 10년 전의 자신은 무슨 느낌을 느끼는 것 같은가요? (30초)

이제 다음으로 진행합니다. 20년 전에는 어디에 있었나요? 어디에서 무엇을 하고 있는 모습이 떠올랐나요? 누구와 함께 있나요 아니면 혼자 있나요? 머릿속에 떠오른 20년 전의 그 모습은 무슨 느낌

을 느끼고 있나요? (30초)

이번에는 당신의 가장 어렸을 때 모습을 떠올려 보시지요. 기억에 남아 있는 가장 어렸을 때의 장면이나 사건을 떠올려 보세요 (20초). 대략 몇 살 때인 것 같습니까? 어디에서 누구와 무엇을 하고 있습니까? 아니면 혼자 있는 이미지가 떠올랐나요? 어디에서 누구와 함께 혹은 혼자서 무엇을 하고 있습니까? (10초) 가장 어렸을 때의 당신의 얼굴을 들여다보세요. 얼굴 표정을 살펴보세요. 눈동자를 들여다보세요. 어떤 느낌을 느끼고 있습니까? (30초)

어떤 느낌을 느끼고 있는 것으로 보입니까? 쓸쓸한가요? 외로운가요? 누구를 기다리고 있나요? 두려운가요? 화가 나 있나요? 불안한가요? 죄책감을 느끼나요? 누구와 함께 놀고 있나요? 뭐가 부족해 보이나요? 간절히 원하는 것은 무엇인가요? 아니면 행복하고 즐거운가요? 그 아이는 어떤 감정을 느끼고 있는지 그 감정을 표현해 보세요. 입으로 중얼거리며 말로 표현해 주세요(30~60초).

267

(눈을 감은 채로) 지금 그 어린아이 옆에 누가 있었으면 좋겠습니까? 어머니, 아버지, 할머니, 할아버지, 고모, 이모 혹은 형제 중 누가 옆에 다가오면 좋겠습니까?(5초) 그분을 어린아이 앞에 초대하도록 하겠습니다(5초). 지금 어린아이 바로 앞에 그분이 와 계십니다. 혹시 그분이 가까이에 있어서 무섭거나 당황스럽거나 두려우면 성인이 된 내가 그 아이 옆에 조용히 다가가서 보호해 주세요(20초). 그분에게 오랫동안 하고 싶었던 말, 이제까지 간절히 하고 싶었으나 못했던 말이나 행동을 시작하세요(10초). 입으로 중얼거려 보아도 좋습니다. 분명한 어조로 다시 말해 보세요(5초). 다음 문장을 천천히 완성해 보세요. 마음속으로 중얼거려도 좋습니다. 마음속으로 다음 문장을 완성해 보세요. (인도자는 천천히 읽어 주세요.)

1. 내면아이 만나기

제가 (   )살 때 _____하고 있을 때 (아버지/어머니/할아버지/할머니 등)가 _____ 해서 제가 (그 당시의 감정을 표현하기)_____였던 것을 아시나요? 그 당시 제가 (그 당시의 자기감정을 말하기)_____ 을 짐작이나 하셨나요? 저는 _____했어요.

지금까지 한평생 저는 _____다. 만약 당신이 _____ 했더라면 저는 _____텐데, 당신은 전혀 안 해 주셨어요. 그래서 저는 _____다.

　마음에 품고 있던 하고 싶은 말을 다 표현했나요?

　그러면 이번에는 당신을 사랑했거나 사랑해 주지 못했던 그분이 하고 싶은 말이 있을 테니 그분에게 경청해 보세요. 그분이 무슨 말이나 어떤 행동을 하시나요? 지금부터 그분(아버지/어머니/할아버지/할머니 등)이 하고 싶은 말을 당신이 상상해서 당신 자신이 중얼거려 보세요. 그분이 당신에게 무엇이라고 말하는지 당신이 혼자서 중얼거려 보세요(30~60초).
　자, 이제 당신의 감정에 따라, 당신의 마음이 내키는 대로 그분을 멀리 떠나가게 하거나 아니면 그분을 수용하고 포옹하거나 당신의 진실한 감정이 시키는 대로 선택하세요(30초).
　이제 내면아이 옆에서 그를 도와주었던 성인이 된 자기 자신에게로 돌아옵니다. 마음이 내키면 그 어린아이와 악수를 하거나 안아 주거나 포옹해 주세요(20초). 그 내면아이를 꼭 안아 주면서 이렇게 말하세요.
　"걱정하지 마라, 그동안 고생 많이 했어. 참으로 안됐구나. 네가 얼마나 힘들었는지 미처 내가 몰랐구나. 네가 얼마나 소중한 존재인지 깨닫지 못하고 이제까지 살아왔으니 정말로 미안하다. 내가 미처 너를 돌보지 못한 것 정말 미안하다. 네가 내 안에 있는 것을 내가 미처 알아채지 못하고 그동안 살아온 것 정말로 미안하다.

이제부터 있는 그대로 너를 수용할 거야. 이제부터는 어른들 대신해서 내가 너를 한평생 돌보고 사랑할 거야. 그동안 이해받고 인정받고 사랑받는다는 것이 얼마나 소중한지 뼈저리게 느꼈잖아? 이제 내가 너를 그렇게 돌볼 거야. 이제 어떤 일이 있어도 내가 너를 믿고 돌보고 사랑할 거야."(1분)

눈을 감은 채로 내면아이와 성인이 된 내가 나란히 옆으로 앉거나 마주 보고 앉습니다. 아니면 마음이 내키면 내면아이를 성인이 된 내 무릎 위에 앉혀 놓습니다. 이제 내면아이가 무릎 위에 앉아 있습니다 (10초). 내면아이에게 이렇게 말해 주세요.

"부모/혹은 중요한 타인들이 너를 사랑하지 않아서가 아니라 그 시절에는 부모님들이 그들 자신의 문제로 골몰했었단다. 어머니와 아버지도 원가족과의 관계에서 받은 상처가 참으로 많았어. 부모님도 할아버지와 할머니 밑에서 상처를 받으면서 자란 분들이야. 그것을 깨닫지 못하고 부모가 된 후에 그분들은 너를 양육한다고 하셨지만 어린 너를 제대로 돌보고 사랑할 수가 없었던 거야. 그때 그 상황에서는 부모님들이 잘하신다고 하셨지만 그럴 수밖에 없었던 거야. 그분들은 최선을 다한다고 하신 것인데 어린 너에게 상처가 되어 남아 있었던 거야.

실망스럽지만 완벽한 부모는 이 세상에 어디에도 존재하지 않아. 유감스럽게도 온전한 부모는 이 하늘 아래 어디에도 없단다. 과거에 아무도 너에게 그런 말을 해 준 사람이 없었겠지. 어쩌면 네가 너무 어려서 이해할 수 없었을 수도 있었을 거야.

그러나 그동안 네가 자라면서 얼마나 속상하고 불안하고 원망스럽거나 외롭고 답답했겠니? 그 마음 나는 알아. 이제는 이해할 수 있어. 어머니 아버지는 그 시절 그들이 처해 있는 상황에서 그들이 할 수 있는 걸 다 하신 거라구. 그들이 알고 있는 범위 안에서 최선을 다하신 걸로 알고 계셨을 거야. 그분들도 어려운 시대에 상처받은 내면아이가 숨어 있는 성인아이였거든. 그래서 너도 어린 시절에 상처를 받을 수밖에 없었던 거야.

그 시절에는 지금보다 우리 사회도 가정도 더 어려운 상황이었어. 복잡하고 어려운 관계 속에서 어머니 아버지도 그들 나름대로 갈등과 스트레스가 많았었겠지. 고생 많이 하시며 살았고, 고난 중에 너를 양육했단다. 그래서 마음에 있었더라도 너를 제대로 돌보지 못했으니 이제 그들을 이해하고 용서할 수 있을까? 네 마음속에 귀를 기울여 봐. 그들을 수용할 수 있을까?"(20초)

이제 눈을 감은 채로 팔과 어깨를 천천히 움직여 보세요. 머리를 좌우 전후로 편안하게 움직여 보세요. 자, 이제 마지막으로 눈을 떠 봅시다. 이제는 성인이 된 자신에게로 돌아왔습니다. 이제 다시 성인이 되었습니다. 수고하셨습니다.

마음에 준비가 되면 '탐색자'는 편지를 한 통 쓰겠습니다. 지금까지 성장해 오면서 경우에 따라서는 참으로 혼란스럽고 불안하고 외롭고 어려웠으나 이제 부모를 이해하고 용서할 수 있다는 편지를 쓰거나 아니면 아직도 마음에 남아 있는 원망, 분노, 두려움, 궁금증, 억울한 마음, 미운 감정 등을 편지로 길게 써 봅시다. 혹은 이제까지 감사한 마음, 사랑하는 마음을 제대로 전달하지 못했으니 이제라도 감사편지를 써 봅시다.(20분 내외)

쓴 편지를 혼자서 몇 차례 소리 내어 읽어 보아도 좋고, 배우자 앞에서 낭독하고 서로 느낌을 주고받는 대화의 시간을 가지는 것도 유익하다. 부부가 서로 알고 이해해야 미해결 과제를 해결하도록 협력할 수 있다. 혹시 상황에 따라서 필요하다면 그 편지를 해당되는 분에게 우송할 수도 있다. 그것은 저마다의 선택에 달려 있다. 부모가 이미 세상을 떠나셨더라도 같은 활동을 해 보면 내면아이 치유에 큰 도움이 될 수 있다.

이제 역할을 바꾸어서 먼저 '탐색자'로 내면아이를 만나 본 배우자가 '인도자'가 되어서 상대방 배우자가 내면아이를 체험할 수 있도록 안내한다.

2) 배우자의 내면아이 만나기

사랑의 3요소는 친밀감, 열정, 헌신과 책임감이라고 스턴버그의 연구 결과를 앞에서 소개하였다. 이 세 가지 요소가 조화를 이루는 부부의 사랑은 건전하고 완전한 사랑이다. 이 중에서 부부가 친밀하고 편안한 관계가 되려면 상대방에 대하여 가능한 한 많이 알고 이해할 수 있어야 한다. 친밀감을 형성하는 활동으로 적당한 것은 자라던 시절의 자신의 경험을 소개하는 일이다. 친밀감 형성 활동의 일환으로 배우자의 '내면아이 만나기'가 함께 이루어질 수 있다. 부부가 산책이나 여행 중에 혹은 거실에서 조용한 시간을 이용하여 다음과 같은 대화를 하는 것은 서로를 더 많이 이해하고 상대방의 미해결 과제를 해결하는 데 협력할 수 있는 유익한 활동이다. 억압한 감정이나 품고 지내던 간절한 생각이나 감정을 표현하고 나면 마음이 가벼워 지고 속이 후련해지기도 한다. 그뿐만 아니라 솔직한 자기노 출은 통상 상대방의 관심과 이해, 배려를 이끌어 낸다. 자기노 출은 심리적으로 건강한 사람들의 특징 중 하나로서 상대방과 친밀감을 높이는 데 매우 효과적인 요소이다(Jourard, 1971).

부부간의 활동 1 (소요시간 30~40분)

부부가 다음 사항에 대하여 자신의 경험을 배우자와 공유하는 시간을 가져본다. 부부 사이의 친밀감을 증진시키는 것은 사랑의 3요소 중에 하나를 활성화시키는 의미 있는 활동이다.

조용한 시간, 방해받지 않는 공간에서 대화할 수 있어야 효과적이다. 다음 질문에 대하여 진솔한 대답을 하면 의미 있는 대화로 이어진다. 부부가 번갈아 대답하면 새로운 면을 발견할 수 있고 상호 이해를 돕는 유익한 활동이 된다. 부부는 눈을 지그시 감고 마음을 조용히 정리한 다음 초등학교 이전이나 초등학교 시절을 회고해 본다(1~2분). 눈을 뜨고 다음 질문에 부부는 번갈아 대답한다.

1. 당신의 아버지는 함께 놀아 주셨나요? 어머니는 필요할 때마다 옆에 계셨나요?
   가장 즐거웠던 추억은 언제 어디에서 어떻게 경험했는지 자세히 소개한다(각 2~3분).

2. 어린 시절에 부모님에게 간절히 바랐으나 이루어지지 않는 일이 있었나요? 그것이 언제 어떤 상황에서 무엇이었는지 소개한다(각 2~3분).

3. 어린 시절에 아버지 혹은 어머니로부터 들은 칭찬을 회상해 보세요. 어떤 상황에서 어떤 칭찬을 들었나요? 그때 기분이 어떠했는지 회상해 보고 말한다(각 2~3분).

4. 누구로부터 벌을 받는 적이 있었나요? 어떤 상황에서 어떤 벌이었나요?

5. 화가 나거나 아주 속상한 경험이 있었나요? 그때 상황을 설명하고 그다음에 나–진술법으로 자신의 그때 감정을 표현한다.

"나는 _____(상황 설명) _____할 때 _____(자신의 감정 고백) _____다
(각 2~3분).

6. 화가 나거나 속상하거나 울고 있을 때 가족 중에 이해하고 위로해 주는 사람이 있었나요? 그가 누구였나요? 그분에게 지금 느낌을 말해 보세요. 주위에 그럴 사람이 없었나요? 없었다면 그때의 기분이 어떠했는지 말해 보세요(각 2~3분).

"나는 _____(상황 설명) _____할 때
_____(자신의 감정 고백) _____다
(각 2~3분).

7. 이 활동을 해 본 소감을 서로 나눠 본다(3~4분).

부부간의 활동 2 (소요시간 30~40분)

1. 부부가 눈을 지그시 감고 마음을 정리한 후에 원가족 어머니 혹은 아버지와의 자신의 경험 중에서 기억에 남은 가장 어렸을 때의 경험(3~7세 사이)을 하나 회상해 본다(1~2분). 준비되었으면 이제 구체적으로 말로 소개한다. 부부가 각자 3~4분씩 번갈아 자신의 어린 시절의 경험을 이야기한다.

2. 이번에는 각자 그때의 경험을 되살려 보면서 어린 시절에 자신이 느꼈던 기쁨, 만족감, 행복, 놀람, 슬픔, 외로움, 분노, 두려움, 공포, 실망 등의 감정에 초점을 맞추어서 종이에다 10줄 전후로 적어 본다.

3. 부부 중에서 준비된 배우자부터 자신의 경험을 천천히 음미해 가며 낭독하고, 다른 배우자는 경청한다.

4. 배우자의 낭독이 끝나면 경청한 배우자는 자신의 느낌을
   표현한다. 다른 장에서 이미 소개했던 나–진술법 형식으
   로 대화한다. 즉, 어린 시절에 어머니/아버지와 관련된 당
   신의 이야기를 듣고 보니, 당신이 _____것 같아서
   나는 _____(자신의 감정)_____다.

5. 부부가 번갈아 발표하고 경청한 소감을 나누고 그 성과를
   이야기한다.

부부간의 활동 3 (소요시간 20~30분)

1. 자신 속의 내면아이를 부인하거나 미워하거나 싫어하지
   말고 "이제부터 어린 너를 내가 양육할 거야." "이제까지
   너를 미처 알아채지 못하고 지내온 것 참으로 미안하다."
   "이제부터 한평생 내가 너를 돌봐 주고 사랑하겠어."라고
   말하고 내면아이가 필요로 하는 것을 어떤 식으로 돌봐
   주고 해결해 주겠는지를 편지로 쓴다(15~20분).

어리고 약한 나의 내면아이 _____ 에게

_____

_____

_____

_____

_____

_____

_____

            20○○년   월   일

            성인이 된 _____ 씀

2. 부부가 서로 이 편지를 낭독하거나 번갈아 읽어 보고 남
   편과 아내로서 배우자의 내면아이 양육을 위해 어떻게 협
   조할 것인지를 약속한다(5분).

3. 이 활동을 하고 나서의 느낌을 자유로이 이야기한다(5분).

2. 부부 사이의 참만남

참만남(encounter)은 피상적이거나 형식적 혹은 사무적인 만남이 아니라 진실하고 일치성 있는 개인들의 만남을 의미한다(연문희, 2012). 숨기고 가리는 것이 없이 진실한 '나와 너'가 만나는 것이므로 남편과 아내의 행복한 만남도 참만남을 지향하는 일이다.

남녀 사이에 순도 100% 정직한 관계는 아마도 에덴 동산의 아담과 이브의 경우였을 것이다. 둘이서 나체로 정원을 자유로이 거닐었다는 것은 창조주 앞에서 숨기거나 가릴 필요 없이 있는 그대로 말하고 행동하는 순결한 사이였음을 보여 준다. 그러나 신학적으로 죄를 짓고 나서 최초의 인간인 아담과 이브는 나뭇잎으로 몸을 가리기 시작하였다. 선악과를 따 먹지 말라는 창조주의 명령을 어긴 다음부터 생긴 일이다.

잘못한 것을 시인하고 용서를 빌기보다는 우리는 우선 숨기려는 성향이 있다. 진실하게 고백할 때 외면당하거나 벌받게 될 것을 두려워하는 불안 때문이다. 숨기고 가리거나 혹은 거짓을 말하는 것은 두려움 때문에 상대방과 심리적으로 거리가 생겼다는 의미이다. 상대방이 용서하고 이해해 줄 것을 믿지 못하는 까닭에 부부 사이의 참만남이 그만큼 손상을 입게 되는 것이다. 신뢰가 부족하면 남편과 아내의 참만남이 애초부터 불가능했을 것이고, 순도 100%의 사랑이 아니었을 것이다. 정금(正金) 같은 부부관계가 되기 위해서는 겉과 속이 일치성 있는 남편과 아내가 되어야 하고, 서로 상대방을 조건 없이 수용하고 공감적으로 이해할 수 있는 생활태도와 인성이 갖추어져야 한다.

이 땅 위에서 그와 같은 온전한 사람을 만나기는 현실적으로 불가능하다. 신은 완전무결하지만, 우리는 "불완전한 인간이기를 두려워하지 말자."는 격언으로 위로를 삼을 수밖에 없는 것이 현실이다. 우리는 모두 자기 자신을 실현하여 보다 더 완전한 존재에 끊임없이 접근하려고 지금도 노력하는 과정에 있는 존재이다(Maslow, 1970; Rogers, 1961).

현대사회의 직장생활, 학교생활, 신앙생활, 가정생활에서 우리는 진실하고 친밀한 인간관계를 그리워하고 있다. 기쁨이나 슬픔을 자발적으로 표현하고 공유할 돈독한 인간관계에 굶주려 있다. 서로를 알고 이해하고 공감할 분위기를 조성하여 저마다 자기 잠재력을 구현할 수 있는 자유롭고 아늑하고 편안한 공간을 찾기가 어려운 세상이다. 불안하여 자신을 숨기고, 위축되어 있고, 진솔한 감정을 억압하고 살아가는 환경 속에서 저마다 참만남을 갈망하며 방황하고 있다.

심리학에서 참만남의 개념은 비엔나에서 모레노(Moreno)의 심리극을 통한 치료에서 "얼굴과 얼굴을 마주하고, 서로 시선의 접촉을 이룬 두 사람의 만남"이라고 규정되었다. 그 후에 인간의 행동에 관한 학습방법으로 개발되었고, 개인의 태도, 행동 변화를 추구하는 교육기관이나 정신질환이 아닌 사람들의 적응과 치료목적으로 활용되었다.

윌리엄 슈츠(William Schutz)는 참만남을 이렇게 정의한다.

"참만남은 개방과 정직, 자기각성, 자기책임성, 신체에 대한 각성, 느낌에 대한 관심에 기초를 두고 지금-여기의 원리가 강조되면서 이루어지는 인간관계의 한 가지 방법이다. 참만남은 인간이 더 나은 기능을 위해 장애물을 제거하는 일에 초점을 맞추는 요법이며, 개인이 지닌 능력을 가장 만족스럽게 사용할 수 있도록 돕는 조건들을 창조하려고 시도하는 교육 활동이자 종교 활동이기도 하다"(Schutz, 1973).

참만남집단(encounter group)은 우리나라에서 T그룹(training group, 훈련집단)이나 감수성 훈련(sensitivity-training)이라고 부르기도 한다. 1947년 쿠르트 레빈(Kurt Lewin)과 그 후계자들이 인간관계 훈련을 목적으로 집단을 시작하였는데 보통 8~15명의 참여자들이 상호작용을 통해서 자기 자신에 대한 이해와 참여자들과의 인간관계를 배우는 훈련집단이었다. 그들은 피드백 주고받기, 문제해결, 역할놀이 등의 기법을 사용하여 자신 및 타인과 집단에 대한 통찰을 얻는 데 주안점을 두었다(Rogers, 1970).

다른 한편 거의 같은 시기에 시카고 대학교에서 칼 로저스(Carl Rogers)와 동료들은 제2차 세계 대전 이후 제대군인들을 위한 상담자 양성과정에 집중적인 집단훈련 프로그램 개발을 요청받고 참여하였다. 자기 자신을 더 잘 이해하고, 상담관계 형성에 방해가 되는 태도를 자각하게 되며, 상담현장에서 도움이 될 관계형성 방법을 터득하기 위하여 집중적으로 만나는 모임이었다.

시카고 집단은 개인적인 성장발달, 의사소통방법의 향상, 대인관계 향상 등에 초점이 맞추어져 있었다. 이와 같은 집단은 레빈의 장이론과 프리츠 펄스의 형태심리학 그리고 로저스의 내담자중심치료의 개념적 지지를 받고 있다(Rogers, 1970). 저마다 자신을 이해하고 의사소통 능력을 향상시키며 친밀한 관계를 체험하고 인간적으로 성장하려는 참만남집단은 부부관계 개선을 위한 효율적인 A/S 방법이 될 수 있다. 세월이 지남에 따라 무의미하고 공허한 부부관계는 특별히 참만남의 체험을 필요로 한다.

1) 참만남집단의 특성

폴 윌킨스(Paul Wilkins, 2016)에 의하면 참만남, 즉 개인 간의 진실하고 일치성 있는 만남은 점진적으로 성취할 수 있는 만남이다. 존 파월(John Powell, 1969)이 일찍이 제시한 대화의 5차원과 유사한 점이 있으니 3장 '부부관계와 대화의 질'을 참조하는 것도 도움이 된다. 가장 깊은 차원의 대화가 부부간의 참만남을 가능하게 하는 통로이다.

첫째, 기본적 접촉은 형식적 의례적인 만남이다. 사람들 앞으로 지나가면서 "실례합니다."라거나 처음 마주치는 사람에게 "안녕하세요?" "처음 뵙겠습니다." 등이 여기에 속한다. 서로 상대방을 인식하고 언어적으로나 비언어적으로 상대방의 존재를 인정한다. 서로 쳐다보거나 눈길을 주고받는 정도이거나 의례적이고 형식적인 인사를 주고받는다.

둘째, 인지적 접촉이다. 객관적인 정보와 지식을 공유하고 의미와 이해를 주고받는다. "오늘 몇 시에 퇴근하세요?" "애들 학교에 10시에 다녀올 거예요." 등이 정보를 주고받는 인지적 접촉에 해당된다.

셋째, 정서적 접촉이다. 자신의 진솔한 감정을 개방하고 상대방의 감정을 수용하거나 반응한다. "당신이 과로하는 것 같아서 걱정이 돼요." "회사일을 잘 처리했다니 자랑스러워요." 는 말하는 이의 감정, 즉 '걱정돼요, 자랑스러워요'와 같은 정서적 차원의 접촉이다. 한 인간의 감정은 생각보다 더 깊은 차원에서 우러나온다고 본다.

넷째, 친밀한 만남인 참만남이다. 로저스(1980)의 개념에 따르면 참만남은 대면, 참석, 존재(presence)에 가까운 개념이다. 참만남은 몸과 마음이 그 순간 그 자리에 함께 존재하는 관계이다. 타인을 진솔하고 조건 없이 수용하고 공감적으로 이해하면 두 사람 사이에는 참만남이 일어나고 치유의 기운이 충만해진다.

참만남은 두 사람이 지금-여기에 존재하며 함께 공감하는 순간이므로 다음과 같은 치유력이 발휘된다(Wilkins, 2016).

첫째, 참만남은 두 사람이 서로 상대방을 해방시켜 준다. 두 사람의 관계에서 불신하거나 위축되거나 삼가는 말이나 행동 없이 자유롭게 대면한다. 부정적인 자기개념에 얽매여 움츠려 있던 사람이 말과 행동에서 해방감을 느끼게 되어 성장이 촉진된다.

둘째, 참만남을 경험하면 '부족하고 모자라고 나쁜 존재여서 기죽고 공포에 질려 있던 사람'일지라도 자신이 있는 그대로 존재가치가 있는 인간임을 느끼기 시작한다.

셋째, 참만남은 주위 사람들로부터 신뢰받지 못하고 인정받지 못하여 외로운 존재로 그동안 소외감을 느끼던 사람이 "나도 인간사회에 소속되어 있네."라고 새로운 경험을 하게 된다. 온전하지는 못하지만 "나도 그런대로 한 인간이네." "나와 공감하는 사람이 함께 있으니 나도 혼자가 아니네."라는 소속감을 새롭게 경험하고 안도감이 생긴다(Rogers, 1986).

자기 자신이 상대방의 경험 속으로 들어가서 공감하도록 허락한다면 함께 존재하는 그 자체가 상대방의 실현경향성을 자유롭게 해방시키고 도움을 줄 수 있다(Kirschenbaum & Henderson, 1989; Rogers, 1980; Wilkins, 2016). 상담자와 내담자 관계뿐만 아니라 부부관계나 다른 인간관계에서도 참만남은 두 사람 모두를 변화시키는 일종의 정상경험(peak experience)을 맛보게 한다. 매슬로(Maslow, 1964)는 『신앙, 가치 및 정상경험(Religions, Values and Peak Experiences)』에서 정상경험은 "최고 경지의 행복감과 성취감에 도달한 순간"이라고 정의하였다. 등산객이 높은 산 정상에 마침내 도달했을 때 느끼는 기쁨과 감동이나 야구에서 9회 만루에 끝내기 홈런을 날린 타자의 성취감과 행복감이 정상경험에 해당된다.

인간관계는 만남과 헤어짐의 문제뿐만 아니라 만남에서도 여러 차원이 있을 수 있음을 보여 준다. 일에 쫓기며 바쁘게 사는 현대인들은 서로 다른 차원에서 만남을 경험한다고 볼 수 있다. 일상생활에서 심리적 성장발달에 영향을 주는 깊은 만남, 즉 참만남은 쉽게 이루어지지는 않지만 참으로 소중한 성장 경험임을 알 수 있다. 부부의 참만남은 서로 상대방에게 소속감과 안전감을 보장하고 자존감을 높여 주며 실현경향성을 활성화시키는 경험이다. 배우자의 행복과 국민의 행복지수를 높이기 위해서는 지난 반세기 동안 경제활동에 쏟아온 노력만큼이나 이제 참만남을 통한 부부관계 향상에 관심을 가져야 한다.

성숙하고 자기존중감이 높은 사람은 자기와 다른 견해를 가진 사람을 만날 때 서로 다를 수 있음을 인정하고 상대방을 있는 그대로 수용하며 상대방의 견해를 이해하려고 노력한다. 그래서 인간관계에서 화이부동(和而不同)이 가능해진다. '화합하고 협력하지만 둘이 똑같지 않다'는 것을 인정하고 존중한다. 그러나 심리적으로 미숙하고 자기존중감이 낮은 사람은 견해를 달리하는 사람을 만나면 불안하고 불편해진다. 따라서 자신의 견해를 숨기고 상대방에게 순응하거나 아니면 상대방이 자기 견해에 동조해 주기를 기대한다. 즉, 동이불화(同而不和)를 야기한다. '겉으로 보이는 언행은 동일하면서도 속내는 서로 어긋나 있다.'는 뜻이다. 상대방의 비위를 맞추고 순종하며 지내거나 자기 자신과 같아지기를 요구하기 때문에 두 사람의 관계는 상대방의 심리적 영토를 침범하거나 저마다의 자유로운 성장발달을 방해하게 된다.

부부관계에서 갈등과 불안을 경험하게 되는 경우에 보통 자기 견해와 다른 배우자를 불신하고 업신여기거나 아니면 자신의 생각과 감정 표현을 억압하고 배우자를 마지못해 추종하기 때문에 불만이 누적되고 건전한 성장발달은 기대하기 어렵다. 남편에게 추종하고 자기주장을 못하는 아내나 아내에게 압도당해서 말 한마디 없이 침묵하고 살아가는 남편은 모두 심리적으로 건강하거나 친밀한 결혼생활을 경험할 수 없게 된다. 두 사람이 변하고 성장하지 않으면 결혼생활에서 행복한 참만남이 일어나기를 기대하기는 어렵다.

2) 참만남집단의 전개과정

의사소통방법을 학습하고 인간적인 성장발달을 추구하는 다양한 참만남집단의 전개과정은 일정한 단계를 거치면서 진행된다. 잘 모르던 상담원들이 집단에서 만나서 관심을 가지고 사귀다가 아주 친밀한 관계인 참만남에 이르는 과정도 이런 단계를 거치게 된다. 로저스는 『참만남집단(Carl Rogers on Encounter Group, 1970)』에서 집단상담원들의 심리적인 변화는 대체로 다음과 같은 과정을 거쳐서 일어난다고 하였다. 일정한 규모의 새로 구성된 친목단체나 부부관계 개선을 위한 모임에서도 이런 과정을 경험하게 된다. 로저스는 상담관계뿐만 아니라 모든 집중적인 인간관계에서도 같은 원리가 적용된다고 보았다. 피상적인 1단계에서 가장 깊은 6단계로 갈수록 참만남의 특징을 나타낸다.

1단계   대화가 피상적이다. 자신에 관하여 대화하기를 불편하게 느낀다. 어색한 침묵이 흐르거나 예절에 맞는 언행을 하려고 신경 쓴다. 손발의 움직임이나 자세에 신경이 쓰이고 불편할 수 있다. 남들과 가까워지는 것은 위험한 일로 느껴진다.

2단계 사적인 대화를 하기는 아직 망설여진다. 일반적인 사항이나 과거사를 주로 언급한다. "어렸을 때는 아버지를 좋아하지 않는 사람이 어디 있을까요?"처럼 주로 과거의 감정이 조금씩 표현되지만 마치 남들의 이야기처럼 말한다. 다른 사물은 쉽게 언급하면서도 사적인 '나'에 관한 표현은 없다.

3단계 자신의 감정이나 사적인 의미를 표현하는데 현재가 아니라 주로 과거에 있었던 것을 표현한다. 감정 표현에서도 주로 부정적인 것에 집중한다. "내가 젊었을 때 사업이 잘 안되자 술 먹고 들어와서 아내에게 고함지르고 주정을 하는 때가 종종 있었지요." 자기 자신을 불편하게 만들거나 사회적으로 용납하기 어려운 감정에 관하여 표출하기 시작한다.

4단계 감정이 자유롭게 현재 상태로 표현된다. 그동안 억압해 왔던 감정이 표출되기 시작하는 데 대하여 자신도 놀란다. 사실이나 생각 차원의 대화가 아니라 더 깊은 개인의 사적인 감정을 표현하는 차원에서 대화가 된다. "하루라도 문자나 전화가 없으면 기다려져. 날 잊어버린 건 아니겠지 하면서도 은근히 불안해져." 긍정적이든 부정적이든 간에 솔직한 감정 표현이 가능해진다.

5단계 지금 이 자리에서 느끼는 감정을 자유로이 표현한다. 말하는 동안 주위 사람들은 생동감을 느낄 수 있다. 자신속에 생각, 감정, 행동의 부조화가 일어나는 면이 있음을 시인하게 된다. "내 마음은 이렇게 하라고 말하는데 난 그걸 못 믿겠고 행동으로 옮기기도 망설여진다."라는 자신 속의 불일치를 고백할 수 있게 된다.

6단계 과거에 숨기고 억압했던 감정을 이제 즉시 표현하고 자신의 감정으로 수용한다. 그런 감정은 이제 더 이상 부인하거나 두려워할 필요가 없음을 자각하고 표현한다. 자기는 순간순간 경험하는 과정을 수용하고 물처럼 흘러가는 감정을 인정한다. 대인관계에서도 있는 그대로를 보여 주는 모험을 기꺼이 할 수 있고, 남들이 자기를 수용해 줄 것으로 신뢰하게 된다(Rogers, 1970, p. 122).

상담이나 심리치료를 통한 성격변화의 과정을 로저스는 다음과 같이 7단계로 기술하였다(Rogers, 1961; Wilkins, 2016). 성격변화 7단계의 특징은 참만남집단 과정에서 일어나는 심리적 특성과 비교해 볼 때 더욱 이해가 잘 된다. 성격변화 단계는 부부관계를 개선하는 이들에게 이정표가 될 수도 있다.

- 1단계: 내담자는 매우 방어적이고 변화에 강력하게 저항한다.
- 2단계: 내담자의 경직된 생각, 행동, 자세가 좀 느슨해지

고 자신에 관한 것이 아니면 다른 것들에 관하여는 이야기한다.

- 3단계: 지금 현재의 사건이나 심정은 표현하지 않고 자신에 관하여 마치 남의 이야기하듯 한다.
- 4단계: 내담자는 심층 감정을 표현하면서 상담자와 관계를 형성한다.
- 5단계: 내담자는 현재의 감정을 표현할 수 있고, 자기 자신의 의사결정 능력에 점점 더 의지하면서 자기 자신의 행동에 대한 책임감을 더 수용한다.
- 6단계: 겉과 속이 일치한 진실한 방향으로 나아가고, 타인에 대하여 무조건적인 수용을 보이기 시작한다.
- 7단계: 충분히 기능하는 자기를 실현하는 사람은 타인에 대하여 무조건적인 존중과 공감적인 태도를 보인다. 상담 관계에서 경험한 태도를 실생활에도 적용할 수 있게 된다.

일상생활에서 가정과 학교 혹은 직장의 현대인들이 이상에 언급한 7단계 중에서 어느 차원의 의사소통을 주로 하는가를 관찰하거나 반성해 볼 필요가 있다. 가정에서 부부 사이에는 어느 차원의 대화를 주고받는지 성찰해 보는 것도 유익한 일이다. 우리가 친밀감 형성의 욕구를 얼마나 충족시키며 참만남으로 향하고 있는지 점검해 보자는 것이다.

다음 사례를 읽고 우리 부부와 똑같거나 아주 비슷한 사례라고 판단되는 것을 찾아본다(연문희, 2012, p. 200).

제1사례

우리 부부는 말수가 적은 편이다. 아침에 출근할 때 "갔다 올
게요."라고 말하면 "다녀오세요."라고 대답한다. 그리고 저녁
때 "별일 없었어?"라고 말하면 "네, 별일 없었어요."라고 대답
한다. 서로가 직장 일로 피곤하고 집안 살림하느라고 일이 많
아서 그런지 얼굴을 마주 보고 앉아서 대화할 기회가 거의 없
다. 생각해 보면 남편과 아내 사이에 주로 의례적인 말만 주고
받는 편이다. 상대방이 어떤 생각을 하며 어떤 느낌을 가지고
살아가는지 잘 알지 못한다. 서로가 속마음을 터놓는데 익숙
하지 못하고, 마땅히 할 이야깃거리도 별로 없다. 부부 사이에
서로 마음이 통한다는 느낌이 거의 들지 않는다.

288

제2사례

우리 부부는 마주 앉아서 진솔한 대화를 자주 하고 시선을
주고받을 때가 종종 있다. 물론 힘들 때나 즐거울 때가 있으면
함께 이야기를 나누고 걱정이나 행복한 감정을 공유하기 때문
에 혼자라는 느낌 없이 살아간다. 우리 둘 사이에는 상대방에
게 비밀이 거의 없이 진실하게 감정을 표현하고 정직하게 대
한다. 서로 할 말이 없을 때도 상대방이 무슨 생각을 하며 어떤
기분인지를 짐작할 수 있을 만큼 편안하다. 우리 부부는 이심
전심으로 내통하는 금실 좋은 부부라고 할 수 있다.

제3사례

우리 부부는 마주 앉아 대화할 때가 자주 있다. 생각이나 감

정을 솔직하게 표현하다 보면 서로 다른 점을 발견하고 어떤 때는 어색하거나 불편해지기도 한다. 부부가 생각이나 견해가 다르니까 어떤 때는 뜨거운 토론을 할 때도 없지 않다. 살다 보면 아무리 부부라지만 항상 통할 수는 없는 것 아닌가? 부부 사이의 의견의 차이도 있고 시각의 차이도 있게 마련이니 서로 존중하려고 노력한다. 성장과정이 다르고, 남녀의 차이, 개인의 차이도 있으니 우리는 상대방의 입장에서 다른 점을 수용하면서 이해하고 존중하려는 노력이 더 필요하다.

제4사례

우리 부부는 출퇴근할 때는 물론 "다녀오세요. 조심하시구요." "별일 없지요?" 등 인사말을 하며 지낸다. 텔레비전이나 신문 잡지 등에서 보고 들은 것을 이야기하기도 한다. 그런데 부부 사이의 솔직한 견해나 생각을 이야기하다 보면 갈등이 생기고 충돌하게 되니까 잘하지 않게 된다. 전에는 성격도 견해도 서로 달라서 꽤 다투기도 했었다. 이제는 상대방을 알 만큼 아니까 마찰을 피하려고 서로 속마음은 표현하지 않고 지낸다. "내 휴대전화가 어디 갔어요?" "청바지 어디 있어요?" 등과 같이 가정생활에서 꼭 필요한 얘기를 주고받으며 산다.

제5사례

우리 부부는 서로 쳐다보며 대화하는 시간이 자주 있다. 우리 부부는 싫으면 싫다, 좋으면 좋다고 감정을 자유로이 표현할 수 있어서 좋다. 화가 나거나 섭섭하면 오래 품지 않고 그것을 표현하니까 말다툼도 가끔 한다. 그러나 솔직하게 대화할 때마다 정직한 상대방의 마음을 이해할 수 있는 기회가 되기 때문에 우리 부부는 대체로 속과 겉이 일치한 가까운 사이다. 따라서 "당신이 자랑스러워요." "당신 때문에 화가 나요." 등으로 자신의 속마음을 솔직하게 표현하고 서로 이해하고 수용하면서 살아간다.

남편과 아내의 인간관계가 스쳐 지나가는 피상적이고 의례적인 것인지, 사적인 대화는 회피하면서 객관적인 정보나 지식을 주로 교환하는지, 아니면 진솔한 생각과 감정을 주고받는 깊은 인간관계, 즉 참만남이 이루어지는지를 가늠해 보는 것이 더 건강하고 행복한 가정을 꿈꾸는 부부들의 관심사이다. 남편과 아내의 인간적인 성장과 참만남이 눈에 보이는 낙원으로 통하는 로드맵이기 때문에 관계를 점검해 보는 것이 우선적 과제이다.

우리의 행복지수는 물질적인 성취로만 해결되는 것이 아니라 부부관계, 가족관계, 친구나 동료들과의 관계에서 참만남, 즉 친밀감의 욕구를 충족시켜야 소속감과 자기존중감이 더 향상되어 마침내 자기를 실현하는 방향으로 나아가는 기쁨을 누릴 수 있다. 하버드 대학교 정신과 교수인 로버트 월딩거가 성인발달연구소에서 75년 동안 장기간 연구하여 발표한 "행복한 삶의 요인"(Waldinger, 2015)에 대한 답이 바로 인간관계였던 것과 상통한다. 돈, 명예, 사회적인 성취보다도 돈독한 인간관계를 맺어 가는 사람이 더 행복하고 건강하게 오래 살았다.

인간은 마치 눈송이와도 같다. 현미경으로 관찰해 보면 눈송이 하나하나는 독특한 오각형 형태의 결정체이다. 똑같은 눈송이는 하나도 없다. 사람처럼 저마다 독특하고 특이하다. 그 아름답고 독특한 눈송이는 햇살을 받으면 곧 녹아서 흙 속으로 스며들고 사라진다. 부부도 결단코 긴 세월을 함께하지 못한다. 눈송이처럼 곧 사라지기 전에 그 독특한 아름다운 존재를 서로 쳐다보며 즐기고 이해하며 용서하고 협력하기를 배우는 것이 부부관계의 A/S에 속한다.

3. 참만남의 대화 실습

참만남의 관계는 그냥 스쳐 지나가는 관계가 아니라 진심으로 솔직한 생각과 사사로운 감정까지 느끼는 그대로 표현하고 공감할 수 있는 친밀한 관계를 의미한다. 형식적 혹은 의례적으로 인사만 하는 사이거나 사무적으로 관계하는 인간관계가 아니라 솔직한 감정이나 믿음을 공유할 수 있는 절친한 사람의 만남이 참만남이다. 참만남은 인간의 소속감과 안도감을 조성하고 저마다의 친밀감의 욕구를 충족시켜 주며 만나는 사람들의 인간적인 성장발달을 조장한다.

결혼할 때는 원앙새같이 금실 좋은 부부일지라도 대화를 통해서 생각과 감정을 공유하고 시간과 정성을 쏟아 부부관계를 조율하지 않으면 세월과 더불어 서로 다른 방향으로 걸어가게 된다. 심리적으로 멀어지는 부부 사이에 갈등과 불화가 끼어

들면 더욱 피곤하고 힘들어 마음이 얼어붙게 된다. 인생행로를 걸어가는 남편과 아내가 서로 현재 상태를 확인하고, 필요하면 정비하고 조율하여 부부관계를 향상시키는 일이 '부부관계 애프터서비스'다. 가정에서 사용하는 냉장고 등 가전제품이나 자동차처럼 정기적으로 애프터서비스를 받으면 기계의 성능이 잘 유지되고 더 오래 사용할 수 있는 것처럼 부부관계도 애프터서비스를 받아야 건전한 관계가 잘 유지되고 행복할 수 있다. 물론 일상생활에서 부부가 스스로 계획을 세워 꾸준히 노력할 수도 있고, 필요에 따라서는 상담전문가 등을 만날 수도 있다.

"이런 남자만 아니라면 내가 더 행복하게 살 수 있을 텐데……."라거나 "이 여자만 아니라면 내가 더 행복하게 살 수 있을 텐데……."라고 갈등과 불화에 지쳐서 불평불만을 되씹는 부부들이 있다. 그러나 이혼한 사람들의 75%는 '행복하지 못하다, 불행하다'는 고백을 되풀이하게 된다는 사실을 염두에 두어야 한다. 한평생 원만하게 행복한 가정을 유지하는 사람들은 '결혼 초기에 얼마나 서로 사랑했느냐에 달려 있지 않고, 갈등과 불화를 얼마나 잘 해결할 줄 아느냐'에 달려 있다는 연구 결과(정동섭, 1998; Markman et al., 1994)를 상기할 필요가 있다. 결혼 후 행복한 부부관계의 지속여부를 예측하는 핵심 요소는 젊은이들이 강조하는 낭만적인 사랑보다 인간관계를 잘 맺어 갈 줄 아는 성격과 인품이다.

이 하늘 아래 완전한 사람이 없듯이 문제가 없는 가정은 없다. 어느 가정 어느 부부도 완전하지는 못하다. 누구에게나 문제가 생길 수 있다. 다만 문제를 해결할 줄 아는 가정과 문제를 해결하지 못하고 상처만 주고받는 가정으로 구분될 뿐이다. 아니면 부부가 한 팀이 되어서 함께 어려움을 극복하고 더욱 돈독한 부부가 되는 가정이냐 아니면 문제에 당면할 때마다 서로 반대편이 되어서 갈등하고 싸우다가 관계가 더 악화되는 가정이냐로 나누어질 뿐이다. 혹은 갈등을 해결하는 방법을 터득하고 문제를 해결할 줄 아는 자부심 있는 건강한 부부와 불화에 시달려서 불안하고 자존감이 떨어져서 자기방어에 급급하거나 서로 돌담을 쌓고 지내는 외로운 부부로 구분할 수도 있다.

일에 쫓기고 바빠서 부부가 함께할 시간이 부족하거나 의미 있는 대화가 잘 안 되거나 혹은 눈에 보이는 것에만 혈안이 되어 천금같이 소중한 부부관계와 가정을 소홀하는 현대인들에 게 '참만남의 대화'는 대화의 물꼬를 터주는 도구가 될 것이다. 배우자의 마음이 아직 열려 있을 때 참만남의 대화를 시작하면 더욱 효율적이다. 배우자에 대한 애틋한 관심과 배려하는 마음이 기다리다 지쳐서 실망과 좌절감 속에서 분노로 바뀌기 전에, 사랑하는 마음이 식어서 목석같이 굳어버리기 전에, 배우자와 마주 앉아 진실한 대화를 시작하면 새로운 면을 발견하고 서로 이해하고 협력하는 데 의미 있는 도움이 된다. 한마디로 '참만남의 대화'는 서로의 참모습을 발견하고 이해하여 부부관계를 돈독하게 만드는 부부관계 애프터서비스 도구이다.

성장배경이 다르고, 남자와 여자라서 서로 다르고, 개성이 다른 두 사람이 만나서 살다 보면 의견의 불일치가 생기게 마런이다. 그때마다 상대방을 판단하거나 무시하거나 공격하고 나무라면 부부관계는 상처를 입는다. 망설여지고 불안해서 진솔한 자신의 생각과 감정을 표현하지 못하고 포기하거나 체념하면 부부의 마음은 멀어지고 정서적 교류가 미약해진다. 불편한 자신의 감정이나 생각을 묻어 두고 덮어 두면 시간이 흐름에 따라 점점 곪아서 종국에는 크게 터지고 만다.

대화를 통해서 서로 진실한 자기 자신을 보여 주는 도전과 용기가 있어야 한다. 상대방의 입장에서 그의 생각이나 감정을 이해하려고 노력하는 인내와 아량이 있어야 한다. 그리고 나서 이 땅 위에 단 하나밖에 없는 그 사람을 있는 그대로 인정하고 받아들이면 성격의 차이나 견해의 다름은 극복되고 용서와 화해의 길이 열릴 수 있다.

부부에게 필요한 것은 자신과 다른 배우자를 있는 그대로 받아들이고 이해하려는 자세이다. 자신의 남다른 경험을 배우자와 공유하는 과정은 용기와 도전과 인내가 필요하다. 부부관계에서는 인간에 대한 신뢰와 이해심과 배려심이 많은 사람이 그렇지 못한 사람에 비해서 행복한 생활을 더 잘 유지한다.

부부간의 차이와 갈등은 문제를 야기하기도 하지만 삶을 창의적으로 풍요롭게 살게 하는 기폭제가 될 수도 있다. 중요한 것은 행복한 가정을 지키고자 하는 의지와 노력이다. 저절로 세월이 지나면 행복해지는 법은 없다. 부부가 문제를 해결하는 태도와 대화법을 연습하면 문제해결 능력이 향상된다.

결혼생활을 몇 해 하고 나면 상대방을 다 안다고 장담하는 이들이 종종 있다. 부부 사이에 "당신 말 들어 보나 마나야, 내가 빤히 다 아는데 뭐!"라고 말하면서 상대방의 말을 들어 보려 하지 않는 이들이 상담실에서 자주 목격된다. 그러나 '참만남의 대화'를 실제로 해 보면 그것이 잘못된 믿음이었음을 뼈저리게 느끼게 된다. 남편 혹은 아내에 대하여 "내가 잘못 알고 있었구나."라거나 "내가 너무도 내 남편/아내를 모르고 있었구나." 혹은 "남편/아내가 이런 면에서 나와 다르다는 것을 이제야 알았네."라는 탄식의 소리를 자주 듣게 된다. "지피지기(知彼知己)면 백전백승(百戰百勝)이라던데 내가 너무나 모르는 것이 많았네."라고 고백하는 이들도 있다.

　자기가 배우자의 마음을 빤히 들여다보고 있다는 확신이나, 배우자가 자기를 사랑한다고 말했으니 일일이 말하지 않아도 자신의 필요와 욕구를 다 알아서 충족시켜 주어야 한다는 믿음은 비합리적이고 비현실적인 신념이다. 이것을 '수정체 신드롬'이라고 이미 소개하였다. '수정체 신드롬'은 관계가 악화된 역기능적 부부관계에서 흔히 나타나는 현상이다. 누구도 살아 있는 사람의 마음을 투명한 수정체처럼 빤히 들여다볼 수는 없다. 말하지 않고서도 상대방이 자기 마음을 다 알아주기를 기대하거나 아니면 상대방의 마음을 다 알고 있다고 가정하고 행동하는 것은 실망과 좌절의 원인이고, 효율적인 의사소통이나 건전한 부부관계를 방해하는 요소 중의 하나이다.

　서로가 상대방을 다 알고 있다고 과신하지 말고, 부부가 인내심을 가지고 배우자가 하는 말을 있는 그대로 수용하고, 배우자의 입장에서 느끼고 생각하는 연습을 반복하면 남편과 아내에게서 '새로운 배우자'를 발견하게 된다. '참만남의 대화'를 활용하면 세월이 흘러가면서 끊임없이 변하고 성장하고 있는 배우자를 새삼스럽게 발견할 수 있고, 참만남을 체험하면 부지불식간에 멀어진 부부가 가까워지고 함께 성장하는 데 큰 도움이 될 수 있다.

'참만남의 대화'는 비교적 쉽게 말문이 열리는 낮은 차원의 대화에서부터 점진적으로 깊은 차원의 대화로 진행되도록 문항이 배열되어 있다. 누구나 쉽게 시작할 수 있는 1차원적인 대화로부터 2차원, 3차원, 4차원 대화를 거쳐서 5차원의 공감적인 대화에 이르기까지 점진적으로 마음의 속내를 보여 주는 대화자료이다.

인간의 마음은 타율적으로 열게 하는 데는 한계가 있다. 강제하면 오히려 진솔한 대화를 방해할 수 있다. 따라서 자율성의 원칙에 따라 대화가 진행되도록 '참만남의 대화'를 고안하였다.

'참만남의 대화'의 특징은 다음과 같다.

첫째, 미완성 문장으로 구성되어 있어서 저마다 자기 자신을 투사하는 효과가 나타난다.

둘째, 1차원 대화부터 점진적으로 더 깊은 차원의 대화로 진행되도록 구성하였다. 사회성이 부족하거나 형식적이고 의례적인 대화만 주로 하는 사람들도 일단 시작하면 점진적으로 망설임 없이 자기 자신을 공개할 수 있도록 구성된 자료이다.

셋째, 타인의 질문이나 압력에 의해서 대화하는 것이 아니라 스스로 자기를 노출하도록 문항들이 나-진술법으로 짜여져 있다. 자기 자신에 대한 정보와 지식을 스스로 제공하고, 점진적으로 자신의 생각과 감정을 자유로이 표현할 수 있도록 구성된 대화 자료이다.

넷째, 비교적 짧은 시간 안에 '참만남의 대화'를 마칠 수 있지만 인간적인 면에서 배우자의 색다른 면모를 알게 되고 이해하게 되어 친밀감이 형성되는 효과가 있다. 일반적으로 배우자와 마주 앉아 하면 40~50분, 두 쌍이 둘러앉아서 대화하면 60~70분, 6명 이상이 한 조가 되어 대화하면 두 시간 정도 걸린다.

뒤에 나오는 간략한 '참만남의 대화'와 함께『친구, 연인, 배우자를 위한 참 만남의 대화』(연문희, 2012)를 추천하고자 한다. 그 이유는 '참만남의 대화' 대학생용, 성인용(미혼 남녀용), 부부용이 각각 워크북 형식으로 나와 있어 관심 있는 이들에게 도움을 줄 자료이기 때문이다.

'참만남의 대화'를 체험한 부부들이 쓴 간략한 소감문을 읽어 보면 그 성과를 미리 짐작할 수 있다.

- 30대: 처음에는 어색하고 조심스러웠으나 한 장씩 페이지를 넘기다 보니 어느 새 우리는 저마다 속내를 드러내며 웃음꽃을 피웠다. '참만남의 대화'는 놀랍게도 평소에 내가 하지 않던 대화를 할 수 있게 만들었다. 영화 관람이나 텔레비전을 보는 것도 좋지만 부부지간에 '너와 나'에 대한 대화가 필요하다는 새로운 깨달음이 왔다. 십 년째 함께 살면서 다 안다고 생각했던 배우자가 '새로운 인간'으로 내

게 다가오는 계기가 되었으니 은근히 놀라게 되었다.

- 40대: 어렴풋하게 알고 있었던 당신의 마음과 행동을 이제는 어떤 생각이며 마음인지 깨닫고 알게 되었다. 이제는 하고 싶은 말을 가슴에 품고 지내거나 상대방의 마음을 짐작하며 살지 말고 궁금하면 물어보고 많이 의논하고 불편한 마음이 해소될 때까지 자꾸 시간을 내서 마주 보고 이야기해야겠다고 다짐했다. 그것이 심리적 거리를 좁히는 방법이라는 걸 깨달았다.

- 40대: 한 편의 영화를 본 것처럼 지나간 세월의 필름이 차례차례 돌아가고 내가 주인공이 되어 그때 느꼈던 감정, 생각, 마음의 변화 등이 느껴진다. 오랜만에 느껴 보는 편안함과 향수가 있어서 좋았다. 옛 시간을 추억하고 돌아보니 반성도 되고 그리운 일들도 많았다. 배우자에 대해서 다 안다고 생각했는데 성장과정이나 원가족관계에 대하여 잘 몰랐던 일들도 알게 되었고 결혼 초기와 달라진 면들을 새로 발견하였다. 추억을 돌아보며 이야기하는 도중 웃음이 터지기도 하고 재미있었다. 지난 인생을 돌아볼 수 있는 계기가 되어서 좋았다.

- 50대: 처음에는 '참만남의 대화'가 애들 장난 같기도 하고 왠지 어색하다고 생각되었는데 이야기를 하다 보니 어색함도 조금씩 사라지고 좀 더 솔직하게 서로의 감정들을 표현하게 되었다. 남편 역시 진솔하게 이야기 나눌 수 있어서 좋았고, 자신의 마음을 전하고 나니 속이 후련하다고 표현하였다. 평소에는 남편 얼굴 보기가 어려워 대화를

할 기회가 거의 없었고, 그래서 포기하는 마음으로 이런 종류의 대화를 시도조차 하지 않았다. 이번에 반강제적으로 시도한 대화이기는 했으나 생각보다 좋았던 시간이었다. 이번을 계기로 앞으로는 의도적으로 대화의 시간을 가지려고 노력할 필요가 있음을 서로가 깨닫게 된 것 같다. 서로에 대해 전보다 더 이해할 수 있었던 매우 유익한 시간이었다.

- 40대: 20여 년을 함께 살면서 부부 사이에 서로 많이 알고 있다고 생각하였는데 새로운 면모를 발견하고서 신선한 충격을 받았다. 별 기대 없이 '참만남의 대화'를 시작했었는데 상대방에 대하여 모르는 것들이 너무 많았다는 것과 서로 눈치게임을 하고 지내지 않았나 하고 반성하는 시간이 되었다. 상대방을 제대로 알지 못하고 선입견을 가지고 오해하거나 투사하는 때가 자주 있었다는 것을 깨달은 소중한 시간이 되었다. 이번 대화를 통해 그동안 우리 부부가 어쩐지 거리감이 있었던 이유를 알게 되었다.

- 60대 초반: 남편은 먼저 이런 시간을 내 준 것에 대한 감사의 표현을 하였고, 아내가 공부하기를 너무 원하기에 외조를 하고 있지만 공부하는 동안 때론 외로웠는데 서로 대화를 하기 위해 시간을 내고 대화하는 자체가 너무 좋았다고 하면서 앞으로 특별한 내용이 없더라도 대화 시간을 가지자는 제안을 하였다.

　남편과 모처럼 분위기 있는 카페에 가서 쫓기는 모든 일을 잊은 상태에서 남편에게만 집중하고 경청해 보면서 이런 시간을 보낸 것이 얼마나 오랜만인가 싶어서 미안한 마음이 컸었다. 일한답시고 대단한 일을 하는 것도 아니면서 너무 서로에게 인색한 시간을 보냈다는 후회와 미안함과 현실의 한계도 느끼면서 때로는 오늘처럼 부부대화를 우선적으로 실천해야겠다는 마음을 가져 보게 되었다.

이와 같은 체험담을 정리해 보면서 일정에 쫓겨서 부부간에 형식적인 대화만 주고받거나 정서적 교류가 부족하다고 느끼는 부부에게 '참만남의 대화'를 추천하고자 한다. 다음에 나오는 참만남의 대화 자료를 그대로 따라서 진행하면 평소에 깊은 대화를 못하거나 망설이던 부부도 어려움 없이 사용할 수 있는 부부관계 애프터서비스가 된다. 여행 중에 버스, 기차 혹은 비행기 안에서나 숙박시설에 도착하여 부부만의 대화시간을 가져 보면 의외의 성과를 거둘 수 있다. 결혼기념일이나 생일날 의미 있는 대화의 시간을 갖는다면 단지 하나의 선물이 아니라 부부가 삶을 공유하는 잊을 수 없는 소중한 시간이 될 수 있다.

의미치료를 제창한 정신과 의사인 빅토르 프랑클은 "이 하늘 아래 아끼고 사랑할 사람이 있거나 자기를 기억하고 사랑해 줄 사람이 단 한 명이라도 있으면 어떤 어려움 속에서도 훨씬 더 잘 견디어 낼 수 있다."고 술회한 바 있다. 이 말은 참만남의 관계를 소중히 여기는 사람들에게는 심금을 울린다. 아내에게는 남편이, 남편에게는 아내가 바로 그 한 사람이 되어 어떤 역경 속에서도 서로를 지지하고 격려하며 함께하는 부부가 되기를 소망한다면 다음에 나오는 '참만남의 대화'가 그 첫 번째 확실한 발걸음이 될 수 있다.

참만남의 대화 자료

1. 다음 미완성 문장을 읽으며 자기 자신의 생각, 판단, 견해, 감정을 빈칸에 넣어서 문장을 완성하면 의미 있는 대화로 이어집니다. 글로 쓰는 것이 아니라 즉석에서 말로 표현하면 됩니다.
2. 두 분이서 번갈아 한 문항씩 다 마치고 그다음으로 넘어갑니다.
3. 문항과 관련 없는 엉뚱한 이야기로 흘러가지 않도록 유의하여야 더 효과적입니다.
4. 특별히 길게 대화하고 싶은 문항이 나오면 별도의 시간에 하시는 것이 좋습니다.
5. 귀한 시간을 마련했으니 대충대충 끝내지 말고, 배우자를 이해하는 유익한 기회가 되기 바랍니다.
6. 가정에 따라 차이가 있지만 모두 다 마치는데 50~60분 정도 걸릴 수 있습니다.
7. 두 분 중에 한 분이 "자, 시작하십시다." 하고 다음에 나오는 첫 문항을 읽어 가면 됩니다. 잊지 마시고, 부부가 각각 60초 이내에 답하고 난 후에 그다음 문항으로 넘어갑니다.

   (1) 여보, 부부관계 애프터서비스(A/S)를 위하여 참만남의 대화를 시작하는 내 심정은 _____
   _____ 다.

301

3. 참만남의 대화 실습

(2) 내 이름을 지어 주신 분은 _____인데, 내 이름을
_____라고 지어 주신 그분의 뜻은 _____
_____다.

(3) 초등학교 시절을 되돌아보면 아버지와 나의 관계는
_____고, 어머니와 나의
관계는 _____다.

(4) 중 · 고등학교 시절에 내가 좋아하던 과목이나 활동은 ___
_____다.

(5) 중 · 고등학교 시절에 부모님이 나한테 자주 강조하신 말
씀은 _____다.

(6) 내가 아버지와 닮은 점은 _____이고,
내가 어머니와 닮은 점은 _____다.

(7) 나는 아버지의 _____면을 좋아하고
존경했으나_____ 면에서는 실
망할 때도 있었다.

(8) 나는 _____ 면에서 우리 어머
니를 좋아하고 존경했으나 _____
면에서는 실망할 때도 있었다.

(9) 우리 부모님은 나의 _____을 자랑스럽
게 생각하셨을 것 같고, _____
면에서는 나에게 실망하실 때도 있으셨을 것이다.

(10) 자라던 시절에 부모님이나 형제자매와의 관계를 회고해
볼 때 가정에서 나의 위치나 역할은 _____
_____다.

(11) 가정경제 측면에서 우리 아버지의 역할은 _____
이고, 어머니의 역할은 _____다.

(12) 돈 씀씀이에서 아버지는 _____고,
어머니는 _____다.

303

(13) 자녀 양육에서 우리 아버지의 역할은 _____고,
어머니의 역할은 _____다.

(14) 집안 살림에서 중요한 의사결정은 _____하셨다.

(15) 우리 아버지와 어머니는 _____에서는 갈등이나
마찰이 있었다.

(16) 내가 결혼하고 나서 되돌아보니 우리 부모님의 부부관계는
_____다.

(17) 내가 당신을 처음 만났던 곳은 _____이었는데 그때 나는 _____다.

(18) 우리가 신혼 여행을 갔을 때 나는 _____다.

(19) 첫아이_____가 태어났을 때 나는 _____ _____다.

(20) 우리 애(들)를 생각할 때 나는 아버지/어머니로서 _____ _____다.

(21) 내 생각에 우리 애(들)은 나를 _____ _____다.

(22) 우리의 결혼생활을 되돌아볼 때 내가 가장 행복하고 흐 뭇했던 때는 _____이고, 가장 힘들고 어려웠던 때는 _____다.

(23) 내가 보기에 우리 부부관계는 _____ 면 에서는 나의 부모님과 유사하고, _____ 면에서는 나의 부모님과 다른 편이다.

(24) 주말에 내가 당신과 함께하고 싶은 것은 주로 _____ _____다.

(25) 나는 당신이 ＿＿＿＿＿＿＿＿＿＿＿＿＿＿일(할) 때 (흐뭇하다, 행복하다, 기쁘다, 즐겁다, 만족스럽다, 자랑스럽다, 마음 든든하다)

(26) 나는 당신이 ＿＿＿＿＿＿＿＿＿＿＿＿＿＿일(할) 때 (답답하다, 외롭다, 화가 난다, 속상하다, 괴롭다, 쓸쓸하다, 걱정된다)

(27) 앞으로 우리 부부관계가 더 행복해지기 위해서 내가 노력할 일은 ＿＿＿＿＿＿＿＿＿＿＿＿＿＿＿＿＿＿＿＿＿다.

(28) 우리 부부관계가 더 행복하기 위해서 내가 당신에게 부탁하고 싶은 것은 ＿＿＿＿＿＿＿＿＿＿＿＿＿＿＿＿＿다.

(29) 내가 당신에 대하여 몰랐다가 오늘 새로 깨닫게 된 것은 ＿＿＿＿＿＿＿＿＿＿＿＿＿＿＿＿＿＿＿＿＿＿＿＿＿다.

(30) 내가 당신과 '참만남의 대화'를 마치면서 느낀 것은 ＿＿＿＿＿＿＿＿＿＿＿＿＿＿＿＿＿＿＿＿＿＿＿＿다.

여보, 부부관계 애프터서비스(A/S)에 협조해 줘서 고맙습니다.

곽명단 역 (2004). 완전한 행복(Seligman, M. 저). 서울: 물푸레.

김기령 외 역 (2004). 그 남자의 욕구 그 여자의 갈망(Harley, Jr. 저). 서울: 비전과 리더십.

김애순 (2002). 성인발달과 생애설계. 서울: 시그마프레스.

김영애 (2010). 사티어 빙산의사소통 방법. 서울: 김영애가족치료연구소.

김인자 (2006). 긍정심리학(Seligman, M. 저). 서울: 물푸레.

류시화 역 (2018). 예언자(Kahlil Gibran 저). 서울: 무소의 뿔.

박재황 역 (2004). 정신과 치료가 당신의 정신건강에 피해를 줄 수 있다(Glasser, W. 저). 서울: 한국심리상담연구소.

연규진 (2006). 부부관계에 대한 비합리적 신념과 결혼만족도와의 관계: 다층모형을 이용한 자기효과와 상대방 효과분석. 연세대학교 교육학과 석사학위 논문.

연문희 (2004). 성숙한 부모 유능한 교사(2판). 경기: 양서원.

연문희 (2004). 참 만남을 위한 한 쌍의 대화. 서울: 학지사.

연문희 역 (2011). 학습의 자유: 자기주도적 인간육성의 길(Rogers, C., & Freiberg, J. 공저). 서울: 시그마프레스.

연문희 (2012). 친구, 연인, 배우자를 위한 참 만남의 대화. 서울: 학지사.

연문희 (2020). 아시아문예(봄호). 통권 56호. 서울: 사단법인 푸른세상.

오제은 역 (2004). 상처받은 내면아이 치유(Bradshaw, J. 저). 서울: 학지사.

오제은 역 (2006). 진정한 나를 찾아 떠나는 심리여행: 가족(Bradshaw, J. 저). 서울: 학지사.

오제은 역 (2011). 부부관계 패러다임, 이마고 부부관계치료 임상사례 연구집(Luquet, W., & Hannah, M. 공저). 서울: 학지사.

유성애 (2010). 도덕경에 나타난 인간중심상담원리. 서울: 학지사.

이근후 역(1990). 새로운 성치료(H. S. KAPLAN 저). 서울: 하나의학사.

정동섭 역 (1998). 결혼: 남편과 아내 이렇게 사랑하라(Parrott III, L., & Parrott, L. 저). 서울: 요단.

정준희 역 (2007). 부부를 위한 사랑의 기술(Gottman, J., & Gottman, J. S. 공저). 서울: 해냄.

최수호 역 (2002). 결혼과 소아기 감정양식(Saul, L. 저). 서울: 하나의학사.

Adler, A. (1946). *Understanding human nature*. New York: Fawcett Premier.

Ainsworth, M., & Blehar, M. (1978). *Patterns of attachment*. Hillsdale, N.J.: Erlbaum.

Bolton, R. (1979). *People Skills*. New York: Simon & Schuster.

Bourne, E. (2005). *The Anxiety & phobia workbook*. Oakland, CA: New Harbinger Publications, Inc.

Bowlby, J. (1980). Attachment and loss (Vol. 3). *Loss, sadness, and depression*. New York: Basic books.

Bradshaw, J. (1988). *Bradshaw on the family*. Deerfield Beacah, Florida: Health Communications, Inc.

Bradshaw, J. (1990). *Home Coming: Reclaiming and Championing Your Inner Child*. New York: Bantam Books.

Gibran, K. (1973). *The Prophet*. New York: Alfred A. Knopf.

Glasser, W. (2001). *Counseling with choice theory: The New Reality*

Therapy. New York: Harper Collins.

Glasser, W. (2003). *Warning: Psychiatry can be hazardous to your health*. New York: Harper Collins.

Goleman, D. (1995). *Emotional intelligence*. New York: Bantam Book.

Goodwin, R. (1999). *Personal relationships*. London: Routledge.

Gordon, T. (1970). *Parent effectiveness training*. New York: Peter H. Wyden, Inc.

Gottman, J., & Gottman, J. S. (2006). *10 Lessons to transform your marriage*. New York: Random House.

Greenberg, L. (2002). *Emotion-focused Therapy*. Washington: American Psycho-logical Association.

Greer, A. (1975). *No grown-ups in heaven*. New York: Hawthorn Books, Inc.

Hall, C., & Lindzey, G. (1978). *Theories of personality*. New York: John wiley & Son, Inc.

Harris, T. (1968). *I'M O.K-you're O.K*. New York: Avon Books.

Horney, K. (1942). *Self-analysis*. New York: Norton.

Horney, K. (1945). *Our inner conflicts*. New York: Norton.

Johnson, D. (1981). *Reaching Out: Interpersonal effectiveness and self-actualization*. Inglewood Cliffs, N.J.: Prentice Hall.

Jongsma, A., & Peterson, M. (2006). *The Complete adult psychotherapy treatment planner* (4th ed.). New York: John Wiley and Sons, Inc.

Jourard Sydney. (1971). *Healthy Personality: An approach from the viewpoint of humanistic psychology*. New York: MacMillan.

Kasser, T. et al. (2014). Changes in materialism, changes in psychological well-being: Evidence from three longitudinal studies and an intervention experiment. *Motivation and Emotion, 38,* 1–22.

Kirschenbaum, H., & Henderson, V. (1989). *The Carl Rogers reader.* New York: Houghton Mifflin Company.

Levine, R., Sato, S., Hashimoto, T., & Verma, J. (1995). Love and marriage in eleven cultures. *Journal of Cross Cultural Psychology, 26,* 554–571.

Luquet, W., & Hannah, M. T. (1998). *Healing in the relational paradigm: The imago relationship therapy casebook* (Essays in developmental psychology). WA: Taylor & Francis.

Markman, H., Stanley, S., & Blumberg, S. (1994). *Fighting for your marriage.* San Francisco: Jossey-Bass, Inc.

Maslow, A. (1964). *Religions, Values and Peak Experiences.* Columbus, Ohio: Ohio State University Press.

Maslow, A. (1968). *Toward a psychology of being.* Princeton: Van Nostrand.

Maslow, A. (1970). *Motivation and personality* (2nd ed.). New York: Harper and Row.

Maslow, A. (1971). *Farther reaches of human nature.* New York: McGraw-Hill.

May, R. (1961). Existential psychology. In R. May (Ed.), *Existential Psychology* (pp. 11–51). New York: Random House.

Mehrabian, A. (1968). *Communication without words.* Psychology Today, September 1968. p. 53.

Miller, W. R., & Rollnick, S. (2002). *Motivational interviewing: Preparing people for change.* New York: Guilford Press.

Parducci, A. (1984). Value judgments: Toward a relational theory of happiness. In R. Eiser (Ed.), *Attitudinal Judgment* (pp. 3–21).

New York: Springer.

Parrott III, L., & Parrott, L. (1995). *Saving your marriage before It starts.* Grand Rapids, Michigan: Zondervan Publishing House.

Perls, F. (1969). *Gestalt therapy verbatim.* Lafeyette, CA: Real People Press.

Powell, J. (1969). Why am I afraid to tell you who I am? Niles, Ill: Argus Communications.

Rogers, C. (1961). *On becoming a person.* Boston: Houghton Mifflin Company.

Rogers, C. (1965). *A humanistic conception of man.* In R. E. Farson (Ed.), Science and Human Affairs. Palo Alto, CA: Science and Behavior Books.

Rogers, C. (1970). *Carl Rogers on encounter groups.* New York: Harper & Row Publishers.

Rogers, C. (1980). *A way of being.* Boston: Houghton Mifflin.

Rogers, C. (1983). *Freedom to Learn.* Columbus, Ohio: A Bell & Howell Company.

Rogers, C. (1986). Client-centered/person-centered approach to therapy. In Kutash, I. & Wolf, A. (Eds.), *Schotherapist Casebook.* San Francisco, CA: Jossey-base.

Rogers, C., & Freiberg, J. (1994). *Freedom to Learn* (3rd ed.). New York: Pearson Education, Inc.

Satir, V. (1972). *People Making.* Palo Alto, CA: Science and Behavior Books, Inc.

Satir, V. (1988). *The new people-making.* Palo Alto, CA: Science and Behavior.

Satir, V., & Baldwin, M. (1983). *Satir step by step: A guide to creating*

311

change in families. Palo Alto, CA: Science and Behavior Books, Inc.

Saul, L. J. (1979). *The childhood emotional pattern in marriage*. NY: Van Nostrand Reinhold.

Schuller, R. H. (1982). *Self-esteem: The new reformation*. TX: Word. Books Publishers.

Schutz, W. C. (1973). *Elements of Encounter*. CA: Joy Press.

Scott Peck, M. (1978). *The road less traveled*. New York: Simon and Schuster.

Seligman, M. E. P. (2004). *Authentic happiness: Using the new positive psychology to realize your potential for lasting fulfillment*. NY: Atria Books.

Spitz, R. A. (1945). *Hospitalism: An inquiry into the genesis of psychiatric conditions in early childhood*. New York: International Universities Press.

Sternberg, R. (1999). *Cupid's arrow*. UK: Cambridge University Press.

Tsabary, S. (2010). *The conscious parent*. Vancouver. Canada: Namaste Publishing.

Van Kaam, A. (1978). *Looking for Jesus*. N.J.: Dimension Books.

Waldinger, R. (2015). *What makes a good life?* New Ideas Every Weekday. Ted. Com.

Wilkins, P. (2016). *Person-centered therapy*. New York: Routledge.

Wood, J. T. (1995). Feminist scholarship and the study of relationships. *Journal of Social and Personal Relationships, 12*(1), 103–120.

World Happiness Report (2020). 유엔자문기구 지속가능발전해법.

참고문헌

찾아보기

인명

Adler, A. 50
Ainsworth, M. 218

Berne, E. 235
Blehar, M. 218
Bourne, E. 219, 236
Bowen, M. 103
Bowlby, J. 218
Bradshaw, J. 114

Fox, E. 235

Glasser, W. 54, 232
Goleman, D. 239
Gottman, J. 188, 237
Gordon, T. 132
Greer, A. 223

Hannah, M. 262
Harker 52
Harris, T. 48
Horney, K. 219, 251, 255

Jung, C. G. 235

Keltner, D. 52

Luquet, W. 262

Markman, H. 42
Maslow, A. 6, 99, 282
May, R. 223
Mehrabian, A. 137

Parducci, A. 55
Perls, F. 6, 97, 197

Rogers, C. 66, 284, 286, 279

Satir, V. 104, 193
Schutz, W. C. 278
Scott Peck, M. 4, 114, 158
Spitz, R. A. 223
Sternberg, R. 30, 40, 80, 271

313

Waldinger R. 18, 290
Wilkins, P. 280
Wood, J. T. 73

Van Kaam, A. 56
Vikctor Frankl 53, 300

내용

2차원 대화 123
12가지 장애물 134
T그룹 279

가정규칙 94
가정문화 78, 95, 108, 158, 213
가족상담 131
가족사랑 254
가치관 81, 108
가치관 교육 22
가치기준 207
가화만사성 22
간접적인 의사소통 110
갈등 192
감각기관 67
감정 표현 방식 108, 212
강박관념 133, 247
강박적인 성격 90
강박적인 행동 248
개별화 과정 77
개인 정체감 222
거짓자기 106
건설적인 대화 185
건전한 부부관계 191
결핍사랑 58
결핍욕구 232
결혼 및 부부상담 5
결혼생활 78, 188

결혼생활의 만족도 95, 119
결혼조건 29
경이에 찬 아이 235
경험세계 123
공감 130
공감적 이해 130
공감적 이해 능력 198
공감적인 태도 287
공격적인 행동 241, 243
공명현상 130
과대망상 253
과잉방임 225
과잉보호 114, 224
과잉 일반화 249
교류분석이론 235
교정 반사 132, 198
긍정적인 감정 239
긍정적인 사고 157
긍정적인 생활태도 58
긍정적인 자기개념 48
기본적 악 104, 219, 237, 241
꾀돌이 236

나―진술법 154, 158, 159, 160, 164, 167,
170, 190, 273, 275, 296
낮은 자존감 55, 103, 217, 218, 219, 222,
224, 234
내담자 208

314

내담자중심상담 66
내담자중심치료 280
내로남불 69
내면아이 58, 222, 224, 229, 235, 237, 241, 250
내발적 동기 134, 227, 229
내재적 가치 19, 58, 104
내적 갈등 55
너-진술법 155, 161, 163, 166, 170
눈치꾼 236

대화의 장애물 187
돌담쌓기 189, 191
동맹관계 110
동이불화 93, 283
동일시 109
뜨거운 토론 152, 199, 200

마술적인 믿음 245
만족지연 225
면역기능 239
멸시 189, 190, 191
무의식 218
무조건적인 자기수용 230
무조건적인 존중 287
문제해결 능력 175, 229
물리적 거리 142
미숙한 부모 101
미해결 과제 226, 263, 271
미해결된 감정 187

방어적 태도 189, 191
배려심 156
보디랭귀지 137, 138

부부갈등 해결 92
부부관계 5, 113, 121, 162, 177, 183, 188, 205, 208, 215, 262, 277
부부관계 개선방안 111, 212
부부관계 만족도 199, 234
부부관계 애프터서비스 203, 292, 293, 300
부부관계 평가척도 212
부부상담 131
부부상담 전문가 199
부부생활 78
부부생활의 만족도 21
부부싸움 55, 154, 209
부적응 행동 83, 225
부적절감 218, 221, 225
부정적인 감정 175, 177, 226, 239, 240, 249
부정적인 사고 55, 58, 219
부정적인 자기개념 55
불교의 가르침 158
불문율 83, 94
비난 189, 191
비난형 194, 196
비실제적 90
비언어적 136, 137
비언어적인 대화 145, 146, 147, 149
비언어적인 메시지 138, 139, 149
비언어적인 의사소통 138, 144
비일치성 대화 198
비일치형 의사소통 196
비합리적인 기대 75, 152
비합리적인 믿음 75
비합리적 사고 58, 249
비합리적 신념 78, 79

315

비현실적 90, 115, 207
비현실적 기대 79, 108, 109, 156
비효율적인 대화 177

사고의 왜곡 248
사랑 27
사랑의 대상 98
사랑의 스타일 40
사랑의 중요성 29
사회 문화적 74
산만형 194, 195, 196
상관관계 112, 119
상담자 208, 264
상담심리학자 173
상담심리 전문가 212
상담전문가 158, 188, 292
상생 59
상처받은 내면아이 235, 242, 248
상호의존성 241
생물학적 74
생산적인 싸움 153
생존방식 193
생활신조 22, 93
선택의 자유 53
선택이론 54
선택적 지각 81
성격변화 단계 286
성역할 108
성인아이 234
성장사랑 99
성취지향적 159
성폭행 221
세계행복보고서 16
세대 간의 전이과정 103

소속감 130
소외감 215
소유의 대상 98
수동적 공격 134, 161, 165
수정체 신드롬 95, 181, 295
순기능 가정 214, 233
순기능적 가족 230, 233
순종적인 생활태도 83
스토르게 27
스트레스 103, 113
시카고 집단 279
신경증적인 성격 255
신성한 아이 235
신체화 170
실현경향성 199, 204, 205, 282, 283
심리극 278
심리적 갈등 108
심리적 거리 112, 142
심리적 공간 83
심리적 동맹 215
심리적 영토 112, 140, 141, 142, 283
심리치료 286
심인성 질환 126, 193

아가페 27
안도감 130
안정적인 애착 104, 218
애늙은이 236
언어적 136
양극성 248
양육태도 109
여성해방운동 73
역기능 101, 196
역기능 가정 103, 208, 214, 215, 233, 237

찾아보기

역기능적 부부관계 295
역기능적인 가족 103, 230
역기능적인 대화 193
역기능적인 의사소통 78, 193
역지사지 69, 73, 198, 206
열등감 218, 220
열정 31, 34, 193
에로스 27
예언 충족 이론 54
오감 66
옥시토신 37
완벽주의자 220, 254
왕따 214
왜곡된 사고 241
외로운 늑대 254
외재적 가치 19, 58, 60
우울증 126, 193
워라밸 7
원가족 48, 192, 197, 226, 241, 242, 274
원가족관계 94, 213, 233, 245
원가족 삼인군 33
원가족의 삼각관계 212
융통성 156
의사소통 120
의사소통방법 158, 284
의사소통의 장애물 132
의존적 사랑욕구 208, 252
의존적인 사랑 223
이마고 262
이분법적 논리 91
이분법적 사고 249
이상적인 배우자상 151
인간관계 21, 61, 162, 235, 282, 290
인간 됨됨이 7

인간중심상담 66
인내심 114
인도자 265
인식 67
인지적 차원 127, 159
일심동체 93, 130
일중독 249
일치형 의사소통 194

자기개념 217
자기결정권 53
자기긍정 49
자기긍정-타인긍정 51, 198
자기긍정-타인부정 50, 69, 134, 136
자기노출 205, 264, 272
자기변화 206
자기부정 49
자기부정-타인긍정 49
자기부정-타인부정 50, 51
자기실현 135, 200
자기실현경향성 136, 175
자기애성 성격장애 241
자기 적절성 60
자기존재가치 58
자기존중감 47, 48, 58, 100, 104, 198,
    217, 226, 227, 231, 232, 234, 283
자기중심적 85
자율성 60, 165
자율적인 인간 109
자족감 100
자존감 87, 205, 227, 228, 229
자주 독립적인 인간 75
자주적인 인간 175
자중자애 54

317

장이론 280
정상경험 282
정서적 교류 8, 113, 171, 177, 199, 214
정서적 차원 127, 263
정서적 카타르시스 175
정서적인 결합 127
정신건강 전문가 153, 192, 193, 205, 209,
　211
정신병 171
정신분석가 235
정체성 231
정체성 상실 241
제로섬 59, 209
조건부 사랑 58
존재가치 57, 224, 228, 253
주관적인 경험세계 66
주관적인 행복감 55
주도능력 225
지각 67
지금-여기 69, 115, 226, 227, 262, 279

참만남 121, 128, 135, 152, 171, 197,
　262, 277, 278, 280, 281, 290, 291
참만남의 대화 293, 295, 296, 300
참만남집단 279, 280, 284, 286
참자아 253
창의력 229
책임감과 헌신 31, 37, 193
천진이 235
청소년의 문제행동 216
초기경험 244
초이성형 194, 195, 196

최적 거리 143
친밀감 31, 193
친밀한 관계 60
친밀감 장애 241, 246

타율적인 인간 134
타인긍정 49
타인부정 49
탐색자 265

파괴적인 대화 187, 188
퍼스낼리티 45
페르소나 45
표출적 행동 245
필리아 27

핵심가치 42
행복지수 21, 22, 283
현상학자 69
현실 69
현실적인 배우자 151
형태심리치료 97
형태심리학 280
화이부동 93, 283
화자-청자기법 153, 158, 166, 170
회유형 194, 196
효과적인 대화 165
효율적인 대화 109, 131, 140, 173, 174,
　175, 177
효율적인 의사소통 147, 156, 159
흑백논리 90, 91

찾아보기

저자 소개

연문희(Yon, Moon-Hee)

연세대학교 영문학과 졸업

미국 오리건주립대학교 대학원 석사 및 박사(상담
교육전공)

한남대학교, 한국교원대학교, 연세대학교 교수 역임

연세대학교 학생상담소장 및 교육대학원장 역임

한국상담심리학회, 한국카운슬러협회 및 인간중심상담학회 회장 역임

현 성산효대학원대학교 가족상담학과 석좌교수

저 · 역서

성숙한 크리스챤의 성격(역, 성광문화사, 1989)

학습의 자유(역, 문음사, 1990)

성숙한 부모 유능한 교사(양서원, 1996)

한쌍의 대화-중 · 고등학생용(쪽지출판사, 2000)

참 만남을 위한 한 쌍의 대화(학지사, 2004)

나를 찾아 떠나온 여행(학지사, 2008)

인간중심상담: 이론과 사례실제(공저, 학지사, 2008)

학교상담 · 학생생활지도(공저, 양서원, 2009)

학습의 자유-자기주도적 인간육성의 길(역, 시그마프레스, 2011)

친구, 연인, 배우자를 위한 참 만남의 대화(학지사, 2012)

행복한 부부도 A/S가 필요하다
Happy Couples Also Need an A/S

2021년 1월 20일 1판 1쇄 발행
2021년 10월 20일 1판 3쇄 발행

지은이 • 연 문 희
펴낸이 • 김 진 환
펴낸곳 • (주) **학지사**

　　　　　04031 서울특별시 마포구 양화로 15길 20 마인드월드빌딩 5층

대표전화 • 02) 330-5114　　　팩스 • 02) 324-2345

등록번호 • 제313-2006-000265호

홈페이지 • http://www.hakjisa.co.kr
페이스북 • https://www.facebook.com/hakjisabook

ISBN 978-89-997-2277-6　03180

정가 **15,000원**

출판 · 교육 · 미디어기업 **학지사**

간호보건의학출판 **학지사메디컬** www.hakjisamd.co.kr
심리검사연구소 **인싸이트** www.inpsyt.co.kr
학술논문서비스 **뉴논문** www.newnonmun.com
원격교육연수원 **카운피아** www.counpia.com